一本职场与青少年历史教育的普及读物

# 天下才子最风流

## 说说历史上那些才子们

姜若木◎编著

中国华侨出版社

# 图书在版编目（CIP）数据

天下才子最风流：说说历史上那些才子们/姜若木 编著.
—北京：中国华侨出版社，2012.9（2021.2重印）

ISBN 978-7-5113-2872-4

Ⅰ.①天… Ⅱ.①姜… Ⅲ.①文化-名人-列传-中国-古代-通俗读物　Ⅳ.①K825.4-49

中国版本图书馆CIP数据核字（2012）第205813号

---

● 天下才子最风流：说说历史上那些才子们

| | |
|---|---|
| 编　　著 | 姜若木 |
| 责任编辑 | 崔卓力 |
| 责任校对 | 志　刚 |
| 版式设计 | 丽泰图文设计工作室/桃子 |
| 经　　销 | 全国新华书店 |
| 开　　本 | 710×1000毫米　1/16开　印张/16.25　字数/238千字 |
| 印　　刷 | 三河市嵩川印刷有限公司 |
| 版　　次 | 2012年10月第1版　2021年2月第2次印刷 |
| 书　　号 | ISBN 978-7-5113-2872-4 |
| 定　　价 | 45.00元 |

中国华侨出版社　北京市朝阳区静安里26号通成达大厦3层　邮编：100028
**法律顾问**：陈鹰律师事务所
编辑部：(010) 64443056　64443979
发行部：(010) 64443051　传真：(010) 64439708
网　址：www.oveaschin.com
E-mail：oveaschin@sina.com

# 前 言

　　文字是人类文明的重要标志。《左传》上说，"太上有立德，其次有立功，其次有立言，虽久不废，此之谓不朽。"立德，是指给人们树立道德方面的榜样；立功的意思是立了大功；立言，就是著书立说。这三件事情，虽然经过漫长的岁月却仍然会被人们记住，他们的事迹，也会被人们一代一代传诵下去，这就是所谓的不朽。由此可见，文人才子虽然以舞文弄墨为生，却是一件不朽的事业。另一方面，历史—人物—文学，能够三者合一的，就是文人才子。所以，历史上的文人才子除了留下不朽的文学作品之外，总是有各种各样的文坛佳话流传下来，传颂千古。

　　自古以来，文人才子多是才华横溢、风流倜傥之辈。"风流才子"，大抵应该具备三条：一是容貌俊美，堪称美男子，颇能吸引异性，如汉之司马相如；二是才高八斗，有赞美女性的艳情诗文佳作流传于世，如宋之柳永；三是正史或稗官野史多载其风流韵事，如明之唐伯虎。

　　历史上，风流才子的典型人物就是司马相如、柳永、唐伯虎。

　　汉朝的大才子司马相如为景帝时武骑常侍，因不得志，称病辞职，回到家乡四川临邛。有一次，他赴临邛大富豪卓王孙家宴饮。卓王孙有位离婚女儿，叫文君。因久慕司马相如文采，就从屏风外窥视司马相如，司马相如假装不知，而当受邀抚琴时，便趁机弹了一曲《凤求凰》，以传爱慕之情。司马相如、卓文君倾心相恋，当夜即携手私奔。

司马相如一贫如洗，两人只好变卖所有东西后回到临邛开了家小酒铺。每日，卓文君当垆卖酒，司马相如打杂。后来，卓王孙心疼女儿，又为他俩的真情所感动，就送了百万银钱和百名仆人给他们。

北宋的大才子柳永参加科举考试，没有考上，他便写了首《鹤冲天》："黄金榜上，偶失龙头望。明代暂遗贤，如何向？未遂风云便，争不恣狂荡？何须论得志。才子词人，自是白衣卿相。烟花巷陌，依约丹青屏障。幸有意中人，堪寻访。且恁偎红翠，风流事，平生畅。青春都一晌。忍把浮名，换了浅斟低唱。"三年后，柳永又一次参加考试，当仁宗皇帝在名册簿上看到柳永时，龙颜大怒，恶狠狠地抹去了柳永的名字，在旁批道："且去浅斟低唱，何要浮名？"（吴曾《能改斋漫录》卷十六）再次落榜后，柳永自称："奉旨填词。"从此，他无所顾忌地纵游妓馆酒楼之间。官场上的不得意，反倒成全了才子词人柳永，使他的艺术天赋在词的创作领域得到充分的发挥。

明朝的大才子唐伯虎一生酷爱桃花，别墅取名"桃花庵"，自号"桃花庵主"，并作《桃花庵歌》："桃花仙人种桃树，又摘桃花换酒钱。酒醒只在花前坐，酒醉还来花下眠。半醉半醒日复日，花落花开年复年……"在人们眼中，唐伯虎往往是一个才华横溢、风流倜傥、玩世不恭的翩翩少年。当然，人们更喜欢听的，还是那些关于唐伯虎的风流韵事，特别是最为人们熟悉的"唐伯虎点秋香"。因此，唐伯虎，就成为风流才子的代名词了。

天下才子最风流。因此，本书为您梳理历史上的风流才子，解读他们风流倜傥中散发出的文化雅韵，和放荡不羁背后折射出的深层含意，带您品味风流才子不一样的风流。

## 第一章
### 献赋为郎——中华赋圣司马相如

司马相如（公元前179~公元前127年），蜀郡（今四川）人，西汉大辞赋家。他是汉赋的奠基者。他的赋左右了两汉400年的赋坛，成为赋家们学习的榜样；对之后历代作家，也产生过巨大的影响。

蜀郡文化，钟灵毓秀 ………………………………………… 003
少有大志，宦游生涯 ………………………………………… 008
琴挑文君，深夜私奔 ………………………………………… 014
武帝赏识，宦海沉浮 ………………………………………… 018
子虚乌有，传世名赋 ………………………………………… 025

## 第二章
### 名门居士——山水诗宗谢灵运

谢灵运（385年~433年），是东晋名将谢玄之孙，著名的山水诗人，中国文学史上山水诗派的开创者。谢灵运的山水诗，大部分是他任永嘉太守之后所写。这些诗，以富丽精工的语言，生动细致地描绘了永嘉、会稽、彭蠡湖等地的自然景色。其主要特点是鲜丽清新。代表作品：《登池上楼》、《岁暮》、《善哉行》等。

出身名门，少年得志 ………………………………………… 035
生逢乱世，风骨犹存 ………………………………………… 038
苟且偷生，慷慨赴死 ………………………………………… 042

咏怀抒情，诗以言志 ………………………………………… 046
山水诗祖，高洁清丽 ………………………………………… 052

## 第三章
## 始乱终弃——风流诗才元稹

元稹（779年~831年），唐代中晚期著名诗人，早年和白居易共同提倡"新乐府"，世人常把他和白居易并称"元白"。有《元氏长庆集》60卷，补遗6卷，存诗830多余首。代表作品：《菊花》《离思五首》《遣悲怀三首》《兔丝》《和裴校书鹭鸶飞》。传奇《莺莺传》，又名《会真记》，是后来《西厢记》故事的蓝本。

鲜卑后裔，勤奋治学 ………………………………………… 059
张生莺莺，始乱终弃 ………………………………………… 060
锋芒太露，宦海浮沉 ………………………………………… 065
元白之谊，乐府传奇 ………………………………………… 067
半缘情深，风流才子 ………………………………………… 069

## 第四章
## 才高命短——大唐诗鬼李贺

李贺（790年~816年），唐代著名诗人，一生愁苦多病，仅做过3年从九品微官奉礼郎，因病27岁卒。李贺是中唐浪漫主义诗人的代表，又是中唐到晚唐诗风转变期的重要人物。他喜欢在神话故事、鬼魅世界里驰骋，以其大胆、诡异的想象力，构造出波谲云诡、迷离惝恍的艺术境界，抒发好景不长、时光易逝的感伤情绪。《文献通考》

中说："宋景文诸公在馆，尝评唐人诗云：'太白仙才，长吉鬼才。'"李贺与李白、李商隐并称唐代"三李"。

　　昌谷苦读，锦囊成诗 …………………………………… 075
　　韩皇同访，洛阳扬名 …………………………………… 079
　　长安科考，失意成仙 …………………………………… 083
　　诗坛鬼才，独树一帜 …………………………………… 088

## 第五章

## 流莺漂荡——情诗圣手李商隐

　　李商隐（813年~858年），晚唐最出色的诗人之一，和杜牧合称"小李杜"，与温庭筠合称为"温李"，因诗文与同时期的段成式、温庭筠风格相近，且三人都在家族里排行第十六，故并称为"三十六体"。其诗构思新奇，风格秾丽，尤其是一些爱情诗和无题诗写得缠绵悱恻，优美动人，广为人传诵。

　　苦难童年，发愤图强 …………………………………… 095
　　清高刚正，屡遭落榜 …………………………………… 100
　　牛李党争，幕府生活 …………………………………… 108
　　锦瑟无题，缠绵绮丽 …………………………………… 117

## 第六章

## 奉旨填词——白衣卿相柳永

　　柳永（约987年~约1053年），北宋婉约派最具代表性的词人，著有《乐章集》。柳永词多描绘城市风光和歌妓生活，尤长于抒写羁旅行

003

役之情，词作流传极广，相传"凡有井水饮处，皆能歌柳词"。代表作《雨霖铃》、《蝶恋花》、《八声甘州》、《望海潮》。他不仅开拓了词的题材内容，而且制作了大量的慢词，发展了铺叙手法，促进了词的通俗化、口语化，在词史上产生了较大的影响。

失意官场，奉旨填词 …………………………………… 123

红颜知己，词坛偶像 …………………………………… 126

才子词人，白衣卿相 …………………………………… 128

## 第七章
## 一生坎坷——落魄文人唐伯虎

唐寅（1470年~1525年），字伯虎，号桃花庵主，吴县（今江苏苏州）人。他玩世不恭而又才气横溢，在诗文上，与祝允明、文征明、徐祯卿并称"江南四才子"，在绘画上，与沈周、文征明、仇英并称"吴门四家"。

才华卓绝，身世凄凉 …………………………………… 137

会试冤狱，千里壮游 …………………………………… 141

读书卖画，文画俱佳 …………………………………… 150

虎口脱险，凄凉结局 …………………………………… 156

## 第八章
## 毁誉参半——风流词人李渔

李渔（1611年~1680年），明末清初文学家、戏曲家。在明代中过秀才，入清后无意仕进，从事著述和指导戏剧演出。后居于南京，把居所命名为"芥子园",并开设书铺,编刻图籍,广交达官贵人、文坛名流。著有《凰求凤》、《玉搔头》等戏剧,《肉蒲团》、《觉世名言十二楼》、《无声戏》、《连城璧》等小说,及《闲情偶寄》等书。

五经童子,乡试落第 …………………………………………… 175

明清之际,战乱生活 …………………………………………… 181

剃发狂奴,识字农人 …………………………………………… 184

湖上笠翁,传奇词奴 …………………………………………… 188

乔王二姬,家班女戏 …………………………………………… 196

芥子书铺,人间大隐 …………………………………………… 203

## 第九章
# 世故中庸——文坛泰斗纪昀

纪昀(1724年~1805年),字晓岚,著名学者。他朝夕筹划,校勘鉴别,进退百家,钩沉摘隐,与陆锡熊一起完成了《四库全书》总目的总纂,成为我国学术考证、典籍评论及版本考核、文献钩稽的集大成之作。纪昀是著名藏书家,藏书之处称"阅微草堂",著有《阅微草堂笔记》等。纪晓岚历清雍正、乾隆、嘉庆三朝,因其"敏而好学可为文,授之以政无不达"(嘉庆帝御赐碑文),故卒后谥号文达,乡里世称文达公。

浮沉宦海同鸥鸟,生死书丛似蠹鱼 ……………………………… 211

铁齿铜牙纪晓岚,取悦乾隆斗和珅 ……………………………… 212

四库全书总纂官,阅微草堂笔记书 ……………………………… 218

一妻六妾大学士,风流才子多情郎 ……………………………… 221

## 第十章

# 禅心尘念——一代情僧苏曼殊

苏曼殊（1884后~1918年），能诗擅画，多才多艺，通晓日文、英文、梵文等多种文字。他是南社的重要成员，他的诗风"清艳明秀"，别具一格。他翻译过《拜伦诗选》和法国著名作家雨果的名著《悲惨世界》，在当时译坛上引起了轰动。他的小说有《断鸿零雁记》、《绛纱记》、《焚剑记》、《碎簪记》、《非梦记》等6种，另有《天涯红泪记》仅写成两章，未完。后人将其著作编成《曼殊全集》（共5卷）。

离奇身世，苦涩童年 ······ 225

师生情谊，朦胧恋情 ······ 229

东渡日本，热心革命 ······ 230

半僧半俗，文人名士 ······ 234

一切有情，都无挂碍 ······ 246

# 第一章

## 献赋为郎
## ——中华赋圣司马相如

司马相如(公元前179~公元前127年)，蜀郡(今四川)人，西汉大辞赋家。他是汉赋的奠基者。他的赋左右了两汉400年的赋坛，成为赋家们学习的榜样；对之后历代作家，也产生过巨大的影响。

## 蜀郡文化，钟灵毓秀

像司马相如这样一位继屈原之后的当时中国最杰出的文学家，不是产生在中原，而是出现在僻居西南的蜀郡，令人感到万分惊异和不解。因为在古人的心目中，蜀郡原是一个很偏僻、封闭、原始、落后甚至是野蛮的地方，包括后来的蜀郡作家自己也这样看，如传为扬雄所写的《蜀王本纪》就说，蜀的祖先称王的有"蚕丛、柏、鱼凫、开明"，"是时人萌（通氓，也即民）椎髻左衽（我国古代某些少数民族的服装，前襟向左掩，不同于中原人前襟向右掩），不晓文字，未有礼乐"。开明氏治蜀，已经是春秋中后期以后的事了，这时中原文化科学已极发达，许许多多伟大的政治家、思想家、文学家相继登上历史舞台，学术上出现了百家争鸣、百花齐放的盛况。可是蜀郡竟然还那么落后、那么蒙昧无知。开明以后的情况又是怎么样呢？《汉书·循吏传·文翁》说："景帝末，（文翁）为蜀郡守，见蜀地僻陋，有蛮夷风。"到汉景帝末年（公元前156年景帝在位至公元前141年），司马相如已经近30岁了，可是在班固等人的心目中，蜀郡的落后、蒙昧、野蛮状况好像也没有什么改变。如果情况果真如此，那么怎有可能产生像司马相如这样名冠全国的杰出赋家呢？这是绝对不可能的。为了比较合理地解释这个问题，有些人——譬如三国时蜀文学家秦宓——就说："蜀本无学士，文翁遣相如东受七经（《诗经》、《尚书》、《礼记》、《易经》、《春秋》、《论语》、《孝经》），还教吏民，于是蜀学比于齐鲁。"（《蜀志·秦宓传》）这就是说，蜀郡本来是中国大地文化上的空白点，只因为当时在那里当郡守的文翁派遣司马相如到中原去学习"七经"，学成后回乡教授弟子，蜀郡的文化才一下子提高上

来，可以与儒家的发祥吧齐鲁一带媲美！当然，在秦宓的心目中，司马相如的文学修养也是到中原学习之后才提高上去的。

可是秦宓这种说法是不符合事实的。首先，是时间不对，因为司马相如在文翁守蜀前就已做官了。《史记·司马相如列传》提到：司马相如在汉景帝时就做了武骑常侍。但他不喜欢这个官职，而酷爱辞赋，可是汉景帝偏偏不喜欢辞赋。正在这个节骨眼上，梁孝王进京来朝见景帝，跟着进京的有邹阳、枚乘、庄忌等一大批文士，司马相如很喜欢他们，就托病辞去武骑常侍一职，而到梁孝王的门下去游学。对梁孝王带着一大批文士进京的这段历史，我们从《汉书·文三王传》推知，事情发生在梁孝王参与平定七国叛乱之后，即景帝前元七年（公元前150年）。这也就是说，在景帝当皇帝的前期阶段。可是这时文翁还未守蜀呢！他守郡是在景帝后期，所以司马相如根本不可能充当"郡县小吏"被文翁派遣东出学经。况且《史记》、《汉书》本传也未曾有司马相如充当"郡县小吏"的记载。

其次是生活经历不对、文艺思想不对。按秦宓的说法，司马相如被遣东出学"七经"，学成后又回蜀传授"七经"，并且一下子把蜀郡的文化儒术提高到像齐鲁一样的水平，这当是一桩多么了不起的事件，他简直是个大经师，是建设蜀郡文化的功臣，这样的事，司马迁是肯定不会不知道的，可他却没有写，有这可能吗？班固写《汉书》《司马相如传》，也基本上照抄司马迁的记述。他在《汉书·儒林传》为西汉27名经师立传，在《循吏列传》里对蜀郡守文翁倡导学经也大加赞赏，但对司马相如的活动却不着一笔。他能这样无视司马相如的作为吗？不能。唯一可解释的是，秦宓的话纯属子虚乌有之事。再从《史记》司马相如本传所叙述的司马相如的活动经历看，他也根本不可能有时间进行过类似传经的活动，他一下子就以富家子弟的身份而得到郎官，所谓"以赀为郎"，做景帝的武骑常侍，紧接着就是到梁孝王的门下与诸生交游，梁孝王死后又立即回成都家居，不久就发生了所谓"窃妻"的事件，再后就为汉武帝作赋去了。他哪来的时间去从事治经传经的活动呢？司马迁与司马相如基本上是同时代的人，司马相如死

# 第一章
## 献赋为郎——中华赋圣司马相如

时，司马迁已28岁了，他的说法比起后司马相如300多年的秦宓自然要可靠，我们不能轻信秦宓的话。

司马相如的文艺思想与儒家的文艺思想也大相径庭。如，以孔子为代表的儒家特别强调文艺的经世致用，为政治服务；在形式上注重崇真尚实，反对华饰。但司马相如却完全背道而驰，他的赋大都沉醉在文艺作品的娱乐作用上，并且为所欲为毫无节制地运用虚构夸张的笔法，写出文辞华丽至极的作品。也正由于他的赋与儒家的要求格格不入，所以千百年来才一直引起一些儒家信徒的批评，如《汉书·艺文志》说："汉兴，枚乘、司马相如，下及扬子云，竞为侈丽闳衍之词，没其风谕之义，是以扬子悔之。"司马相如等人一方面不注意作品的讽谏劝诫，另一方面又恣意骋腾文势，讲究华饰，所以，当扬雄一旦转向推重儒经之后，他对自己早年从事的写作活动就表示了忏悔，他不再写赋了，他甚至回过头来狠批汉赋，鄙弃曾经被他推崇的老乡、老前辈、著名赋家司马相如。可见司马相如是绝不可能让文翁送到中原去学经，更不可能从事一系列的讲经传经活动。

那么，司马相如的杰出的文学艺术天赋又是从哪里学来的呢？要回答这个问题，我们就得先破除上面扬雄、班固、秦宓等人所说的蜀郡文化落后、人民无知、风俗野蛮的谬论。这种看法，往往反映了古代中原人传统的观念，他们总以为只有中原先进文明，人们知书识礼，有文化，其他边远地区的人民都是愚昧无知、野蛮、不开化的。这种看法显然是片面的。因为中国历史上第一个伟大诗人屈原，就偏偏不是生长在中原，而是生长在被当时人们斥为"南蛮"的楚国。事实证明当时楚国的文化是相当发达的。蜀郡也正是这样。这个地区的文化也绝不像扬雄等人所说的那么落后。相反，那里的文化是相当发达的，否则，也就不可能产生像司马相如这样当时在全国无与伦比的赋家。现在，人们对巴蜀文化的发展有两种看法：一种以为它有自己独立的体系，与中原文化迥异。另一种以为巴蜀文化与中原文化基本相同，差异只是表现在一些方言俗语上。巴蜀文化是在中原文化的影响下发展起来的。我反对非此即彼的绝对化观点，我想巴蜀文化早期当有自

己比较明显的特点。李白《蜀道难》写道："噫(yī)吁(xū)嚱(xī)！危乎高哉！蜀道之难，难于上青天。蚕丛及鱼凫，开国何茫然！尔来四万八千岁，不与秦塞(sài)通人烟。西当太白有鸟道，可以横绝峨眉巅。地崩山摧壮士死，然后天梯石栈(zhàn)相钩连。上有六龙回日之高标，下有冲波逆折之回川。黄鹤之飞尚不得过，猿猱(náo)欲度愁攀援……"蜀与中原之间有秦岭高山阻隔，在远古，人们是难以超越的。作为文学作品的《蜀道难》可能有夸张成分，但蜀道之难，却也是事实。晋朝蜀郡历史学家常璩在《华阳国志》里说过一个故事：蜀王在汉中山谷打猎时，遇到秦惠王。秦惠王送给他一竹箱金子，蜀王回赠一些珍玩。但这些珍玩很快变成灰土，惠王很生气，可是群臣却向他祝贺说："天授我了，王将得到蜀的国土。"惠王高兴了，凿了五头石牛，把金子倒在牛屁股后，说是石牛屙下来的。蜀王看了很眼红，派使者去求石牛。惠王当然是很痛快地答应了，蜀王就派五丁力士迎石牛。为了迎石牛，就修了一条路，这就给秦灭蜀提供了方便。以后惠王就从石牛道伐蜀，灭了蜀国。

  这个故事带有神话传说色彩，但秦惠王灭蜀却是历史事实；用石牛拉金子来骗取蜀王修入蜀道路可能有虚构成分。但这个故事至少说明，秦伐蜀为修通崎岖险峻的道路的确是费了一番心思的。这也正可以证明，在秦惠王灭蜀以前，蜀与外界的接触是不可能很多的，它肯定有自己的发展史，这当中当然也包括文化的发展史。

  可是我们从司马相如的赋里也可以看得很清楚，司马相如的赋和较他稍后的另一个蜀郡大赋家扬雄的赋，与中原地区著名赋家如枚乘、班固、张衡等的赋，他们所使用的思想材料、文字韵律，以及篇章结构等等，几乎是没有什么差别的，甚至连地方色彩也很难见到，更何况自成体系的文化呢！例如包括司马相如在内的赋家，他们所描述的对象，大都是大汉帝王们的宫室苑囿和帝王们的饮宴玩乐等等。他们的表现手法，大都是虚构夸张的，词藻也都是相当华丽艰涩的，而且讲究韵律，注意气势。甚至连赋的结构格式，也多是大同小异。总之，在司马相如赋篇上面，我们很难看到蜀郡固有的文化痕迹。这正可以说明，至迟到司马司马相如的时代，蜀郡的文化已极为发达，已可与中原文化并驾齐驱，而根本不像扬雄、班固、秦宓等人所说的那样，是文翁派人到中原去学经，蜀郡的文化才好像在一夜之间提高起来的。

蜀郡的文化与中原融为一体而发展起来的过程，文献中缺少记载，我们难以详知。但从蜀与中原接触的过程中，我们是可以推测出一些大概的情况来的。这个问题是需要我们回答的，因为这是司马相如这个大赋家出现的社会基础、时代背景。

首先，我们要肯定蜀有得天独厚的自然地理条件，这里土地肥沃，气候温和，雨量充沛，人类很早就在这里休养生息。如1951年发现的"资阳人"化石，距今已有数万年以上的历史。旧石器、新石器时代的遗物，更是时有发现。

《华阳国志·蜀志》说，"周失纲纪，蜀先称王"；"七国称王，杜宇称帝"。这说明战国时蜀已具备了国家的规模，那里的社会前进步伐与中原大体一致。但只有在蜀与中

司马相如故里

原频繁接触以后，那里的文化才得以突飞猛进。公元前475年以后，蜀两次派使入秦。公元前387年，蜀攻秦，取南郑（今陕西汉中）；公元前377年，蜀伐楚，取兹方（今湖北松滋县）。但从公元前316年起，蜀便被秦所灭了。蜀被灭后，秦移民万户入蜀。秦昭王时，范雎把商鞅的新法推行于蜀。张若、李冰又相继守蜀。尤其是李冰，这个中国历史上著名的水利专家守蜀时，修筑了举世闻名的都江堰等水利工程，从而大大促进了蜀郡农业生产的发展，可能使蜀郡发展成为比当时六国更进步的地区。后来，秦又一再迁人入蜀。《史记·项羽本纪》说，"秦之迁人皆居蜀。"《汉书·高帝纪上》注引如淳说："秦法：有罪，迁徙之于蜀汉。"吕不韦有食客三千，吕不韦迁蜀忧惧自

杀，他的门下食客也有许多因而随迁。宦官被秦始皇处死后，"舍人夺爵迁蜀四千余家"（《史记·秦始皇本纪》）。司马相如的岳父祖籍就是赵国，秦破赵后，也把他们强制迁到蜀郡去，在这些被迁徙的人们中，自然会有大量的知识分子。如吕不韦的门客中，有许多就是帮他撰《吕览》的文士。又如司马相如的岳父其先辈入蜀时，别人都怕走远路，纷纷向押迁的官吏行贿，要求就近落户；但他们夫妇却愿意就远。他们走到临邛时，看到那里产铁，即留下来冶铁，很快成为蜀郡最著名的富翁。又如："程郑，山东迁虏也，亦冶铸贾椎髻之民（指当时的西南夷），富埒卓氏，俱居临邛。"他们都被司马迁写到《史记·货殖列传》上去。他们都是富商巨贾著名的实业家。试想，如果卓氏、程郑没有文化，他们能有这样的见地吗？他能经营自己那份上千人的大产业吗？而所有入蜀的这些文士、大产业家，和前面所说的像李冰这样的郡守，他们自然要把自己的文化科学知识扩散到社会上去，从而促进蜀郡科学文化的进步和提高。所以，在蜀郡成就司马相如这样的大赋家是有迹可寻的，是有坚实深厚的社会基础的。并不是空穴来风，无迹可寻。

## 少有大志，宦游生涯

《史记·司马相如列传》说，司马相如"少时好读书，学击剑，故其亲名之曰犬子。司马相如既学，慕蔺司马相如之为人，更名司马相如"。这段话非常重要，可以窥见司马相如青少年时的志向、为人，很值得细细推敲。大家都知道，蔺司马相如是一个敢于抗暴而又心胸开阔，能顾全大局，时时把国家放在心上的有识之士。我们从司马相如的一些行踪中，都可以窥见蔺司马相如的影子，如司马相如北上长安时在成都城郊桥上的题词,如他两次不辱君命出使西南夷,如他不愿到汉武帝面前去献殷勤为武帝写诗作赋,而暗暗撰写《封禅书》——这在封建社会被认为只有大人物大手笔才有资格撰写的重要文章,这些,都是他紧步蔺司马相如,胸怀大志,希冀为国家效力的表现。由此可见,他由犬子改名司马相如,是有深意的,这是表现他的大志。

此外,司马相如学击剑。有人以为,司马相如这一举止仅仅表现当时文人的一般习气。其实,这也与他倾慕蔺司马相如的为人有关,也与他的政治抱负联系在一起。这一点我们还可以从发生在稍早于他生活的年代,而他肯定能够知道的唐雎不辱使命和荆轲刺秦王的事件中得到启示。唐雎用剑威迫秦王(即后来的秦始皇),制止秦王企图霸占安陵君的封地安陵(在今河南鄢陵县西北),司马相如应该知道这件事,因为当时秦已并蜀,这是发生在他的国家的大事。比他晚生30年左右的司马迁,还能听到友人公孙季功、董生直接从秦王(即后来的秦始皇)的医生、荆轲刺秦王时用药囊掷荆轲,从而保住秦王一条命的夏无且那里听到有关荆轲刺秦王的故事,并核实《战国策·燕策》(后来编的书名)有关此事的记载。这事也是发生在司马相如所在国,他当然也能知道。而这两件发生在司马相如所在国的大事,都与击剑有关。所以,从司马相如学击剑、慕蔺司马相如,后来所表现的为国立功立业的举止,我们可以看到一个真实的司马相如。

由于司马相如的家境很富裕,因而给他提供了优越的学习条件,他可以专心致志地去读书练剑。到20岁左右时,他已学完了先秦主要经籍,可以说是学富五车,而且练就了一手好文章,身体也很强壮,可以做官为国效力了。按当时朝廷规定,有家产五百万钱以上的,可以做郎官;但得自备车马服饰到京师长安(今陕西西安),等候政府任用。这些条件司马相如都具备了。他踌躇满志,准备做官去。这时约在景帝前元五年,即公元前152年,司马相如20岁左右。

东晋常璩《华阳国志》说:"蜀郡城北十里有升仙桥,有送客观,司马相如初入长安,题市门:'不乘赤车驷马,不过汝下。'"司马相如这个题词,自然要夹杂着一些世俗的观念,如所谓出人头地、光宗

耀祖、青史留名等等。但在这种狭隘的观念中更深深地隐含着其建功立业、报效朝廷（代表国家）的思想。这种例子在古代多得不可胜数。例如，项羽看到秦始皇游会稽，渡浙江，前呼后拥，好不威风，他便说："彼可取而代之！"在羡慕、蔑视声中流露出其盖世的英雄气概。刘邦在咸阳远望秦始皇出行时的排场，也喊着："大丈夫当如是也！"在倾慕中透露出他的凌云壮志。数百年后的李白，在天宝元年（742年）受诏入京，也春风得意地高唱着："仰天大笑出门去，我辈岂是蓬蒿人。""天生我才必有用。"大约古人都是如此，司马相如也不例外，我们首先看到的是其积极一面，即为国家建功立业的一面。——话说回来，常璩是蜀郡江原（今成都西崇庆县）人，对蜀事见闻亲切可靠，他的书是我们今天研究西南少数民族的重要材料。他说相如出城北上长安，是可靠的，这是当时入长安的主要通道。

　　司马相如第一站应是梓潼（今四川梓潼）。这里早已进入川北山区，前面并排五座大山。相传秦惠王知蜀王好色，将五个女儿嫁给他。蜀王派五丁力士去迎接。归途至此，五丁力士看到一条大蛇睡在洞里，尾巴露在外头，便用力去拉蛇的尾，不幸山塌下来，五丁力士和秦惠王的五个女儿都被压死，并变成五座山。蜀王很伤心，将五座山命名为五妇冢。在山上建望妇堠、思妻台。但老百姓却把这五座山命名为五丁冢，以纪念五个勇士。因为幸亏力士把山拉倒，给后人进出蜀郡带来方便。这个传说虽多有虚构成分，但也含有浓厚的纪念先人凿通蜀道之功的含义。司马相如应该是经过这里去长安。

　　司马相如再往北走经过的第一道关隘是剑门关。剑门关在今四川北部的剑门山上。在一座横亘东西两面的高山峻岭间，神奇地出现一个缺口，宽不过十余米，一条山涧由南向北急泻，两边峭壁如刀切，宛如城墙，无法攀登，故名剑门。这是极为险要的军事要地，自古就有"一夫当关，万夫莫开"的说法。秦惠王就是从这里攻入蜀国的。所以，司马相如也应该是从这里出蜀。

　　出剑门不远就到了葭萌（在今四川广元市），这是古蜀王的弟弟葭盟的封地。葭盟王号叫苴侯，封邑叫葭萌。公元前216年，秦惠文王派司马错、张仪伐蜀。蜀王开明氏就在这里迎敌。结果抵挡不住，一路败退下来，直退到武阳（今成都南彭山县），终于被秦军俘获，遇害。从杜宇禅位开明氏，蜀一共传了12代，至此被秦灭。司马相如也应该是从这里北上。

蜀国被灭，对司马相如来说，应该不会引以为憾，因为我们从他后来写的赋和出使西南夷，都可以看出他是一个主张汉王朝实行大一统的志士。

随后，司马相如一路攀天梯，步石栈，来到褒斜道，这是人们横越秦岭的关键道口。《史记·货殖列传》说："关中南至巴蜀，栈道千里，无所不通，唯褒斜绾毂（控制）其口。"在这里往上看，高峰插天，松木倒挂；向下望，深渊万丈，飞瀑湍流，险阻无比。不远的太白山，是中原地区最高峰。古代神话说："羲和坐着一辆车子驾着六龙，载着日神，在天空中由东向西遨游，碰到这座高峰，飞不过去，只好掉过头来往回走。"我们当然不会相信古代那些神话传说，我们只想说明，这里地势十分险要，司马相如入长安只能从这里经过。而这一路上美不胜收的壮丽山河景色，也正好为他后来写作《天子游猎赋》提供了极好的素材。如果没有这段惊险的旅途生活，他可能写不出《天子游猎赋》里那些奇形怪状险恶万分的山势。这也正是我们要细述司马相如北上旅途经历的原因。

大约经过一个多月充满神奇欢快和劳累的旅途生活，他终于来到了大汉帝国的国都长安。刘邦定都关中时，因咸阳刚被项羽焚烧一空，只好先借驻秦旧都栎阳（在今陕西临潼县东北武家屯一带），公元前200年和公元前198年，长乐、未央两宫相继建成，刘邦才把国都迁入新城，也即后来著名的长安城，城在今西安市西北郊。长乐宫是在秦代的离宫——兴乐宫的基础上整修而成的，共有14座殿台楼阁，刘邦就在这里接受群臣的朝拜，而尝到做皇帝的尊贵威风。未央宫是由开国名臣萧何主持建造的。这座宫殿造得特别华丽靡费，连刘邦见了都大吃一惊，他责备萧何："天下匈匈劳苦数岁，成败未可知，是何治宫室过度也。"但萧何想得更深，他说："以天下未定，故可因就宫

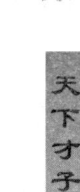

室。且天子以四海为家，非令壮丽无以重威，无令后世有以加也。"刘邦听后恍然大悟，马上搬进去住。此宫前殿东西50丈，深15丈，高35丈，由40多座殿台楼阁组成。这座宫殿应该给司马相如留下深刻的印象，为他后来写作《天子游猎赋》提供了素材。公元前194年，汉惠帝又征发民工修筑长安外城郭。长安城也就初具规模了。

　　总的来说，西汉初年的几个皇帝，都是比较注意节约的。如汉文帝在位23年，"宫室苑囿狗马服御无所增益"。景帝也大体遵循他的父亲——文帝的路子走。所以司马相如这时所看到的帝都宫殿，和稍后写到《天子游猎赋》里的帝都宫殿比，是要逊色一些的。但比起蜀郡的首府——成都来，到底是大不一样的。关中的形势、物产和商业，也使司马相如大开眼界。长安的确是当时最理想的建都的地方。此时此刻，司马相如的心情自然是十分激动的。他满怀信心正想一步步去实现自己的理想。但万料不到的是景帝看到他那高大的身躯，强壮的体魄，一表人才，而且还能击剑，因而在表示好感之后，却要他做自己的武骑常侍。据《史记·司马相如列传》索引（北魏）张揖说："武骑常侍，秩六百石，常侍从格猛兽。"原来是陪皇帝游猎玩耍，给皇帝当保镖。汉代帝王们是很喜欢观看格杀野兽的，如当时皇上景帝的母亲窦太后推崇老子书，但《诗》博士辕固却贬老子书，以为他说的话和一般人说的话没有两样。窦太后听了很生气，就罚辕固入兽圈和野猪搏斗。景帝知道辕固心直口快，借给他一把利刃，把野猪刺死，才免遭厄运。由这事可看出景帝养了不少野兽，目的是观看人与野兽的搏斗。后来汉成帝为了向胡人夸耀他圈养的野兽众多，曾命令右扶风地区成千上万的百姓进入秦岭捕捉虎豹熊罴等野兽，送到长杨宫的射熊馆，让胡人去同野兽搏斗，抓到即可拿走。成帝亲临观看，为此扬雄特写了一篇《长杨赋》，对成帝这种不正当的行为进行批评。汉武帝更是个狩猎迷，他常化装外出，他甚至喜欢"自击熊羆，驰逐野兽"。所以景帝需要司马相如这样一位击剑能手来保护自己的安全。但这对于胸有大志的司马相如来说，却未免是一个巨大的打击。他不甘心把自己的时间精力消耗在这种武夫便能完成的小事上，不愿担当这样的武职。还有一个问题令司马相如不快,就是景帝不喜欢辞赋这种新兴的文学,而司马相如在这方面却有一定的专长和偏爱。司马相如能够违背自己的愿望而默默无闻地混下去吗?不能!也正在这个节骨眼上——景帝前元七年(公元前150年),梁孝王进京朝见景帝,随行的还有邹阳、枚乘、庄忌等一帮谋士文人赋家,司马相如很喜欢这一帮人,因而就托病辞去武骑常侍职,而到梁孝王的门下去做游士。梁孝王是景帝的胞弟,4年前,即公元前154年,吴楚等七国叛乱,向汉王朝中央所在地长安进军时,军行到睢阳(今河南省商丘一带),即被梁孝王挡住。随后梁孝王又配合王朝军队打败叛军,因而立了头等大功。先前景帝曾说过他死后传位梁孝王,这时,梁孝王更觉得自己是当然的接班人了。"于是梁孝王筑东苑,方三百里,广睢阳城七十里。大治宫室,为复道,自宫连属于平台(在离宫)三十余里。得赐天子旌旗,从千乘万骑,出称警,入曰跸,拟于天子。招延四方豪杰,自山东游士莫不至,齐人羊胜、公孙诡、邹阳之属。"(《汉书·文三王传》)由于袁盎等大臣的反对,梁孝王接班的目的始终不能达到,但梁孝王由此而集中了一大批谋士、文人赋家,给他们提供从事政治活动和写作的条件,他本人也喜欢赋,又能尊重赋家,在客观上推动了汉代文学艺术的代表形式——汉赋的发展,却是事实。如西汉前期的主要赋家枚乘、邹阳、庄忌、公孙乘等人,都集中在梁孝王门下。现存西汉前期的主要赋篇,也多是在梁孝王门下写的。司马相如看到梁孝王这样尊重文士赋家和他们的写作,自然很羡慕,所以他就借口身体不好,辞去了景帝的武骑常侍一职,而到梁孝王门下来游学。梁孝王友好地接待他,安排他与枚乘等住在一起,给他们提供了很好的政治活动和写辞作赋的环境。

司马相如在梁期间,发生了一桩严重的政治事件:梁孝王因袁盎等大臣的反对,他继承景帝的帝位无望了,于是便与谋士羊胜、公孙诡等谋划,派人杀了袁盎等议臣10余人。事情暴露后,梁孝王很恐惧,羊胜、公孙诡自杀,景帝因而疏远孝王。景帝中元六年(公元前144年)孝王来朝,上疏要求留在京城,景帝不允许,回国后,心情郁郁不乐,

6月就死了。梁孝王政治上的自大和谋杀议臣的不轨行为，枚乘、邹阳、庄忌等都是不赞同的。这些文士赋家有许多原先都是聚集在吴王门下，就因为吴王谋反，又不接受他们的谏止，才一起投到梁孝王门下。司马相如也是与枚乘等一样，并不支持梁孝王的野心谋划。枚乘著名的《七发》，司马相如后来为汉武帝所激赏的《子虚赋》，都是在这时写的。《汉书·艺文志》说司马相如有赋29篇，相信有一些赋也是在这时写的。

梁孝王死后，梁国被分成几个小国，司马相如只好回到蜀郡成都去过家居的生活。

## 琴挑文君，深夜私奔

大约景帝中元六年（公元前144年）年底，司马相如就由梁国回到成都。这次宦游前后有8个年头。

司马相如回到成都时，父母早已谢世，家道也已中落，老家只剩下几间破屋，其余产业财物已荡然无存，实在没有办法生活下去了。所幸他过去的好友王吉这时在临邛做县令，这人很重友情，也肯帮助人，他说：长卿（司马相如的字）啊！你在宦海浮沉了多年，既然不成，生活又没有着落，就搬到临邛来住吧！司马相如没有办法，只好走这条路。临邛在成都西南百里，司马相如一天时间就赶到。老朋友相见自然十分高兴。对司马相如的才气、文章，王吉本来就很钦佩，经过几年游学的锻炼，司马相如更加老练，更令人敬重了。但就是怀才不遇，穷困潦倒。而且还是单身汉，实在可叹。于是，在王吉的导演下，中国历史上有明文记载的有姓有名的第一出"窃妻"私奔，实是冲破封建罗网而实行自由婚姻的喜剧就正式开幕了。

先是王吉假装着对司马相如的恭敬，每天去司马相如居住的都亭问候司马相如起居。开始，司马相如还勉强相见，随后，就推托有病回避了，让小童出来传达消息。这时王吉表现得愈加谨慎恭敬。临邛是个地下资源十分丰富的地方，这里有火井——即我们今天所说的油气井，有盐井。利用火井煮盐水，一石水可得五斗盐。又有丰富的铁矿，炼铁业很发达。汉文帝时就将这里的铜铁矿赐给邓通。所以这里的富人很多。卓王孙有家童（多是从少数民族买来的奴隶）800人，程郑也有奴隶数百人。这些富人看到县令如此殷勤迎候司马相如，十分吃惊，就商量说，县令有贵客，我们也应该设宴招待他才是。于是就向司马相如发出邀请，并请县令来作陪。这一天宴席就设在卓王孙的府上，赴宴的主客济济一堂。县令也如期赴宴。但等到中午，司马相如还不来，派人去迎接，回报称司马相如有病不能来。临邛县令不敢先吃，赶快亲自去迎接。到这时，司马相如才装出不得已的样子，勉强前来赴宴。司马相如一表人才，又有深厚的文化修养和丰富的宦游阅历，自然流露出雍容闲雅的风采，一下子把参加盛宴的主客都惊呆了。大家都羡慕地看着司马相如，频频点头，啧啧称赞，都以能与司马相如共席、一睹司马相如风采而感到荣幸、满足。司马相如也开怀痛饮。酒过三巡，王吉奉上一把琴说："听说长卿喜欢操琴，请自己消遣一下吧（不敢说弹给大家听）！"司马相如辞谢了一番，也就不客气地把琴接过来，略为拨弄，即左手按弦，右手弹奏起来。

　　琴声宛转悠扬，这是在倾诉自己的志向和对异性的爱慕与追求。司马相如为何要弹这样的歌曲呢？这里我们不得不把王吉的苦心说出来。原来王吉之所以装着对司马相如的敬重，就是为了引出富人卓王孙对司马相如的宴请，而宴请的目的，却是为了使司马相如得以与卓王孙的女儿卓文君接触，从而促成他们之间的姻缘。王吉为什么这样热心呢？司马相如是他的好友，他自然应该帮忙。文君是个绝色的女子，可惜16岁出嫁后丈夫随即死去，现回到娘家寡居。如果把司马相如与文君撮合在一起，不正是天生的一对吗？而司马相如的穷困生活也可以得到解决。王吉的意图，其实也正投中卓文君的心意，当司马相如到达时，她就在屏风后偷看。她早已被司马相如的风流倜傥所吸

引。心想，如果能同这样的人比翼齐飞，也不枉我一生一世了。

当卓文君正在屏风后激动而失神地偷看司马相如时，司马相如的第一支琴曲传来了。这琴声像一杯蜜，比蜜还甜；像一团火，比火还热，一下把她的心陶醉了、融化了，她听得简直如醉如痴。这不明明在倾诉对自己的爱慕吗？正在她心旌摇动不定的时候，接着，司马相如弹奏了第二支歌。

文君听到这支歌曲，消除了原先的一切疑虑。她深信司马相如在热恋自己，在挑逗自己，在暗示自己中夜私奔。想到这里，她又喜惧参半了。像司马相如这样的风流才子，能爱上自己自是令人心醉的。但一想到"中夜相从"，她却又有点犹豫了。因为在她眼前那些讲究礼教的经典像《礼记》、《仪礼》，一下子都浮现出来。这些书都规定男女的婚姻要经过纳采（送礼求婚）、问名（询问女方名字和出生年月）、纳吉（送礼订婚）、纳征（送聘礼）、请期（议定婚期）、亲迎（新郎迎新娘）等繁多的步骤。做妇女还要讲究"三从"、"四德"，"妇人之义，傅母不在，宵不下堂"（《春秋谷梁传》卷十六）。老人不在身边，妇女夜里连堂阶都不能下，怎么可以深夜私奔呢？况且《诗经》里有许多诗，如《鄘·桑中》、《王风·大车》，据说就是针对淫奔的。这些诗文卓文君都是熟读过的。私奔司马相如，这是多么严重地违反礼教的事啊！但文君随后又想到，婚姻是男女双方感情的结合，自然应由男女双方自己来选择；如果让父母包办，不就可能重走一年前的老路，那时根据父母之命，媒妁之言，她被嫁给一个半死不活的阔少爷，结婚不到几个月，丈夫就病死了……想到这里，她脑子一下子豁然开朗，心情也踏实多了。

正在这个时候，她的贴身丫头急急忙忙走进来，递上了司马相如派人送来的亲笔信。文君看了又羞又喜。她与丫头慌忙地换了一身衣服，连首饰都顾不得收拾，踏着月色，便急急往临邛都亭奔去。从卓府到都亭有10多里，文君从小娇生惯养，哪里走过这么多路。在丫头搀扶下，她深一脚，浅一脚，好歹跑到都亭，这时已是满身汗湿，气喘吁吁了。司马相如早已在那里等候。他迅速扶文君上车，即令车夫

# 第一章
献赋为郎——中华赋圣司马相如

挥起鞭子，急速向成都奔去。第二天午后，他们就回到了成都。

这时迎接他俩的，是司马相如父母唯一遗留下来的那间破屋子，果真是"家徒四壁"。司马相如与文君只好简单地收拾一下，安了一张破床，便开始了他们清苦的生活。

卓文君到底是在富裕家庭中长大的，生得十分娇弱，对粗茶淡饭实在难以适应。文君知道，司马相如在这里无亲无故，也难以得到友人的资助，如果这样坐等下去，苦难哪有个尽头。她想了想，对司马相如说：咱们一起到临邛去吧，只要到了那里，向我叔伯兄弟——他们都是一些富翁——借一点钱就够咱们吃喝了，何必这样苦熬下去！司马相如也实在没有其他办法可想，只好同意文君的意见，一起又到临邛县来。他把自己的车马全部卖掉，开了一爿小酒店，文君亲自坐在垆边卖酒。司马相如也系上围裙，与仆役们混杂在一起，在店门口洗涮杯盘碗筷。

话说回来，文君夜奔司马相如的当晚，卓王孙就发觉了。他怒道："女至不才，我不忍杀，不分一钱也。"也即是说，文君没有出息，不知廉耻，他本可加以追杀，只因好歹是自己的骨肉，才不忍下此毒手，但决心不给她一分钱。这时司马相如文君因穷困又回到临邛来开酒店，干杂役，他认为这是件奇耻大辱，使他大丢面子，所以关起门来不见人。但王孙的兄弟们却都来劝他：你只有一个儿子两个女儿，欠缺的不是钱财，而是子女。现在文君已委身于司马长卿。长卿不愿再在官场混下去，虽家境贫寒，但人才很出众，是完全可以靠得住的，而且还是县令的客人，你为什么要这样侮辱他呢？卓王孙想来想去也没有更好的办法，只好分给文君奴仆百来人，钱百余万，还让她带走初嫁时的全部妆奁。

于是，司马相如和文君第二次回到成都。

## 武帝赏识，宦海沉浮

公元前140年，汉景帝病逝，汉武帝继位。汉武帝喜欢辞赋，自己也会写诗作赋。当汉武帝读到《子虚赋》而大加赞赏，以为作者不在世上，狗监（负责管理猎犬的官吏）杨得意说明这篇赋是他同乡人司马相如写的。汉武帝惊喜之余马上召司马相如进京。司马相如又写出《天子游猎赋》呈给武帝看。武帝拜司马相如为郎官。这时约是武帝建元四年（公元前137年）左右。

大约在元光五年（公元前130年），司马相如的老家蜀郡发生了一件震惊朝野的大事：鄱阳令唐蒙奉命以中郎将（《史记》、《汉书》均作郎中将）身份设法谋取夜郎、僰中。唐蒙在巴蜀征集了一千来名官员和两万余人的转运粮饷的民工，还运用军兴法——战时的军事法令——诛杀了一些少数民族的首领。唐蒙这些做法，并非自己独出心裁，他基本上是按照汉武帝的旨意行事的（参见《史记》、《汉书》中的《西南夷列传》）。可是，当这些做法引起了巴蜀人民不可避免的恐惧和骚动后，汉武帝把责任推到唐蒙身上，派司马相如去责备他，说唐蒙的作为违背了皇上的原意，并要巴蜀人民放心。汉武帝这样做，其实也正是最高封建统治者所一贯使用的手法，有功归自己，有过罪他人。司马相如当然知道其中的奥妙，所以他到巴蜀后，即写了一篇《喻巴蜀檄》来晓谕朝廷的旨意，以稳定民心。全文有400多字，但其中指责唐蒙的只有几句，要百姓忍受一些必要的牺牲，为国家作出应有贡献却无疑是这篇檄文的主旨。

司马相如回京汇报，唐蒙已谋取夜郎，并征发巴、蜀、广汉三郡士卒数万人去修筑道路。但连修两年，还是未能修通，士卒多有死亡，而且耗资巨万。巴蜀人民和朝廷公卿如公孙弘等都说这事不合算。也正在这个时候——元光六年（公元前 129 年），邛都夷（分布在今四川西昌县一带）、筰夷（分布在今四川汉源县一带）的君长听说南夷归顺大汉后，得到很多赏赐，十分羡慕。他们也愿效法南夷那样入朝称臣，并请汉王朝派官吏去帮助治理。汉武帝拿不定主意，征求司马相如的意见。司马相如回答说：邛都夷、筰夷、冉夷（分布在今四川茂汶羌族自治县一带）都靠近蜀郡，道路也容易修通，秦时曾经设立郡县，到汉兴后才断了关系，现在如果同意他们归顺，设立郡县，那将比在南夷设郡县要更为有利。汉武帝认为司马相如的意见很有道理，就拜他为中郎将，持符节出使西夷。

于是，司马相如乘坐四马驾的传车，气宇轩昂地入蜀。蜀郡守百官都到郊外远迎，县令亲自为他背箭做前导。这可是应了司马相如出蜀时的誓愿：不乘赤车驷马，不回蜀郡！的确是荣耀无比。这时老丈人卓王孙和临邛诸公当然改变了对司马相如的态度，都到司马相如下榻的地方献牛酒庆贺。卓王孙赞赏女儿有眼力，叹息自己没有及早把女儿嫁给司马相如。随后，他又分给文君许多钱财，让她和兄弟享受同样的待遇。

司马相如招抚西夷的工作进行得很顺利，邛、冉、斯榆的君长都归顺了汉王朝，成为王朝的内臣。这样，西至沫水（即今大渡河）、若水（即今雅砻江），南至柯江（即今贵州的北盘江），也即今四川的西南部和贵州省的大部地区，一下子并入汉王朝的版图。为便于与内地联系和加强治理，又凿通了零关道（在今四川庐山），架起孙水（今四川安宁河）大桥，官道可以直通邛都（今四川西昌东南）。司马相如回京把上述情况向武帝作了汇报。武帝听了当然很高兴，嘉奖了他一番。

但好景不长，随后有人弹劾他出使西南夷时接受贿赂，司马相如因此被免官。此后，司马相如与文君便闲居长安西郊的茂陵县。这时约在元朔元年（公元前 128 年）。

由于政治上的失意，司马相如情绪低落。靠着文君再次从她父亲那里分得的一份厚实家财，司马相如生活又极其优裕。这时，他渐渐

沉浸在生活的小圈子里了。他托人在茂陵县物色了一位绝色女郎，想娶为妾。这事被文君知道后，她表示了强烈的不满，因为这说明司马相如没有信守临邛誓言。所以文君写了一首《白头吟》诗，表示要与司马相如绝决。司马相如读了文君的诗后，深感自己行为有失，马上打消了不光彩的念头。中国历史上有文字记载的第一对自由恋爱而结婚的情侣终于得到维护。司马相如与文君相敬相爱如初，文君一直陪伴司马相如，直至司马相如走完人生的征途。

这里有必要多说两句。我们必须明确指出，司马相如在女色上的确有过分的追求，前面说过的他过分沉浸在对文君的绝色上，纵欲过度，以致诱发糖尿病复发，以及这里所说的企图娶妾都可说明这个问题。这是有损于他的形象的，但是不必为他护短。对此也不应该过分指责，因为这往往是古代一个像司马相如这样多才多情的文人的通病。

后来，武帝觉得像司马相如这样一个有文才的人物弃置不用，也委实可惜。他可以给自己写诗作赋，歌功颂德，点缀升平，还可以满足自己的耳目之欲呢！所以，元朔四年（公元前125年）前后，武帝又改拜司马相如为孝文园令，就是充当汉文帝陵墓的守墓人。这个官职与司马相如最早的一个职务——景帝的武骑常侍一样，是位卑禄薄的六百石的小官。从这里再一次清楚表明，汉武帝根本无意重用司马相如，让他参与军国大事。

这事也不能全怪武帝。这实际上是由司马相如所从事的活动——写赋——也即赋家的地位所决定的。我们知道，在两汉，赋家们虽生活在帝王身边，但他们的社会地位却是极低下的。如枚皋说过："皋……自言为赋不如司马相如；又言为赋乃俳，见树如倡，自悔类倡也。"（《汉书·枚皋传》）枚皋的赋多是奉命而作的。这种赋要符合帝王的口味，满足他们的需要，让他们从中得到欢快，因此往往要追求更多的趣味性。枚皋在这方面可能走得更远些，这里有他自己的弱点。但关键还是人们瞧不起赋家，把他们视为俳优——古代杂戏、滑稽戏一类演员；看成倡——古代的歌舞演员。而倡优自古就被人们瞧不起。

《国语·越语下》说："今吴王淫于乐，而忘其百姓，乱民功，逆天时，信谗，喜优，憎辅，远弼，圣人不出，忠臣解骨。"这里把国君喜欢倡优和听信谗言看成是同样的大坏事，并置优人于辅弼大臣的对立面，以为国君如果喜欢倡优，就必然会厌弃疏远大臣，就必将导致贤才忠臣的逃离，不能为国所用。《管子·立政九·败解》也说："然则国适有患，则倡优、侏儒起而议国事矣，是驱国而捐之也。"以为国将有忧患，就会出现倡优、侏儒干预政事，从而把国家推向灾难的深渊。这里简直把倡优看成罪恶的渊薮，人们既害怕他们，又鄙弃他们，汉武帝不过是继承了前人的衣钵罢了。他当然要把赋家看成是倡优一类人物，只是供自己精神上的享受，满足自己的耳目之欲，而不愿从政治上加以重用。这也正如鲁迅先生曾深刻指出的："中国开国的雄主，是把'帮忙'和'帮闲'分开的，前者参与国家大事，作为重臣；后者却不过叫做他献诗作赋，'俳优蓄之'，只在弄臣之列。"汉武帝的这种态度，对从小就有大志，想效法蔺司马相如为国家建功立业的司马相如来说，自然是个很大的打击。所以鲁迅先生接着说，"不满于后者的待遇的是司马相如，他常常称病，不到武帝面前去献殷勤。"（《且介亭杂文二集·从帮忙到扯淡》）

话说回来，不管武帝在对待赋家时，其主观的动机是如何的不纯正，甚至严重地挫伤了赋家的积极性，但客观上，武帝对汉赋的繁荣和发展，还是起到了一定的积极作用的。由于他的提倡、鼓励，司马相如等一大批赋家集中到他的周围，努力为他写赋。班固在《两都赋》序里说："赋者，古诗之流也……至武、宣之世，乃崇礼官，考文章，内设金马石渠之署，外兴乐府协律之事，以兴废继绝，润色鸿业……故言语侍从之臣，若司马相如、虞丘寿王、东方朔、枚皋、王褒、刘向之属，朝夕论思，日月献纳，而公卿大臣御史大夫儿宽、太常孔臧、太中大夫董仲舒、宗正刘德、太子太傅肖望之等，时时间作……故孝成之世，论而录之，盖奏御者千有余篇，而后大汉之文章炳焉，与三代同风。"这段话准确地描绘了汉赋在西汉武、宣、元、成时的盛况，不仅文人作家写赋，公卿大臣写赋；地方官吏写赋，武夫学子写赋，

连汉武帝本人也写赋，而且还是"时时间作"，"日月献纳"，完全沉浸在忙碌欢快的写诗作赋之中。所以到成帝时，仅"奏御"——也即奉献给皇帝的——就有千余篇，而没有奏御的，以及"言语侍从"、"公卿大臣"以外写的赋，就不知有多少了。这个空前繁荣的汉赋园地，汉武帝是有开辟之功的，而其主将却是司马相如。

司马相如还积极参加汉武帝建立乐府机关的活动，为乐府机关写诗，成为这个机构的台柱。《汉书·礼乐志》说："至武帝……乃立乐府，采诗夜诵，有赵代秦楚之讴，以李延年为协律都尉，多举司马相如等数十人造为诗赋，略论律吕，以合八音之调，作十九章之歌。"现存汉乐府有《郊祀歌》十九章，这十九章中必有司马相如的作品。当然，这些诗思想性都不高，文字也很晦涩，《史记·乐书》说："通一经之士不能独知其辞，皆集会五经家，相与共讲习读之，乃能通知其意，多尔雅之文。"这与司马相如等赋家在赋里表现出来的比较艰深晦涩的文辞是一致的。《资治通鉴·汉纪十一》说汉武帝立乐府是在元狩三年（公元前120年）："是岁（指元狩三年），得神马于渥洼水中，上方立乐府，使司马相如造为诗赋……"《通鉴》这个系年是可信的，因为这时司马相如离逝世还有两年，还可以作诗赋。但《汉书·礼乐志》却把立乐府与祭后土于汾阴泽中方丘联系在一起，而祭后土事是在元鼎四年（公元前113年）。对此《资治通鉴》、《汉书·武帝纪》无异词，这时司马相如已死了5年，这是不可能的，因而是错误的。

大约在元狩四年（公元前119年），也即司马相如去世前一年，他终于完成了自己的一桩宿愿，写了一篇《封禅文》。

所谓"封禅"，就是在泰山的山上和山下祭祀天地，以报答天地的功德。这当然是表面文章，骨子里自是帝王借以宣扬自己的功德。因为假如帝王自以为无功德可说，他还要报答什么天地？所以，历史上只有那些自认为建立了丰功伟绩的帝王，才敢举行封禅典礼，所谓"功成治定"、"告成功于天"。也正因此，历代封建帝王对封禅都十分重视，认为是国家的大典，他们借此可以向国人夸示自己的政绩，向外人显示王朝的威风。古代文人对此亦另眼看待。司马迁的父亲司马谈临死前表示，以不能跟随武帝去泰山封禅而感到遗恨万分。司马迁在《史记》里特地写了一篇《封禅书》，记述了古代帝王有关的封禅活动。他引用管仲的话说，往古在泰山举行封禅典礼的有七十二君。以后文人歌颂的文章就更多了，以致成为一种文体。刘勰在《文心雕龙·封禅篇》里，对这种文体的特点做了系统的总结。司马相如对"封禅"这么重视，殚精竭虑地写作《封禅文》，也正是受这种传统思想的影响。

刘勰在《文心雕龙·封禅篇》里对司马相如的《封禅文》予以极高的评价："观司马相如《封禅》，蔚为唱首；尔其表权舆，序皇王，炳元符，镜鸿业，驱前古于当今之下，腾休明于列圣之上，歌之以祯瑞，赞之以介邱，绝笔兹文，固维新之作也。"这也即是说，《封禅文》是汉代最早出现的佳作，它说明了封禅的渊源，叙述了帝王的事迹，显示了美好的符瑞，反映了盛大的功业，把古代帝王都比下去，让汉武帝的光辉腾耀于列圣之上，是一篇绝好的文章，是一篇崭新的文字等等，可以说是吹捧到家了。但刘勰这样说，也正足以让我们看到这篇文章的致命伤，这篇《封禅文》，的确为汉王朝、为汉武帝大唱赞歌。它称颂汉王朝："大汉之德，逢涌原泉，濎颖漫衍，旁魄四塞，云布雾散，上畅九垓，下溯八埏，怀生之类，沾濡浸润……"汉武帝"陛下义征不譓，诸夏乐贡，百蛮执贽，德侔往初，功无与二，休烈浃洽，符瑞众变……"封建帝王没有大功是没有资格举行封禅的。汉武帝举行封禅的条件完全具备了。但他还要逊让："陛下谦让而弗发。"在一片请求声中："愿陛下全之"，汉武帝才勉强答应："于是天子沛然改容曰：'愉乎，朕其试哉！'乃迁思回虑，总公卿之议，询封禅之事。"在司马相如笔下，汉武帝不仅圣明，而且谦恭有加。司马相如为汉武帝的粉墨登场举行封禅真可以说是挖空心思了。当然，汉武帝是一个有作为的帝王，他有功于国家，但这与为举行封禅而对武帝瞎吹乱捧是另一回事。司马相如这样做，是隐藏着个人的目的的。鲁迅先生一眼就看穿司马相如此举的动机。鲁迅先生说：由于汉武帝把赋家看成"弄臣"，只能"帮闲"，司马相如对此甚为不满，他不到武帝面

前去写诗作赋了。"却暗暗地作了关于封禅的文章，藏在家里，以见他也有计划大典——'帮忙'的本领，可惜等到大家知道的时候，他已经'寿终正寝'了。"这就是说，司马相如通过写作《封禅文》，委婉地向汉武帝表示，他也有"帮忙"的本领，他有经国的才能，说得更明白一点，就是他可以做大官，参与管理军国大事，但汉武帝始终没有对他加以重用。在这里，鲁迅先生深刻地揭示了封建统治阶级的政治偏见和压制人才、摧残人才的实质，以及由他们制造的广大知识分子所遭受到的历史性的悲剧。这当然是主要的。另一面，也暴露了封建时代文人庸俗的一面。

司马相如大约写完了这篇封禅文，由于用思太剧，加上糖尿病的长期折磨，这时身体已很坏了，所以就辞官回茂陵家居治病。但糖尿病这种顽疾是难于治疗的，所以病越来越重。汉武帝得知这种情况，就说："司马相如病重了，应该快去把他的书全部拿来，要不然，以后就会散失了。"等武帝派所忠赶到司马相如家，司马相如已经死了，家里已经没有书了。所忠问文君，文君说：长卿从来就没有存书，因为他时时写书，又时时被人取去，所以家里空空。但长卿生前，曾写过一卷书，还盼咐说：等皇上派使者来求书时可把这卷书奏上去，其他书就再也没有了。这一卷遗书就是上面提到的那篇《封禅文》。所忠把这篇《封禅文》上奏

汉代玉龙

武帝，武帝读后很惊异，对司马相如又有一番赞叹。武帝没有料到司马相如看得那么远，想得那么周到，而且很符合自己的心愿，他早就想举行封禅，把自己的武功文治宣扬一番，只是时机还不成熟，还没有足够举行封禅的政治资本，怕人家议论，怕大臣阻挡呢！直到司马

相如逝世以后8年，也即元封元年（公元前110年），武帝才正式举行封禅大典。

## 子虚乌有，传世名赋

在梁地，司马相如与邹阳、枚乘、庄忌等辞赋家相交数年，期间作《子虚赋》。

《子虚赋》写楚臣子虚使于齐，齐王盛待子虚，悉发车骑，与使者出猎。畋罢，子虚访问乌有先生，遇亡是公在座。子虚讲述齐王畋猎之盛，而自己则在齐王面前夸耀楚王游猎云梦的盛况。在子虚看来，齐王对他的盛情接待中流露出大国君主的自豪、自炫，这无异于表明其他诸侯国都不如自己。他作为楚国使臣，感到这是对自己国家和君主的轻慢。使臣的首要任务是不辱君命，于是，他以维护国家和君主尊严的态度讲述了楚国的辽阔和云梦游猎的盛大规模。赋的后半部分是乌有先生对子虚的批评。他指出，子虚"不称楚王之德厚，而盛推云梦以为高，奢言淫乐而显侈靡"，这种做法是错误的。在他看来，地域的辽远、物产的繁富和对于物质享乐的追求，同君主的道德修养无法相比，是不值得称道的。从他对子虚的批评中可以看出，他把使臣的责任定位在传播自己国家的强盛和君主的道德、声誉上。而子虚在齐王面前的所作所为，恰恰是诸侯之间的比强斗富，是已经过时的思想观念所支配。因此他说，"必若所言，固非楚国之美也"。作品通过乌有先生对子虚的批评，表现出作者对诸侯及其使臣竞相侈靡、不崇德义的思想、行为的否定。"彰君恶"诸语表现出较鲜明的讽喻意图。

《子虚赋》对楚国云梦和天子上林苑的极度夸张的描写赋予作品以强烈的艺术感染力，使作品具有超乎寻常的巨丽之美。同时，在司马

相如的笔下，夸张描绘的艺术渲染原则和严正的艺术旨趣紧密地结合在一起，对艺术巨丽之美的追求和对艺术社会意义即讽谏作用的依归，较好地融为一体。因此，《子虚赋》在许多方面都超越前人而成为千古绝调，是汉赋的典范之作，也成为后代赋类作品的楷模。

在司马相如和文君第二次回到成都以后，他们买田地，盖别墅，转眼间成了成都的富翁。司马相如还在住宅旁筑一琴台，与文君饮酒弹琴作乐。小两口日子过得十分惬意，只是司马相如在生活上失于检点，酒色过度，以致最终为此而送命。这事《西京杂记》有记载，它说："长卿素有消渴疾，及还成都，悦文君之色，遂以发痼疾，乃作《美人赋》欲以自刺，而终不能改，卒以此疾至死。文君为诔传于世。"《西京杂记》这个记载不是妄说的，因为《史记》、《汉书》里的司马相如本传也都说过，司马相如"常（尝）有消渴疾，与卓氏婚，饶于财……"这是比较隐晦的说法。由此我们也可以推定，《美人赋》当作于这一次回成都。因为头次由临邛回成都是所谓：携艳潜逃，生活穷困，家徒四壁，文君郁郁不乐。那时司马相如是没有纵情取乐的条件的。这时约在景帝后元二年（公元前142年）。

在《美人赋》里，司马相如叙说了自己两次在女色的引诱下不起淫心，证明自己不好色："臣之东邻，有一女子，云发丰艳，蛾眉皓齿……恒翘翘而西顾，欲留臣而共止，登垣而望臣，三年有兹矣。"但"臣弃而不许"。后东出郑卫，又遇一艳女，频频向他挑逗："女乃弛其上服，表其亵衣（内衣）；皓体呈露，弱骨丰肌；时来亲臣，柔滑如脂。"但"臣乃脉定于内，心正于怀；信誓旦旦，秉志不回；翻然高举，与彼长辞"。这赋与宋玉《登徒子好色赋》有许多相似之处，所写都是子虚乌有之事。其中有一首歌写得很好："女乃歌曰：'独处室兮廊无依，思佳人兮情伤悲，有美人兮来何迟，日既暮兮华色衰，敢托身兮长自私。'"

司马相如写这篇赋想自制，但实际上并没有达到自制的目的。他最后因纵欲过度，及糖尿病加剧以致送命即是证明。这里，我们只想了解司马相如写这篇赋的用意就是了。所以，章樵在《古文苑·美人

# 第一章
## 献赋为郎——中华赋圣司马相如

赋》题下注说:"美人者,司马相如自谓也。诗人骚客所称美人,盖以才德为美。司马相如乃托其容体之都冶,以自媚于世,鄙矣!"章樵这样厌弃司马相如,是未体察司马相如的用心。因为,假如司马相如不是一个美男子,怎么会有那么多佳人倾慕他呢?既不倾慕,又何以表现他在丽人面前的端庄自处、不好色呢?又如何达到自制的目的呢?对司马相如这等托辞设喻,似没有指责的必要。

公元前140年,汉景帝病逝,汉武帝继位。汉武帝是一个有雄才大略的帝王,一登位即有诸多改革,改变了汉初以来以道家思想为指导的清静无为政治,代之以儒家学说为装饰的多欲政治。汉武帝也有文才,喜欢辞赋,自己也会写诗作赋,这种新出现的形势,是很吸引司马相如的。尽管目前逍遥自在的生活过得很惬意,但他还是希望在事业上能有所建树,能为国为民做一番事业。所以当汉武帝读到《子虚赋》而大加赞赏,以为作者不在世上,狗监(负责管理猎犬的官吏)杨得意说明这篇赋是他同乡人司马相如所作,而武帝召问司马相如时,司马相如马上承认,并迫不及待地向武帝讨好,要求献技。他说:《子虚赋》的确是我写的,但那是写诸侯的事,没有什么看头,让我给你写《天子游猎赋》吧!汉武帝当然会满足他的要求,武帝让掌管文书章奏的尚书官给司马相如提供笔墨和木简,让他去写赋。司马相如是一个才华横溢的赋家,但他的文思比较慢,有所谓"司马相如含笔而腐毫"的说法。为了写好这篇赋,他摒除了一切杂念,充分利用形象思维,专心致志地进行艺术构思,有时迷迷糊糊像睡,有时忽然醒悟惊叫起来,前后花了几百日才写成,真是费尽了心血。

在赋里,司马相如设计了子虚、乌有先生、亡是公三个人,分别代表了各自的主子——楚、齐王和天子三方。他先让子虚把楚王的游猎场所的辽阔富饶和游猎队伍的排场夸示了一番,再让齐王的代表乌有先生出场,说明齐王比楚王还要排场阔绰得多呢,只因为位在诸侯,不敢公开炫耀罢了。最后亡是公登台,他把子虚、乌有先生都狠狠地教训一通,指出:你们家的主子如果像你们说的那样,那可就不是个好君王了,要知道天子虽也曾有过无边无际的苑囿和浩浩荡荡的游猎

队伍，但他觉得这样做不对，很快就改正了自己的错误，推倒苑囿围墙，让老百姓进去耕作；停止游猎，回到朝廷上去处理国家大事。赋最后以天子代表的胜利而结束，从而歌颂了天子的德政。这篇赋写成后，即呈给武帝看。武帝只觉得满纸琳琅，美不胜收，赞叹了一番，即拜司马相如为郎官。这时约是武帝建元四年（公元前137年）左右。

大约在公元前133年，司马相如又写了《大人赋》。当时的背景是这样：

这一年，汉武帝开始了狂热的寻仙活动。据《史记·孝武本纪》、《封禅书》记载，有一个方士叫李少君，原是高祖功臣深泽侯赵将夕的孙子赵修的舍人，但他隐瞒了自己的年龄和经历，用他的方术到处骗人。有一次在武安侯家饮酒，座中有一个90多岁的老人，李少君说他曾同老人的祖父在某处习射过。老人当时还很幼小，但记得这个地方，因而引起了满座的惊奇。随后李少君被召进宫。武帝拿出一铜器问李少君，李少君信口就说出这是齐桓公十年陈列在青州柏寝台上的器具。武帝让人细查铭文，果如李少君所说，君臣们又是一番骚动。武帝对他深信不疑了，于是，遣方士入海蓬莱寻仙。

十几年后，当时司马相如已病逝——又有一个方士叫栾大，是个官迷，想当官，当不成，便设词欺骗武帝说，他来往海中，曾遇到仙人安期生、羡门等，只因为自己太卑贱了，仙人不相信自己，否则，不死之药可以拿到，仙人也可以请到。武帝也深信不疑。为了让仙人相信，提高了他的地位，马上封栾大为五利将军。过个把月，栾大得四印，佩天士将军、地士将军、大通将军、五利将军印。后来武帝又封他为侯，将卫长公主嫁给他。

汉武帝不仅常派遣方士入海求仙，寻不死之药，而且自己也多次亲临东海，希望与神仙直接相会。在这期间，尽管也常常发现自己受骗，他也为此而先后杀掉几个方士，如著名的方士少翁，上面提到的栾大，就是在骗术败露后被他杀掉的。但他终不觉悟，深信神仙可以请到，不死药可以得到，他想成仙简直想得入迷了，他说，如果能像黄帝那样成仙升天，抛掉妻子就像扔破鞋一样，毫不足惜。所以当时

# 第一章
## 献赋为郎——中华赋圣司马相如

很多人来钻他这个空子，他简直把中国的东半部搞得神嚎鬼哭，妖雾迷漫了。

就在汉武帝贪生怕死，大搞求仙寻药之初，司马相如就敏感地抓住这个问题，写作《大人赋》来加以讥刺。这里的大人，实指武帝。武帝虽富有天下，但他仍感到区域狭小，欢乐无多。因而赋随后写大人离开中州，浮游仙乡天国，足迹遍及天上地下四面八方。可是哪里有理想的地方呢？他见到长生不死的仙人西王母，但像西王母这样野居穴处，孤独寂寞，虽长生不死，又有什么乐处？后来大人又转到"寒门"，但那里也没有什么可留恋的，这种道家追求的空寂的至高境界，也不是真正的乐土。司马相如是有意这样来亵渎贬抑神仙，以为神仙还不如我大人自己，这不就把神仙批评、否定了吗？

至于武帝读后，反而"飘飘有凌云之气，似游天地之间意"，作品没有收到预期的效果。这个问题比较复杂，不单是赋本身所能负全责。这里，有赋的弱点问题，也有读者自身的立场、思想、理解、接受问题，而且后者往往是更重要的。试想，历史上不是有许许多多政治家、政论家，他们都直截了当地公开批评最高统治者的过失，可是最高统治者见到批评后就改了吗？没有。持这种态度批评汉赋的人，实际上是把文学艺术的作用夸大了，把文学艺术抬到不适当的地位上。

大约就在司马相如免官闲居期间，他还为陈皇后阿娇写过一篇《长门赋》，企图挽回陈皇后被废的困境。

陈皇后原是武帝姑母馆陶公主嫖的女儿。汉武帝小时，馆陶公主曾问他："娶阿娇好吗？"武帝回答说："要是娶了阿娇，就拿金屋藏起她。"这就是历史上著名的金屋藏娇的故事。正是由于馆陶公主当初力荐武帝为皇太子，所以，武帝当太子后，就娶她的女儿阿娇做妃子；即帝位后，又封她的女儿阿娇做皇后。但由于陈皇后阿娇恃宠骄妒，又不生子，所以武帝渐渐冷落厌弃她，后来还把陈皇后废掉了，让她居住在长门宫。但传说陈皇后不甘心自己的失败，她奉送黄金百斤为司马相如文君取酒，请司马相如替她写一篇赋以解悲愁，司马相如接受了陈皇后的请求，就写了这篇赋。

赋在描写陈皇后被废"独居"后，夜以继日的愁思和苦闷，描绘得很细致、深刻，很有层次，富有感情，亦符合情理。先是"期城南之离宫，修薄具而自设"，在宫室里排好酒菜，盼君王来临。但希望落空："君曾不肯乎幸临。"她接着很自然要走出宫室，登高望远："登兰台而遥望兮，神恍恍而外淫。"痛苦绝望中尚存一线希望。但她在兰台上看到的是成双成对的孔雀、凤凰，触景生情，她更加难受了："心凭噫而不舒兮，邪气壮而攻中。"赶快从兰台上下来而周流徘徊于宫内。这时她满眼是色彩斑斓的雕梁画栋，热闹无比。赋这样写，也就更反衬出女主人公心情的孤寂和落寞。日落夜临，她的心境自然更彷徨无依、更惆怅了："日黄昏而望绝兮，怅独托于空堂。"漫漫的长夜如何送走？惟有借琴消愁："援雅琴以变调兮，奏愁思之不可长。"但琴也是弹不下去。"无面目之可显兮，遂颓思而就床。"很自然，她只有颓唐地倒在床上。"忽寝寐而梦想兮，魂若君之在旁；惕寤觉而无见兮，魂若有亡。"梦中与君王相聚，醒来自然更感彷徨惆怅。"夜漫漫其若岁兮，怀郁郁其不可再更。"愁思百结，长夜难明，女主人公的痛苦到了极点了。赋最后以"妾人窃自悲兮，究年岁而不敢忘"作结，以悲代怨，以念代恨，更深深地敲打着读者的心扉，激起人们无限的同情，手法是很高明的。总而言之，《长门赋》是一篇很好的抒情小赋，具有很强的感染力。后代的怨诗，很受它的影响。

但由于这篇赋的小序有"司马相如为文以悟其上，陈皇后复得亲幸"等，与历史事实不合，陈皇后没有复得亲幸，几年后就死了。同时《汉书》本传和《外戚传》均未载此事，所以后人据此而认为此赋是伪托的。但学术界至今仍倾向把《长门赋》作为司马相如作品看待，其理由是：序是后人加上的，错在序的作者。明朝大文学家王世贞则说："《长门赋》邪气壮而攻中语，亦似太拙，至'揄长袂以自翳，数昔日之鱜殃'以后，如有神助，汉家雄主例为色（沉溺于色），或再幸再弃不可知也。"其意为《长门赋》是司马相如写的，汉武帝读《长门赋》后，可能再幸陈皇后，但后又把她抛弃。

从陈皇后的为人看，她请司马相如作赋也是完全可能的。陈皇后与武帝结婚后一直不生儿子——这对陈皇后地位的巩固是个严重的威胁；为了消除这个威胁，她"与医钱凡九千万，欲以求子"（《资治通鉴·汉征九》）。就是用巨额的金钱馈赠医生，希望医生帮她生个儿子。由于陈皇后的骄妒，又不生子，武帝渐渐把宠幸转到卫子夫身上。陈皇后为了除掉这个情敌，她竟让巫师给卫子夫刻了一个替身的木偶人，埋在地下，加以诅咒，企图让卫子夫早死。可以看出陈皇后为了改变自己的不利地位，她是什么手段也使得出来的。所以，她被贬长门宫后，也绝不会心甘情愿坐以待毙，她送司马相如黄金百斤，求司马相如为她写赋以期感动武帝，是完全可能的。

再从司马相如这方面来说，他既可以使用不光彩的手段使卓王孙分与文君一部分家产，出使西南夷时可以"受金"——接受贿赂，他为什么不可以接受陈皇后的"奉金"买赋？从司马相如一生的活动看，他的行为是很"浪漫"，很随便的。何况，这样的事在当时并不丢脸，在他之前的吕不韦，就曾悬赏：有谁能给他的《吕氏春秋》增损一字，就赠送"千金"；在他之后的蔡邕，就是一个著名的谀墓得金的能手。他自己坦白："吾为碑铭多矣，皆有惭德，惟郭有道（郭泰，汉末名士）无惭色矣。"再说，司马相如既可以为迎合汉武帝的口味而主动频频献赋，他为什么不可以应陈皇后的请求而为她作赋分忧呢？从这篇赋所表现出来的浪漫夸张、铺张扬厉的手法看，也极似司马相如其他赋的笔法。因为陈皇后被废贬入长门宫是在光元五年（公元前130年），所以这篇赋的写作在光元五年以后，大约在元朔元年（公元前128年）左右。

班固在《汉书·艺文志》说，司马相如还有讲解文字的《凡将篇》一篇，"赋二十九"篇，《史记·相如列传》说他还有《遗平陵侯（即苏建）书》、《与五公子相难》、《草木书》等，但现在除了我们上述征引的诗赋文檄之外，其他文章都已遗失了。《史记》本传说相如"善著书"；又引用文君的话说："长卿固未尝有书也。时时著书，

人又取去，即空居。"可见他有许多著作在他生前就已散失，文君都说不出个题目来。与相如基本同时代的人司马迁，以及后百年来的班固，自然更无法知道了。班固《汉书·相如传》之所以照抄《史记》相如本传，也可能同他看不到一些新材料有关。作为东西两汉最著名的赋家相如，至今只给我们留下寥寥几篇著作，实在是很遗憾的，这是一个无法弥补的损失。

# 第二章

# 名门居士
# ——山水诗宗谢灵运

　　谢灵运（385年~433年），是东晋名将谢玄之孙，著名的山水诗人，中国文学史上山水诗派的开创者。谢灵运的山水诗，大部分是他任永嘉太守以后所写。这些诗，以富丽精工的语言，生动细致地描绘了永嘉、会稽、彭蠡湖等地的自然景色。其主要特点是鲜丽清新。代表作品：《登池上楼》、《岁暮》、《善哉行》等。

## 出身名门，少年得志

　　朱雀桥边野草花，乌衣巷口夕阳斜。
　　旧时王谢堂前燕，飞入寻常百姓家。

　　这是唐朝大诗人刘禹锡的一首诗。诗中的朱雀桥边的乌衣巷是东晋以来建康（今江苏南京）城里的贵族居住区。而"王"、"谢"是东晋时期最大的两个家族。

　　自从东晋南渡以来，东晋统治者偏安于江南一隅，占统治地位的是一种士族门阀政治。士族门阀形成于曹魏，在晋时达到顶峰，从北方迁到南方的大姓门第世家，结合成一个庞大的统治集团，他们以家族为单位，占据了高官显位和大量的土地，成为贵族统治集团。与士族相对立的，是江南土生土长的地主集团和南迁来的寒门地主，称之为庶族或寒门。士族的唯一职业就是做官，而且是高官，他们根据门第和世家的高低来决定做官的大小。当时有这样一句话来形容士族子弟："举车不落为著作，体中如何则秘书。"意思是说：士家子弟，只要是能坐在车上而不掉下来的，就可以当著作郎，只要能写信问人家："身体怎么样？"就可以当秘书郎。著作郎和秘书郎在当时都是五品以上的大官，而且干上一两个月，就能升职。庶族寒门则不同，他们只能担任一些低级官吏和军官，社会地位和政治地位远比不上士族。当时江南的士族大家，有王、谢、元、萧四大家，而尤以乌衣巷中的王家和谢家门第最高，地位最尊。

　　晋孝武帝太元十年（公元385年），乌衣巷谢氏家族在浙江会稽始

宁（今浙江上虞）的一支，谢玄的老宅子中，少爷谢瑍得了一个儿子，因天资聪颖，起名灵运，这就是后世鼎鼎大名的谢灵运。

谢灵运的爷爷谢玄，就是当年淝水之战中的著名将领。那年，谢玄和叔父谢石、族弟谢琰一起，率领自己亲手创建的北府兵，以8万人马一举击溃了前秦皇帝苻坚的25万人马，从此名声大振。因为此次作战为东晋立下了大功，谢玄被封为康乐县公，食邑2000户。

谢玄只有一个儿子，名叫谢瑍。谢瑍生性愚懦，丝毫没有老子当年的英武机智。而谢灵运的出生，使谢玄全家上下非常高兴，谢家单传，这样终于有了后人可以承袭祖宗的基业。小灵运和他父亲不一样，从小就透着一股机灵劲，深得他祖父谢玄的喜爱。谢玄曾不无感慨地对熟识的人说："我生了木头木脑的谢瑍，谢瑍却生了个这么聪明的儿子！"

谢灵运的出生，让全家人高兴，也给这个家庭带来一丝忧虑：谢家是两代单传，万一养不活他……

谢灵运四五岁的时候，祖父便去世了，这使谢家的担心更重。当时有个风俗，家里要是怕不能把孩子养活，可以送到寺院里面，拜有能耐的老和尚为师，这样就可以获得神佛的保佑，孩子会平平安安地长大。谢家不信佛教，而信奉道家学说，所以就把谢灵运送到了当时与始宁一江之隔的钱塘杜氏的天师道的道馆中寄养。这种寄养也称客居，所以谢灵运也就有了"客儿"、"阿客"的小名，后人也习惯地称他为谢客。

在杜氏的道馆之中，小灵运受到了非常系统的教育，再加上他天资聪明，又刻苦好学，博览群书，所以年纪轻轻就能写诗作赋，而且文采优美，为他一生的文学创作打下了良好的基本功。另一方面，西子湖畔、钱塘江边的苍山秀水，陶冶了他的性情，使他自少年时代就对山水之美有着执著的追求。

但是，小小的钱塘风光虽然秀美，却关不住谢灵运那颗向往自由的心。出身士族，家庭的影响使他期望能够投身政治，把自己的一腔报国热忱和才能投之于祖国的统一大业之中，像自己的祖辈那样，建功立业。怀着这样的抱负，15岁的谢灵运告别了会稽始宁的家人，来到当时东晋的首都建康，到乌衣巷投奔同族叔父谢混。

谢混是当时东晋孝武帝的女婿，是当时政界和文坛上的中心人物，文采出众，气度非凡，被称之为江左（江南）第一。他善写诗，而且开始注意改革诗风，这对谢灵运的影响很深。在政治上，他也很有眼光，为了维护谢氏家族的利益，不致家道中途没落，他特别重视对本族子弟才识的培养。谢混培养子弟的方法也很特别，他很看重子侄辈的谢灵运、谢瞻和谢弘微等人，时常在一起饮酒宴会，并且在宴会之中行文作赋，相互欣赏，相互品评。

一次，大家酣宴之后，叔父谢混写了一首五言诗，来评价谢灵运和其他兄弟的文学水平的优劣。对于谢灵运，他的评价是：

康乐诞通度，实有名家韵。

若加绳染功，剖莹乃琼瑾。

意思是说：谢灵运的诗文通达流畅，有名流大家的韵味，只要稍稍加以规范的修饰、训练，就像剖开的美玉一样清白晶莹。

谢混还说：'阿客博而无检！'就是说谢灵运的知识才学广博但还不是很规范。谢混不愧有知人之明，言语虽短，但意见中肯。

在建康的生活，使谢灵运的才学与修养大有长进。当年在钱塘的时候，风景虽美，但毕竟比较闭塞，很难有条件开阔眼界；而建康就不同了，地势上虎踞龙盘，文化上名家荟萃，是东晋政权的统治中心，经济繁荣的大都会。而谢氏家族不仅是一个权势显赫、地位尊贵的钟鸣鼎食之家，也是一个士风极盛的诗书礼仪大族，子弟们不仅享有士族世代相传的特权，而且还有着与生俱来的爵禄。谢灵运就是在这种耳濡目染之中，也有了那种士族豪门天生的优越感。他也享受了士族子弟所应得的恩荣，18岁这一年，他承袭了祖上康乐公的爵位，所以，后人也称他为谢康乐。

少年时代的谢灵运，由于万事顺心，少年得志，地位尊贵，又长期出入于朱雀桥、乌衣巷的高门之中，使他养成了傲视万物、凛然不拘的性格。加上他勤奋好学，又生长于文学气氛浓厚的家庭，这时，

他的文学能力进步极快，工诗善文，与当时另一个才子颜延之并称"江左第一"。

## 生逢乱世，风骨犹存

就在谢灵运可以凭借门第步入政界的时候，东晋的政局发生了巨大的变化。晋安帝元兴二年（公元403年），桓玄起兵造反，杀了当朝宰相司马道子，进驻建康，建立楚国。这时，谢灵运按惯例，被授予员外散骑侍郎。散骑侍郎，是一清贵的官职，不用从事太复杂重要的工作，俸禄却很丰厚，又容易升官，是士族子弟走入政界的捷径。但因为当时的政局不稳，桓玄是篡政的，所以如此好的机会，谢灵运却坚决回绝了。

桓玄好景不长，第二年（公元404年）北府兵将领刘裕兴兵，表示拥护晋安帝复位，并且击败了桓玄，迎立晋安帝复辟，还都建康。虽然刘裕名义上支持晋政府，但实际上他早就想取而代之；晋安帝是个白痴，刘裕就成了实际的掌权者，晋安帝不过是他手中的一块橡皮图章。

东晋的政治特点，前面讲过，是士族门阀政治。士族把持朝政，庶族被排挤，只能担任低级军官和小吏。刘裕就是庶族寒门出身，早年参加了谢玄的北府兵。但是随着时间一长，作战日多，许多庶族寒门出身的军官因为屡立战功，从而渐渐控制了军权，占有了更多的食邑。可是在政治和社会地位上，士族集团依然不容纳庶族军官，高官显爵全由士族占据。刘裕虽然当了权，但他知道，他的能力还远远不能动摇多年以来形成的士族政治，所以他还不敢废了晋安帝，自己当皇帝。

## 第二章 名门居士——山水诗宗谢灵运

既然晋安帝又坐上了皇位，义熙元年（公元405年），谢灵运被封为琅琊王大司马行参军，这比原先封的官小许多，但是他还是不嫌屈就地到任了，这年，谢灵运20岁。

庶族寒门出身的刘裕掌了大权，使东晋的士族集团大为紧张：如果庶族地主当政，自己的官位不但不保，而且社会地位也将不保。而这时，士族大家王、谢两族，王姓氏族已经衰落。作为谢氏家族中心人物的谢混，自然而然地担负起了团结士族、对抗刘裕的重任。谢混的策略是团结另一个握有军权的北府兵的将领刘毅，来与刘裕对抗。

刘毅也是庶族出身，在平定桓玄之乱中起过非常重要的作用，立了大功，与刘裕不相上下。在谢混等士族官僚的大力支持下，公元405年，刘毅被封为抚军将军、豫州刺史，镇守姑孰（今安徽当涂）。这一年，谢灵运便加入了刘毅的军幕，在刘毅的部下做记室参军。6年以后，刘毅调任荆州刺史，移镇江陵，谢灵运也跟随到了江陵。

刘裕因为打败了桓玄而控制了政权，但他想做皇帝的野心和桓玄一样。只不过刘裕比桓玄明智，他深感反对势力还没有被消灭，当皇帝的道路还没有扫平，其中最大的障碍就是谢混和刘毅。

就在谢灵运随刘毅移师江陵这一年，刘裕突然发兵，杀掉了谢混，又进攻江陵，一举击败了刘毅，刘毅见大势已去，只好自杀，此时刘裕取东晋而代之的大势已成。

刘裕这次虽然得手，打击了江南士族门阀的势力，但是他深知，这只是一次小小的胜利，还不可能动摇长期以来根深蒂固的士族制度。而且自己要想建立政权，还必须依靠高门大族的支持。因此，在从江陵回师以后，他对士族采取了一系列安抚的政策，谢灵运不但没有被治罪，反而当上了秘书丞，掌管图书典籍。

东晋末年的士族子弟，生活上极度的奢侈腐朽，整日寻欢作乐，过着一种花天酒地，醉生梦死的生活，有人拿来丰收的稻穗，他们却问："什么草？"有人听见马叫，吓得趴在地上，还说："这哪里是马，分明是老虎！"这样的寄生虫，根本谈不上什么高尚的情操和气节，他们关心的，只是自己的门第，自己的官位，自己的钱财，出于

家庭的利益，他们最爱的当然是晋安帝那样容易控制的白痴，这样他们就可以操纵大权，维护家族的门第。而现在，刘裕称帝的形势已经在所难免，总不能冒着灭门九族的危险和现实对抗吧？所以士族集团也只有顺应潮流，赞成刘裕称帝。

然而，谢灵运不同，他出身于士族名门，长期的士族家庭教育，不仅使他有了士人渊博深厚的文学修养，也使他具有了士家子弟不流尘俗的气节和风骨，傲视万物和对晋朝忠贞不二。在谢灵运看来，刘裕不过是门第低微的庶族，况且，北府兵是他祖父谢玄亲手创建的，刘裕在他的眼中，只不过是一个有点战功的老兵罢了。而且，长期以来，祖祖辈辈为了晋王室效忠，东晋王朝对谢家恩泽是不可估量的，这不能不使谢灵运对旧王朝有所留恋。他追随刘毅7年之久，族叔谢混的教诲至今还萦绕耳际，可是如今，两位恩主都死在刘裕的刀下，怎能让他不对刘裕产生憎恨？门第的优越和国仇家恨，使他的心灵蒙上一层阴影，他蔑视刘裕，不愿与之合作。

谢灵运之雕像

而刘裕，虽然对士族进行安抚，对谢灵运委以官职，但是因为谢灵运曾追随他的政敌刘毅达7年之久，加上谢灵运根本就不愿与他合作，所以，不久就免了他的秘书丞。又过了一段时间，任他为黄门侍郎。谢灵运虽然不愿委身于刘裕政府之下，但无奈时运不济，只好怀着悲哀的心情上任了，这时谢灵运32岁。

义熙十二年（公元416年）九月，刘裕举兵大规模北伐。驻扎彭城（今江苏徐州）的时候，谢灵运奉旨去慰劳军中将士。他作了一篇《撰征赋》，按理，这应该是一篇对兴师北伐的将帅刘裕大加赞许，歌

## 第二章 名门居士——山水诗宗谢灵运

功颂德式的文章，但是谢灵运不肯阿谀，他的气节和对晋朝的忠诚使他只用了很少的一部分来恭维刘裕，却用大量篇幅来抒发自己对古时的幽思，对晋王朝的怀念，并且"远感深慨，痛心陨涕"。谢灵运对晋的追随、对刘裕的轻视可想而知，同时，也表现了谢灵运在严酷现实面前的无奈。

出身名门大族的谢灵运，在这种现实面前不能不低头，此时的他，陷入了深深的矛盾之中：高贵的出身，多年的教化，士子的风骨，驱使他必须做官，投身政界，为国家的兴盛一展身手；然而刘裕篡晋不过是时间早晚的问题，他的操守决定了他不肯为刘裕折腰摧眉。这种愿望同现实之间的巨大差距，让谢灵运情绪十分低落，终日郁郁寡欢。这一年，他在彭城过年，写了一首诗来发泄胸中的怨气：

草草眷物徂，契契矜发殚。

楚艳起行戚，吴趋绝归欢。

修带缓旧裳，素鬓改朱颜。

晚暮悲独坐，鸣鵙歇春兰。

诗中写他终日为了俗物奔波操劳，愁苦之中怜惜着时光的无情流逝；虽然身在彭城作诗吟咏消遣过日，却非常思念家乡会稽，这样的日子一天又一天，思念让人憔悴得衣带渐宽，白发早生；到了晚暮之年一个人悲哀地独居，还要担心小人的谗言使自己蒙受不白之冤。

"鸣鵙歇春兰"一句，谢灵运用了一个典故：鵙，即杜鹃鸟，每年立夏时鸣叫，民间认为，只要杜鹃一叫，春天的花草就都不再开放了。谢灵运用了鸟来比喻小人，透出一种在外游子的悲戚的心境，我们可以看出，当时谢灵运的痛苦，日复一日，不堪忍受。这时的谢灵运，已经开始有了一种渴望回归的心情，他希望自己能回到少年时代的故乡，与山水终日为伴。

在这以后，谢灵运又被任命为世子左卫率，在任期间，一桩倒霉的事情发生了，谢灵运担心已久的"鵙"也开始歌唱。

谢灵运有一个手下门人，叫桂兴，与谢灵运的小妾有私情。后来事情被发觉，本来就万事不顺心意的谢灵运不由大怒，杀了门人，并

把尸体扔进了河里。谢灵运为此被人参了一本，要求把他免官、削去爵禄，治罪，刘裕为了拉拢士族子弟，只免了谢灵运的官，以示宽大。

公元420年，刘裕已经扫平了他称帝道路上所有的障碍，就让晋恭帝写下诏书，向天下众生宣布，把皇帝的位子让给他，就这样，刘裕夺得了帝位，建立宋政权，都城仍是建康，改年号为"永初"。公元420年就是永初元年。宋是我国南北朝时期南方四个短命王朝的第一个，史称"南朝宋"或"刘宋"。

刘裕建立宋以后，进一步打击士族的势力，降低了原来所有士族的爵位，谢灵运也由康乐县公改封康乐县侯，比原来低了一等，食邑减为五百户。

## 苟且偷生，慷慨赴死

当时的会稽太守名叫孟顗，也是寒门出身，而且笃信佛教。谢灵运打心眼儿里看不起他。有一次，孟顗慕谢灵运的诗名来拜访他，谢灵运知道他是虔诚的佛教徒，就讥讽他说："不要以为修成正果光靠诚心事佛就行，那是要有慧根的，拿咱俩来说，你升天一定在我前头，但成佛肯定在我后面！"这话孟顗当然不爱听，从此与谢灵运有了隔阂。后来，谢灵运请求孟顗把会稽城郊的回踵湖给他，辟为农田，孟顗因为前次谢灵运挤兑他的缘故，坚决不给，于是谢灵运便散布谣言，说孟顗想开湖放水，伤人性命，两人从此成了死敌。在这件事上，是谢灵运仗势压人，又清狂成性，无理取闹，于是在无形中他为自己树下了一个仇人。

谢灵运整日携众出游，不可能不惊动四方百姓，在公元430年，和他素有仇怨的会稽太守孟顗，以紧急公文上奏宋文帝，说谢灵运不务正业，勾结乡党，企图谋反，自己不得不拥兵相保。

在中国古代，谋反是第一等的大罪，如果证据确凿，情况属实，不但本人要被处以极刑，而且还会连累妻子、儿女甚至族人、朋友。以中国历代的经验来看，谋反这一罪名就像是如来佛套在孙悟空头上的金箍，一旦戴上，就很难再摘下来。因为谋反的目的是直指皇帝的政权，所以一经发现，皇帝是宁可错杀一千，也不容一个漏网。历史上，上至亲王宰相，下至平民百姓，死在这个罪名之下的不计其数，可能够自己辩白澄清的简直微乎其微。不过，谢灵运还算是幸运的一个。

谢灵运一听到此事，也感到了事态的严重性，不敢再轻慢对待了，他似乎感到一张政治大网正要将他网罗进去，对于做多么大的官，他已经不在乎了，但是身为士家子弟，谢灵运不能容忍别人肆意侮辱他的清白，玷污他家的门庭。于是，他星夜奔赴建康，上表为自己辩护。

宋文帝本来就不大喜欢这个高傲的文人，何况谢灵运不仅是他父亲的敌人的幕僚，也是对自己皇位有重要威胁的庐陵王的密友，但是他心里明白，谢灵运的为人，就是这样清狂、放纵、恃才傲物，充其量是纠集一些文人隐士，招摇过市，游山玩水罢了，要他造反，以谢家的门第，一来不可能，二来也没有必要。所以，听了谢灵运的表奏，又见他亲自上表，宋文帝也觉得孟凯的罗织诬告的确是不太高明，罪名太大；又顾忌谢灵运家的高门，就对这件事装聋作哑，置之不理。但是，不能再让谢灵运回会稽了，就把他留在建康，以示看管。

从此失去山水相伴的谢灵运，经过了这次风波，行事越来越拘谨。没有了山水，没有了豪情，谢灵运的诗风大转，失去了灵气，原来诗中的那种豪气干云，变成了极有城府的低吟浅唱。

谢灵运留在建康大约有半年多，这段时间他虽然没有正式的职位，但他却比当年任秘书丞时收敛了许多。他知道，自己已经背上了一个最危险的罪名，能不能活着，只不过是皇上一句话的事，而要想活下去，只有趁现在好好表现，干点正经事。在这段时间里，谢灵运认真地做了两件事，一件是编定了64583卷的"四部书"目录。二是和当

时的高僧慧严、慧观对佛教重要经典《大般若涅经》进行了文字上的修饰。

也许是因为谢灵运在建康的表现尚好，宋文帝在这一年年底，任命谢灵运为临川（今江西临川）内史，把他发赴外任。

经过了这次风波，长吁一口气之余，谢灵运联想到多年以来的仕途坎坷，不免心力交瘁，晋室天下不复，刘宋王朝让人深恶痛绝，而半年多来，还要侍奉刘宋皇帝，俯首称臣，一切都使他苦累不堪。现在，他最需要的，是一片园林，一片山水，任他遨游。他也知道，再像以前那样逍遥、狂放地行游，等待他的，不会再有这样的好运气，而必然是杀身之祸。

去临川的路上，谢灵运一直在苦思冥想：一边是自己深受其苦的刘宋王朝，多年以来，自己的每一分痛苦都是来自刘宋王朝的迫害；一边是求之若渴的山川景色，每次痛苦之后的快乐，都是来自对自然的不懈求索。他开始考虑生命的归宿：究竟是走入令自己神往半生快活逍遥的神山圣水，快乐地面对死亡，还是屈身于让自己痛苦一世，鄙夷不屑的刘宋政权，卑微地苟延残喘？

思来想去，谢灵运终于打定了主意，既然山水给了他那么多灵感，那么多恩赐，那么多心醉神迷的日日夜夜，何不彻彻底底地走入这迷人的大自然，还在乎什么皇帝臣僚，多年以来，为了报效国家奔波不止，担惊受怕，刘宋王朝在自己心中早已厌倦，何必苟活。

从建康出来，一路上，谢灵运的心情复杂，船行多日，心烦意倦。浪潮拍岸，一叶轻舟在风高浪急中上下颠簸，那舟中人，不就是诗人自己吗？夜晚，明月高照，哀猿长啸，水草芬芳；白天，朗日当空，山岩高耸，白云缭绕。这一切唤起诗人对往事和古人的幽思，发出了悲壮的感慨，流露出一种无可奈何的怅然之情。

他登上了庐山，写了《登庐山绝顶望诸峤》：

积峡忽复启，平涂俄已绝。

峦陇有合沓，往来无踪辙。

昼夜蔽日月，冬夏共霜雪。

## 第二章
### 名门居士——山水诗宗谢灵运

诗人在庐山之巅，极目远望，下面是一片人迹罕至的丛林峡谷，层层叠叠，山峦鳞次栉比，高低突兀，姿态万千；峡谷之中，终年见不到日月，山顶终年覆盖着积雪，仅只六句，描绘出一片杳无人踪的峡谷山峦。但也许是心境的缘故，谢灵运的这首诗大有意犹未尽的感觉，而且诗里也带了一层深沉和低回。

谢灵运到了临川之后，心境已通，想开了，反正顶上了谋反的罪名，早晚是个死，还不如再投身山林之中，吟啸玩赏，活个痛快！于是依然我行我素，尽情游玩，不问政事。但此时的谢灵运，也许是死亡的威胁，使他不能彻底释怀，所以诗中，始终萦绕着一丝凄婉、失意的情调，他的诗也不再奔放高唱，而是深沉的低吟。

事情的发展同谢灵运估计的一样，他到达临川的第二年（公元432年），又被负责监察的大臣检举，宋文帝派了随州从事郑望生到临川前来收捕他归案。这时的谢灵运对刘宋已经厌倦已极，从不合作走向反抗，也许是出于铤而走险、死中求生的一丝希望；他扣留了郑望生，题了反诗，召集士卒，举兵抗命，然而，一介士子，这种反抗显然是徒劳的，不久，刘宋的兵马赶到，谢灵运被抓，押解到了建康。

这是他第四次到建康，也是最后和最惨的一次。按照当时的法律，谢灵运被判处死刑，但是宋文帝认为他是功臣之后，赦免了他的死刑处以流放广州的处罚（当时的广州还只是一些残破的村落，住民是蛮荒的土著，历史上广州的繁华在唐以后）。

在去广州的路上，谢灵运思绪万千，他写了《感时赋》、《岭表赋》，在这些文章中，他清楚地意识到，自己活不长了。

果然不出所料，谢灵运刚刚抵达广州不久，有一个叫宗齐的武将，因公差到除口去。行到半路，见有7个人在路边鬼鬼祟祟的，就把他们抓了回去。审问之中，一个名叫赵钦的人供认说："同村人薛道双，原先是谢灵运的手下。九月的时候，找到我们几个，说谢灵运出钱让我们买武器，在三江口劫囚车。"

这样一来，对谢灵运大大的不利，不久，宋文帝下诏，谢灵运在广州被斩首。

行刑之日，烈风飒飒，浓云密布，谢灵运仰首长空，这一死，这一解脱，自己盼了多么久啊！他挥笔写下了一生中的最后一首诗：

　　龚胜无遗生，李业有穷尽。
　　嵇叟理即通，霍子命亦殒。
　　凄凄凌霜柏，网网冲风菌。
　　邂逅竟无时，修短非所愍。
　　恨我君子志，不得岩同泯。
　　送心正觉前，斯痛久已忍。
　　唯愿乘来生，怨年同心朕。

他列举了4个一臣不事二主，为了坚守气节而死的古代仁人志士，表现出他对死亡的藐视和旷达。活在刘宋治下的痛苦早已受够了，只是可惜没能死在高高的山岩之上。写完，把笔一扔，仰天大笑，慷慨赴死，时年49岁。

临死前，谢灵运愿意归心佛门，所以将一把长髯捐给了当地的寺庙，用来装点神像。

他只有一个儿子，名叫谢凤，死得很早。谢凤也只有一子，叫谢超宗，是南朝齐人，好学，文采也好，齐武帝称赞他是"灵运复出"。


## 咏怀抒情，诗以言志

谢灵运，是中国诗歌史上第一个大量创作山水诗的优秀诗人。他的山水诗历来被人们吟诵，获得了很高的评价。然而，他的作品之中，还有很大一部分是来抒发自己的思想感情和描绘社会状况的，我们称这类诗为咏怀诗。谢灵运的咏怀诗和山水诗一样，也是显示他思想品格和艺术特色的重要部分。他自己就曾说过："诗以言志。"（《山居赋》），认为抒发感情、表达思想是诗歌的特点。在借助诗歌来表达思想感情方面，谢灵运做了积极的探索。

谢灵运所生活的时代，正是中国历史上的大分裂时期。自魏晋到南北朝的对峙，中原长期陷入战乱之中，使得遍地荒芜，民不聊生。活不下去，人民只好背井离乡，举家南迁。南方社会相对安定，是以抵御北方的进攻为条件的，有战争，就要有大批的农民撇下妻儿老小，应征入伍。同时，统治阶级（包括谢灵运在内）的奢靡生活，是建立在对广大农民的剥削之上的，所以当时南方虽然安定，人民也是生活在黑暗之中，困苦不堪。谢灵运经历了晋宋两个王朝的交替，又担任了永嘉和临川的太守，虽然不务政事，纵情山水，但他的旅行生活不可能不深入民间市肆，对当时社会的人情冷暖不会视而不见。因此，谢灵运的咏怀诗就同社会现实紧密联系起来。

在《上留田行》中，他描写了从军将士踏上征途的悲壮心理："此别既久无适，寸心系在万里。"生动表现出将士们离别家人时的悲凉、苦闷却无奈的心情，再加上曲调低回反复，以及暮云、冷风、素雪的景物描写，气氛更加阴沉。

在《燕歌行》中，他描写了因丈夫从军而独守空房的妻子的悲痛：

孟冬初寒节气成，悲风入闺霜依庭。
秋蝉燥柳燕辞楹，念君行役怨边城。
君何崎岖久徂征，岂无膏沐感鹳鸣。
对君不乐泪沾缨，辟窗开幌开秦筝。
调弦促柱多哀声，遥夜明月鉴帷屏。
谁知河汉浅且清，展转思服悲明星。

谢灵运从天气的凄凉写到空屋的冷落，一开篇就充溢着一种浓厚的悲凉气氛，烘托出丈夫出征后妻子不幸的境遇。而后，细致描写了妻子对远方戍边的丈夫那种深深的思念，从纤细绵长的幽思，渐渐发展为对战争的怨叹和对所处困境的痛心疾首，以至于彻夜难眠，把一腔哀怨寄托于天上的牵牛和织女星。

在《杨柳行》中，他描写终日拉纤，食不果腹的船夫：

负纤引文舟，饥渴常不饱。

谁令尔贫贱，咨嗟何所道？

诗人先直接描写纤夫们背负纤绳，拉着彩船，步履艰难的苦难生活景象，而后反问："是谁让你穷困不堪啊，问你你又能说些什么？"通过反问，强烈抒发了诗人对纤夫的同情，对社会不平的感慨。这对于谢灵运这样的一个士族子弟来说，是难能可贵的。

在《苦寒行》中，他塑造了一个赤贫如洗的山中樵夫的形象，描绘出一个在冰天雪地中还要靠打柴为生的山夫，而山夫本人还要承受挨冷受冻、无衣无食的悲惨境遇。

谢灵运任永嘉太守时，正好赶上当地发生严重的灾荒，他深深体会到人民生活的苦难，在《白石岩下径行田》一诗中，开篇就对人民的艰辛生活惊呼：

小邑居易贫，灾年民无生。

知浅惧不周，爱深忧在情。

小户人家生活贫困，遇到大灾之年更是没有活路。谢灵运在诗中，用他细腻的笔触，对这些民间疾苦作了深刻的描绘。同时，谢灵运也非常关心和人民生活息息相关的农业生产，这也从另一方面反映了谢灵运的爱民之心，比如他的劝农诗《种桑》，反映了当时桑蚕业生产的一个侧面和他对发展种桑养蚕的见解。

南北朝的士族子弟，大都生活糜烂，整日沉迷酒色之中，四体不勤，五谷不分，哪里知道什么农民的苦日子？而谢灵运，虽然出身士族家庭，不仅深知农民疾苦，而且还能对农业生产发表意见，这在当时的士人来说，是相当不简单的。

谢灵运的一生，长期活动在上层社会统治阶级圈子之中，所以他也有相当一批诗歌是反映贵族统治阶级奢侈、糜烂生活的，像《三月三日侍宴西池》、《九月从宋公戏马台集》、《送孔令》、《日出东南隅行》等许多作品，其中有对统治阶级歌功颂德，对腐朽享乐生活的赞美，这些既反映出谢灵运作为士族阶层的局限性，也可看出他作为御用文人的悲哀。但是他对统治阶级中那些醉生梦死的人，也做了尖锐的讽刺，表示过鄙夷：

> 长夜咨酣饮，穷年弄音徽。
> 盛往速露坠，衰来疾风飞。
> 徐生不欢娱，何以竟暮归。
> 寂寥曲肱子，瓢饮闻朝饥。
> 所秉自天性，贫富岂相讥。

他在诗里对比了两种不同的人生态度，一种是王公贵族吃喝玩乐、追求享受、今朝有酒今朝醉的心态，另一种则是追求快乐的精神生活、安贫乐道清廉自守的幽居生活。反映了谢灵运不愿与当时的刘宋王朝以及它的臣僚贵族们同流合污，向往清静的幽居生活的心情。

谢灵运的情感世界十分丰富，他重视兄弟朋友之间的深厚友谊，待人真诚热情，心地仁厚友善。在《邻里相送至方山》中，描写他离开建康赴永嘉任职，与邻居亲友们告别时的那种难分难舍的场面：

> 解缆及流潮，怀旧不能发。
> 各勉日新志，音尘慰寂蔑。

深情备至，恋恋不舍，真切地表现了亲朋好友之间的深情。

谢灵运生在士族家庭，世代都是官僚，家庭环境、文化教育决定了他不甘于碌碌无为、不求进取。在他的《述祖德诗》中，倾吐了强烈的报国热忱和远大理想：

> 达人贵自我，高情属天云。
> 兼抱济物性，而不缨垢氛。
> 段生藩魏国，展季救鲁民。
> 弦高犒晋师，仲连却秦军。
> 临组乍不绁，对珪宁肯分。
> 惠物辞所赏，励志故绝人。
> 苕苕历千载，遥遥播清尘。
> 清尘竟谁嗣，明哲垂经纶。
> 委讲缀道论，改服康世屯。
> 屯难既云康，尊主隆斯民。

他引古论今，说明了人应该有高尚的情操，穷则独善其身，达则兼济天下，像古代英雄那样，而他的祖父谢玄就是这样，当祖国和人民需要的时候，立即效命沙场，保家卫国，立下了汗马功劳。他不仅仅用诗歌来颂扬祖上的功德，更重要的是表达了自己要像祖上那样——做一个有所作为的人。但是由于谢氏家族与刘宋王朝的隔阂太深，谢灵运终生都郁郁不得志，他也非常痛苦，深感心有报国的热情，而没有施展才能的地方。因为岁月蹉跎，他常为一事无成而苦闷。

《顺东西门行》：

闵九九，伤牛山，宿心载建徒昔言。

竞落运，务颓年，招命侨好相追牵。

这种悠悠的伤感，在谢灵运的诗中，始终伴随着，他几次入官场，但并不顺心，所以总有一种孤独失落的感觉，他像失群的马儿一样，寂寞、落落寡欢：

羁雌恋旧侣，迷鸟惊故林。

含情尚劳爱，如何离赏心。

他对刘宋王朝鄙视，不肯同流合污，在他的好友庐陵王被害之后，渐渐转变为一种控诉、一种不满和反抗，他第二次回建康时，路过庐陵王的墓地，在好友墓前，他满怀激愤地写下了《庐陵王墓下作》：

晓月发云阳，落日次朱方。

含凄泛广川，洒泪眺连冈。

眷言怀君子，沉痛切中肠。

道消结愤懑，运开申悲凉。

神期恒若存，德音初不忘。

徂谢易永久，松柏森已行。

延州协心许，楚老惜兰芳。

解剑竟何及，抚坟徒自伤。

平生疑若人，通蔽互相妨。

理感深情恸，定非识所将。

## 第二章
### 名门居士——山水诗宗谢灵运

脆促良可哀,天柱特兼常。

一随往化灭,安用空名扬。

举声泣已洒,长叹不成章。

残阳如血的黄昏时分,他含着悲痛来到庐陵王的墓地,满目凄凉,泪如雨下;痛不欲生,肝肠寸断,回首往事,不由得悲愤交加。他想到当年与庐陵王一起吟风赏月,无所猜忌的真挚友谊,越是想到这一点,就越是对宋文帝愤恨和不满,对宋文帝对自己的安抚而封官表示不屑,以为对死者最好的纪念是生者深切的哀悼,而不是对死者故友的封官加爵。全篇一气呵成,血泪交加,最后已经是泣不成声。

谢灵运晚年任临川太守时,境遇更加悲惨,他既有政治抱负未能实现的深沉苦闷,又深感前途渺茫,命运未卜。从当时的许多征兆中,他清楚地预感到迫害的罗网越来越近,但是在对手的诬蔑、诽谤面前,他不甘于妥协、屈服:

白圭尚可磨,斯言易为缁。

虽抱中孚爻,犹劳贝锦诗。

……

皎皎明发心,不为岁寒欺。

小人的恶语中伤虽然可怕,但是一个人只要心地纯正,洁白如玉,就不怕攻击和诬陷,他决心要像不畏严寒的松柏那样抗争到底,最后,他终于奋然写下了反诗,兴兵抗命:

韩之子房奋,秦帝鲁连耻。

本自江海人,忠义感君子。

通过对张良、鲁仲连在逆境之中不忘报仇雪耻的歌颂,表现了他对东晋王朝的怀念,反映了他对刘宋王朝长期以来压抑在心中的不满和愤怒谴责,显示出他最终走上叛逆之路不是一时的冲动,而有着深刻的思想根源。

谢灵运的咏怀诗中,这种发泄怀才不遇和对刘宋王朝现实不满的作品俯拾可得,表达了一个正直文人的气节和抗争,这也正是他的作品受广大读者喜爱的原因,因为他都是有感而发,声泪俱下,有血有

肉，不是装腔作势。白居易读了谢灵运的诗，写下：

　　谢公才廓落，与世不相遇。
　　壮士郁不用，须有所泄处。

## 山水诗祖，高洁清丽

　　谢灵运具有深厚的文化素养，会作诗，而且写得很美；能绘画、通史学，对佛教思想也颇有研究，但是他最值得称赞的是不肯同流合污的气节。

　　魏晋时期，统治阶级内部斗争相当激烈，而斗争的结果之一就是士大夫集团惨遭迫害。于是那时的知识分子为了避祸，就发明了一种学问，称之为"玄学"。玄学来源于道家的避世思想，在这种思想的指导下，士大夫们纷纷逃入山林或者隐居乡村，以显示他们的清高和超脱；为了配合谈玄说道，他们又发明了一种谈话方式，称之为清谈。所谓清谈就是言论不涉及政治，甚至不涉及任何现实中的事物，以免被统治阶级抓住把柄而招来杀身之祸的一种谈话方式。于是士大夫们就以说了半天也不知道在说什么，或听了一阵天书还要貌似听懂为第一等的学问，因为它没有什么把柄可抓，著名的阮籍就属于这种人。这种纯嘴巴上的艺术就成了士大夫们的主要生活方式，在这种趋势下"名士"应运而生。名士们不敢直接反对统治阶级，因为统治阶级有刀，于是名士们就向统治阶级赖以进行统治的儒家思想进行反抗。有的名士过度饮酒；有的名士装疯作狂；有的名士不穿衣服到处乱跑；儒家讲礼教，规定父母死了要服丧3年，有些名士不但父亲死了不服丧，而且还不掉一滴泪。

　　到了东晋，清谈的风气不但没有减弱，反而变本加厉，渗透到文学领域之中，发展出一种同清谈一样无聊的玄言诗。下面就是一首晋代名家孙绰的玄言诗：

仰观大造，俯览时物……智以利昏，识由情屈。野有寒枯，朝有炎郁。失则震惊。

总之，反反复复，不厌其烦，不过只论述了一个福祸相倚、得失互偿的简单道理。玄言诗大都这样，读起来像经书一样索然无味，既没有人的情感，也没有实的描写，但是就是这种东西在东晋南朝蔚然成风。

谢灵运的伟大就在于他的不同流合污，他出身于士族高门，但他没有沉迷于士族那种糜烂的生活之中，而是继承了士族那种傲岸的操守；他是文人，但他没有流于当时无聊的清谈，而是走向实实在在的自然山水；他是诗人，但他没有拘泥于蔚然成风的玄言诗，而把视线对准了山水秀色，尽情地去歌颂造物之神为人类创造的天然美景。他的诗与其说是用笔墨写成，不如看成是用心来写就。正是这种不合流俗的傲岸，才使他的诗如有神助。写景妙语不绝，抒情感人肺腑，也正是这种不拘泥流俗的清旷，他的山水诗才令人耳目一新，像一缕清新的风，给后世诗坛带来一种新气象。

谢灵运墓园

后人评论他的诗风，有的认为是"如芙蓉出水"，像荷花一样出污泥而不染；有的说"如东海扬帆，风月流丽"；有的说是"犹青松之拔灌木，白玉之映尘沙"。这些与其看成是对他诗的评价，倒不如看作是对他个人品格的赞许。谢灵运的不与人同流合污的精神自然而然会渗透到他的诗中，使他的诗高洁清丽，文如其人，不同凡响。

谢灵运所处刘宋时期，是我国古代文学发展的重要转折时期。在这个时期，真正有风骨有气节的文人们奋起冲破玄言和清谈的枷锁，让久已沉寂的文坛再度走向繁荣。谢灵运正是开创这一代诗风的卓越代表。

谢灵运的山水诗不仅数量多，而且质量高。对于写作的对象来说，他所描绘的山水景物是以前文人所不太注重的东西。文人们只把清谈和玄言诗当作最高深的学问，谁肯去歌颂山水之美呢？所以在过去的文学作品中，谢灵运找不到多少可以借鉴的文学技巧和艺术手法。这就只能凭借自己的才思，自铸新辞，精心雕琢。

谢灵运刻画山水在表现方法上是多种多样的，时而工笔，时而白描，时而铺陈，时而直叙，都能巧夺天工。"极目睐左阔，回顾眺右狭，日没涧增波，云生岭逾叠，白芷竞新苕，绿草齐初叶。"对当地的山川大势，沟岭迂回，山光水色和花草繁茂的景色一一细细描述，让读者一目了然，仿佛身临其境。如"野旷沙岸净，天高秋月明，憩石挹飞泉，攀林搴落英"，只用粗笔勾勒秋夜月色，清旷淡雅，留给读者广阔的空间去想象、去体会，余味无穷。有时在同一首诗中还交错使用工笔与白描："乱流趋孤屿，孤屿媚中川，云日相辉映，空水共澄鲜。"前两句粗粗描绘：轻舟疾驶，孤屿在江中巍然矗立，作者只能见其轮廓，心目俱旷。后两句诗人放眼江天，天光云影，湛然清丽，鲜润可人。自然界的山水和人的性格一样，也各有性情神韵。描绘山水只有用不同的笔法才能更好地表现山光水色的不同气韵，准确地抓住山与水的特点。谢灵运的山水诗能够使山水草木的奇美，云霞雾霭的变化跃然纸上，奇情妙趣交相呼应。写了那么多的自然山水，所呈现的画面却没有丝毫相同的，妙笔独运，这是他刻意追求描绘方法的结果。

谢灵运在作诗之中注意在语言文字上的刻意雕琢，使他的诗生气盎然，读来通达流畅。如："白云抱幽石，绿筱媚清涟"，一个"抱"字和一个"媚"字，就把本来无生命的自然景观写出了人的感情，极具表现力，把一幅自然景色活活地托出了纸面。"晓霜枫叶丹，夕薰岗气阴"，短短两句刻画了深秋时节遍山红叶的美丽景色。言简意赅，不多浪费笔墨。

在学习前人的创作经验时，谢灵运学习古代民歌之中语言质朴、流畅的特点，如他的《东阳溪中赠答》二首：

可怜谁家妇，缘流洒素足。
明月在云间，迢迢不可得。

可怜谁家郎，缘流乘素舸。
但问情若为，月就云中堕。

诗意明白，一气呵成，大有诗经中"所谓伊人，在水一方"的韵味，情思悠远绵长。

又如《答惠连》

怀人行千里，我劳盈十旬。
别时花灼灼，别后叶蓁蓁。

平铺直叙，明明白白如同说话一般。把景色描写和怀人离别的悲伤紧密联系起来，用直白简单的语言来描绘送别之时复杂的心境，对比之下伤感自然流露。

为了反映多姿多彩的景色，谢灵运也注意运用艳美华丽的词句，注重词彩的富丽。

连嶂叠巘崿，青翠杳深沉。
晓霜枫叶丹，夕薰岗气阴。

四句诗，青、翠、红、白4种颜色错杂纷呈，明暗有秩，交相辉映。又如："春晚绿野秀，岩高白云屯"，绿野、白云、夕阳、丽日，和谐之中达到了统一，相互衬托，使画面焕然增辉，色彩更加鲜明。

众所周知，诗歌是讲究韵律的。谢灵运也非常重视诗歌的音律之美，为了增强语言的节奏感，在他的山水诗中，也颇为重视对偶句的锤炼，在《登石门最高顶》（见前），全诗20句，几乎通篇对偶："疏峰抗高馆，对岭临回溪。长林罗户穴，积石拥基阶"。还有："瞑投剡中宿，明登天姥岑"、"峦陇有合沓，往来无踪辙"等，都是对偶

工整，又不影响奇情逸韵表达的佳句。在音韵上，谢灵运的山水诗中也多有佳句。名垂诗史的如："云月相辉映，秋水共澄鲜"、"池塘生春草，园柳变鸣禽"、"连岩觉路塞，密竹使径迷"、不但对偶工整，而且音节铿锵，节奏感很强，富有音乐之美。

　　谢灵运的山水诗善于运用塑造形象的方法，生动逼真地描绘了自然界的壮丽、秀美、幽静、雄奇，千姿百态、色彩纷呈。他创造的种种写景的手法和对山水诗进行的不懈探索，为后人提供了宝贵的艺术借鉴。他的山水诗具有开创和变革诗风的意义。他的山水诗与陶渊明的田园诗，共同照亮了中国诗歌的正确道路，为后人开辟了一条崭新的道路。因为他所处的地位远远高于陶渊明，所以他在当时对文坛的影响更为明显，完成了陶渊明难以独立完成的变革文学的历史使命。他们以清新健康、优美自然的山水田园诗为诗歌的发展注入了永不枯竭的生命，具有划时代的意义。

　　谢灵运的精神所在，是他的开创，他的高洁，他的不为流俗所染。正是这种精神因素使他的山水诗大放异彩，对后人有着深远的影响。从谢灵运开始，中国诗史上才正式形成了山水诗这一特定的类型。谢灵运也被公认为中国山水诗的开山之祖。

# 第三章

## 始乱终弃
## ——风流诗才元稹

元稹（779年~831年），唐代中晚期著名诗人，早年和白居易共同提倡"新乐府"，世人常把他和白居易并称"元白"。有《元氏长庆集》60卷，补遗6卷，存诗830多余首。代表作品：《菊花》《离思五首》《遣悲怀三首》《兔丝》《和裴校书鹭鸶飞》。传奇《莺莺传》，又名《会真记》，是后来《西厢记》故事的蓝本。

## 鲜卑后裔，勤奋治学

元氏是北方鲜卑族拓跋部后裔，北魏时是赫赫皇族，周、隋两代显贵辈出。入唐后，家族经安史之乱而衰微。元稹祖父元悱，仅官至县丞。父亲元宽尚武多才，却长期沉沦不遇，在元稹8岁时，父亲去世，家境更是清贫。母亲携元稹兄弟4人迁徙唐代都城长安的西北屏障——凤翔，寄住在亲戚家。

元稹在《同州刺史谢上表》中说："臣八岁丧父，家贫无业，母兄乞丐以供资养，衣不布体，食不充肠。幼学之年，不蒙师训，因感邻里儿稚，有父兄为开学校，涕咽发愤，愿知诗书。慈母哀臣，亲为教授。"可见元母不仅持家有道，还亲授元稹诗书，担当起教育子女的重任。元稹自小勤奋好学，不仅直接受教于母亲，还常常从邻人家里借书，然后徒步去姐夫陆翰家求教。表兄胡灵之又教他诗歌格律和骑马射箭。9岁时，元稹作诗成熟，长辈惊叹不已。

德宗贞元八年（792年）冬，14岁的元稹回到长安。翌年以明两经擢第。唐代科举名目甚多，而报考最多的科目则为进士和明经两科。不过两科相比也有难易之分，故有"三十老明经，五十少进士"之说，而唐代文人也更为看重进士科。元稹为尽快摆脱贫困，获取功名，选择投考相对容易的明经科，一战告捷。及第之初的元稹却一直无官，闲居于长安。但他没有终止勤奋学习。家庭藏书给他提供了博览群书的条件，京城的文化环境和他的广泛兴趣，陶冶了他的文化修养。次年，得陈子昂《感遇》诗及杜甫诗数百首，开始大量作诗。

## 张生莺莺，始乱终弃

21岁时，元稹在河中府（治蒲州，在今山西永济县）任职。就在那里，传说发生了他在《莺莺传》中所描述的爱情故事，这是不切实际地沿袭旧说，在未加严密考证的情况下以讹传讹。鲁迅先生在《中国小说史略》中这样评论《莺莺传》："元稹以张生自寓，述其亲历之境，虽文章尚非上乘，而时有情致，固亦可观，惟篇末文过饰非，遂堕恶趣。"然而这是不严正公允的。根据当时他由家赴京的时间来算，根本不可能开展这么一段迤逦而悲凉的爱情故事。

元稹的传奇《莺莺传》篇末说："贞元岁九月，执事〔友〕李公垂（李绅字）宿于予靖安里第，语及于是，公垂卓然称异，遂为《莺莺歌》以传之。"今考证是贞元二十年（804年）九月，元稹将故事讲给李绅听，李绅作《莺莺歌》，元稹写了这篇传奇。

故事梗概是：

唐代贞元年间，有位张生，虽然已是23岁了，还没有真正接近过女色。

过了不久，张生到蒲州游览。蒲州的东面10多里处，有个庙宇名叫普救寺，张生就寄住在里面。当时正好有个崔家寡妇，将要回长安，路过蒲州，也暂住在这个寺庙中。崔家寡妇是郑家的女儿，张生的母亲也姓郑，论起亲戚，算是另一支系的姨母。这一年，浑瑊死在蒲州，有宦官丁文雅，不会带兵，军人趁着办丧事进行骚扰，大肆抢劫蒲州人。崔家财产很多，又有很多奴仆，旅途暂住此处，不免惊慌害怕，不知依靠谁。张生跟蒲州将领那些人有交情，就托他们求官吏保护崔家，因此崔家没遭到兵灾。过了十几天，廉使杜确奉皇帝之命来主持

# 第三章
## 始乱终弃——风流诗才元稹

军务，向军队下了命令，军队方才安定下来。郑姨母非常感激张生的恩德，于是大摆酒席款待张生，在堂屋的正中举行宴饮，又让儿子、女儿以仁兄的礼节拜见他，张生非常惊讶莺莺的美貌，急忙跟她见礼，之后她坐到了郑姨的身旁。

张生从此念念不忘，心情再也不能平静，想向她表白自己的感情，却没有机会。崔氏女的丫环叫红娘，张生私下里多次向她叩头作揖，趁机说出了自己的心事。后来，张生作了两首诗交给了红娘。红娘又交给张生一首崔小姐的诗《明月三五夜》：

　　待月西厢下，迎风户半开。

　　拂墙花影动，疑是玉人来。

当天晚上，是二月十四日。崔莺莺住房的东面有一棵杏花树，攀上它可以越过墙。阴历十五的晚上，张生便把那棵树当作梯子爬过墙去。到了西厢房，一看，门果然半开着，红娘躺在床上，张生很吃惊。红娘十分害怕，说："你怎么来了？"张生对她说："崔小姐的诗中召我来的，你替我通报一下。"不一会儿，红娘又来了，连声说："来了！来了！"张生又高兴又害怕，以为一定会成功。等到崔小姐到了，就看她穿

元稹

戴整齐，表情严肃，大声数落张生，希望他用礼约束自己。说完，马上就走了。张生愣了老半天，不知道怎样才好，只好又翻过墙回去了，于是彻底绝望。

一连几个晚上，张生都靠近窗户睡觉，忽然有人叫醒了他。张生惊恐地坐了起来，原来是红娘抱着被子带着枕头来了，红娘把枕头并排起来，把被子搭在一起，然后就走了。张生擦了擦眼睛，端正地坐

着等了半天，疑心是在做梦，但还是打扮得整整齐齐，恭恭敬敬地等候着。不长时间红娘就扶着崔莺莺来了。整个晚上莺莺没说一句话。张生在天蒙蒙亮时就起床了。

十几天，关于莺莺的消息一点也没有。张生就作《会真诗》三十韵，还没作完，红娘来了，于是交给了她，让送给崔莺莺。从此莺莺又允许了，早上偷偷地出去，晚上偷偷地进来，莺莺与张生一块儿安寝在以前所说的"西厢"那地方，几乎一个月。张生常问郑姨的态度，莺莺就说："我没有办法告诉她。"张生便想去跟她当面谈谈，促成这件事。

不久，张生将去长安，先把情况告诉崔莺莺。崔莺莺仿佛没有为难的话，然而忧愁埋怨的表情令人动心。将要走的前一天晚上，莺莺没有来。张生于是向西走了。

过了几个月，张生又来到蒲州，跟崔莺莺又聚会了几个月。崔莺莺字写得很好，还善于写文章，张生再三向她索要，但始终没见到她的字和文章。张生常常自己写文章挑逗她，崔莺莺也不大看。

有一天夜晚，莺莺独自弹琴，心情忧愁，弹奏的曲子很伤感。张生偷偷地听到了，请求她再弹奏一次，却始终没弹奏，因此张生更猜不透她的心事。不久张生赶考的日子到了，又该到西边去。临走的晚上，张生不再诉说自己的心情，而在崔莺莺面前忧愁叹息。崔莺莺早已知道将要分别了，因而态度恭敬，声音柔和，她开始弹琴，弹的是《霓裳羽衣曲》序，还没弹几声，崔莺莺突然停止了演奏，扔下了琴，泪流满面回到了母亲住处，再没有来。第二天早上张生出发了。

第二年，张生没有考中，便留在长安，于是写给崔莺莺一封信，要她把事情看开些。崔莺莺的回信，张生给好朋友看了，因此，当时有很多人知道了这事。

张生的好友杨巨源就以这事作了一首《崔娘》绝句诗：

清润潘郎玉不如，中庭蕙草雪销初。

风流才子多春思，肠断萧娘一纸书。

元稹与张生特别有交情，便问他关于这事的想法。张生说："大凡上天差遣的特殊的东西，不祸害他自己，一定祸害别人。假使崔莺莺遇到富贵的人，凭借宠爱，能不做风流韵事，成为潜于深渊的蛟龙，我就不能预测她会变成什么。以前殷朝的纣王，周代的周幽王，拥有百万户口的国家，那势力是很强大的。然而一个女子就使它垮台了，军队崩溃，自身被杀，至今被天下人耻笑。我的德行难以胜过怪异不祥的东西，只有克服自己的感情，跟她断绝关系。"

一年后，崔莺莺嫁给了别人，张生也娶了亲。

一次，张生恰好经过崔莺莺住的地方，就通过崔的丈夫转告崔莺莺，要求以表兄的身份相见。丈夫告诉了崔莺莺。可是崔莺莺始终也没出来。张生悲伤思念的诚意，在脸色上表现得很明显。崔莺莺知道后，暗地里写了一首诗：

自从消瘦减容光，万转千回懒下床。

不为旁人羞不起，为郎憔悴却羞郎。

最终，莺莺也未见张生。

又过了几天，张生将要走了，崔莺莺又写了一首断绝关系的诗：

弃置今何道，当时且自亲。

还将旧时意，怜取眼前人。

从此以后，他们两人彻底断绝了音信。

《莺莺传》文笔优美，描述生动，于叙事中注意刻画人物性格和心理，较好地塑造了崔莺莺的形象。崔莺莺是一个在封建家庭的严格闺训中长大的少女，她有强烈的爱情需求，但又在内心隐藏得很深，甚至有时还会在表面上做出完全相反的姿态。本来，通过她的侍婢红娘，张生与她已相互用诗表达了爱情。可是，当张生按照她诗中的约定前来相会时，她却又"端服严容"，正言厉色地数落了张生的"非礼之动"。数日后，当张生已陷于绝望时，她忽然又采取大胆的叛逆行动，主动夜奔张生住所幽会，"曩时端庄，不复同矣"。崔莺莺的这种矛盾和反复，真实地反映了她克服犹豫、动摇而终于背叛封建礼教的曲折过程。但是，她在思想上又始终未能彻底摆脱社会、出身、教养所加给她的精神桎梏。她仍然认为私自恋爱结合是不合法的，"始乱之，终弃之，固其宜矣，愚不敢恨"。因而在她遭到遗弃以后，就只能自怨

自艾，听凭命运的摆布。这又表现了她思想性格中软弱的一面。作品中对这一形象的刻画，传神写态，有血有肉，异常鲜明。

相比之下，张生的形象则写得较为逊色。尤其是篇末，作者为了替张生遗弃崔莺莺的无耻行径辩解开脱，竟借其口大骂崔莺莺为"尤物"、"妖孽"、"不妖其身，必妖于人"，这不仅使得人物形象前后不统一，也造成了主题思想的矛盾。诚如鲁迅《中国小说史略》所说："篇末文过饰非，遂堕恶趣。"尽管如此，读者从作品的具体描述中却仍然感到崔莺莺令人同情，而张生的负心，则令人憎恶。作品的客观艺术效果与作者的主观议论评价是不一致的。

《莺莺传》曾在当时引起人人捧读，一时洛阳纸贵。这篇小说在当时引起的反响巨大，以至于很多人认为他及第也多有赖于此，从而引起很多落第士子的不平，其中有嫉恨者便有此一说。

《莺莺传》是唐人传奇中影响最大、流传最广的传奇作品之一。当时，李绅就受其影响，写了《莺莺歌》、《莺莺传》，元稹原题《传奇》。唐末陈翰编著的唐代传奇小说选集《异闻集》载此篇，还保留原题。宋代李昉、扈蒙、李穆、徐铉、赵邻几、王克贞、宋白、吕文仲等12人奉宋太宗之命在太平兴国二年（977年）编纂、次年完成的《太平广记》将它收入488卷，收录时改作《莺莺传》，沿续至今。又因传中有赋《会真诗》的内容，所以，俗称《会真记》。北宋以来，士大夫"无不举此以为美谈，至于倡优女子，皆能调说大略"。宋代有赵令时《商调蝶恋花》鼓子词、《莺莺传》话本、《莺莺六幺》杂剧，金代有董解元《西厢记诸宫调》，当然，最著名的是，元代王实甫的《西厢记》杂剧。

# 锋芒太露，宦海浮沉

唐宪宗元和元年（806年）四月，元稹和白居易同登才识兼茂明于体用科，元白同及第，元稹授左拾遗。他一到职，立刻接二连三地上疏献表，先论"教本"（重视给皇子选择保傅），再论"谏职"、"迁庙"，一直论到西北边事这样的大政，同时旗帜鲜明地支持裴度（时任监察御史）对朝中权幸的抨击，从而引起了宪宗的注意，很快受到召见。元稹奉职勤恳，本应受到奖励，可是因为锋芒太露，触犯权贵，反而引起了宰臣的不满，九月贬为河南县尉。白居易罢校书郎，也出为县尉。

此时，母亲去世，元稹悲痛不已，在家守孝3年。

之后，元稹被任为监察御史，受委去剑南东川按狱。在出使过程中，他了解到许多民间的疾苦和官吏的不法行为。他写了《弹奏剑南东川节度使（严砺）状》，检举严砺"擅没管内将士、官吏、百姓及前资寄住等庄宅、奴婢，今于两税外加征钱、米及草等"，揭发了严砺总计数十万的赃罪。这时严砺已死，与之牵连的7个刺史都因此受到处罚。这是一桩轰动一时的大案，不管元稹有无借此出风头之意，他的行为是正义的，但却开罪了朝中与严砺相好的人们。接着，他又纠弹山南西道枉法贪赃，使该道观察使和各位刺史都受到罚俸的处分。这一来，他惹恼的人更多，于是被调离长安，派到洛阳"分务东台"，也就是给了他一个闲差，一个警告。

元和五年（810年），河南尹房式（开国重臣房玄龄之子）不法事发，元稹一面向朝廷上表报告，一面命令房式暂停职务由其代摄。这本是御史行使职权的惯例，却被忌恨元稹的人当作了把柄，攻击他

"专达作威"，朝廷罚他俸料一季并立即调回西台。在回长安途中，元稹途经华州敷水驿便宿于驿馆上厅，恰逢宦官仇士良、刘士元等人在此，也要争住上厅，元稹据理力争，却遭到仇士良的谩骂，刘士元更是上前用马鞭抽打元稹，打得他鲜血直流，最终被赶出了上厅。后来宪宗不敢得罪宦官，便以"元稹轻树威，失宪臣体"为由，贬元稹为江陵府士曹参军。从此开始了他困顿州郡10余年的贬谪生活。

元和十年（815年）正月，元稹奉诏回朝，以为起用有望。途经蓝桥驿，元稹题诗留赠命运相似的友人刘禹锡、柳宗元。抵京后，元稹与白居易诗酒唱和，意气风发。元稹收集诗友作品，拟编为《元白还往诗集》，但书稿未成，却突然与刘禹锡、柳宗元一同被放逐。三月，元稹"一身骑马向通州"，出任通州司马，在"哭鸟昼飞人少见，怅魂夜啸虎行多"（《酬乐天得微之诗，知通州事，因成四首》）的通州，他"垂死老病"，患上疟疾，几乎死去，曾赴山南西道兴元府求医。在潦倒困苦中，诗人只能以诗述怀，借友情相互慰藉。在通州，元稹完成了他最具影响力的乐府诗歌《连昌宫词》和与白居易酬唱之作180余首。

后来，随着平淮西后的大赦和元稹知己旧识崔群、李夷简、裴度相继为相，逐渐改变了他在政治上长期受压抑的处境。元和十三年，元稹代理通州刺史，岁末，转虢州长史。元和十四年冬，唐宪宗召元稹回京，授膳部员外郎。宰相令狐楚对其诗文深为赞赏，"以为今代之鲍、谢也"（《旧唐书·元稹传》）。元和十五年，唐穆宗即位后，因宰相段文昌之荐，元稹授祠部郎中、知制诰。唐穆宗为太子时已喜爱元稹诗歌，此时特别器重他，经常召见，语及兵赋及西北边事，令他筹划。数月后，被擢为中书舍人，翰林承旨学士，与已在翰林院的李德裕、李绅俱以学识才艺闻名，时称"三俊"（《旧唐书·李绅传》）。在迅速升迁的同时，元稹陷入了尖锐复杂的政治斗争漩涡，与李宗闵的积怨爆发，埋下党争的种子。不久，由于误会等原因，裴度弹劾元稹结交魏宏简，元稹被罢承旨学士，官工部侍郎。次年春，元稹、裴度先后为相。在唐王朝与地方军阀的斗争中，元稹积极平息骚乱，拟用反间计平叛。可觊觎宰相之位的李逢吉与宦官勾结，派人诬告元稹谋刺裴度，后虽查清真相，但元、裴被同时罢相。元稹出为同州刺史。长庆三年，他被调任浙东观察使兼越州刺史。

唐文宗大和三年（829年），元稹入朝为尚书省左丞。身居要职，有了兴利除弊的条件，他又恢复了为谏官时之锐气，决心整顿政府官员，肃清吏治。可是，恰在这时，李宗闵这个冤家再度当权，元稹再次受到排挤。次年年初，元稹被迫出为武昌军节度使。大和五年（831年）七月二十二日暴卒于任所，终年53岁。死后获赠尚书右仆射，白居易为其撰写了墓志。

## 元白之谊，乐府传奇

唐宪宗元和元年（806年）四月，元稹和白居易同登才识兼茂明于体用科，元白同及第，从此，二人成为生死之交。

元稹为人刚直不阿，情感真挚，和白居易是一对挚友。白居易这样评价元稹"所得惟元君，乃知定交难"，并说他们之间的友谊是"一为同心友，三及芳岁阑。花下鞍马游，雪中杯酒欢。衡门相逢迎，不具带与冠。春风日高睡，秋月夜深看。不为同登科，不为同署官。所合在方寸，心源无异端。"而元稹对白居易关心，更凝结成了千古名篇《闻乐天授江州司马》。

元稹自少与白居易唱和，当时言诗者称"元白"，号为"元和体"。其诗辞浅意哀，仿佛孤凤悲吟，极为扣人心扉，动人肺腑。元稹的创作，以诗成就最大。其乐府诗创作，多受张籍、王建的影响，而其"新题乐府"则直接缘于李绅。与白居易齐名，并称元白，同为新乐府运动倡导者。

元稹非常推崇杜诗，其诗学杜而能变杜，并于平浅明快中呈现丽绝华美，色彩浓烈，铺叙曲折，细节刻画真切动人，比兴手法富于情趣。

乐府诗在元诗中占有重要地位，他的《和李校书新题乐府十二首并序》"取其病时之尤急者"，启发了白居易创作新乐府，且具有一定的现实意义。缺点是主题不够集中，形象不够鲜明。和刘猛、李余《古乐府诗》的古题乐府19首，则能借古题而创新词新义，主题深刻，描写集中，富有表现力。长篇叙事诗《连昌宫词》，在元集中也列为乐府类，旨含讽喻，和《长恨歌》齐名。其铺叙详密，优美自然。

元诗中最具特色的是艳诗和悼亡诗。他擅写男女之情，描述细致生动，不同于一般艳诗的泛描。悼亡诗为纪念其妻韦丛而作。在元稹的代表作中，《菊花》、《离思五首》（其四）和《遣悲怀三首》（其二）3首流传很广，尤其是《离思五首》（其四）这一首极负盛名。该诗写久藏心底的不尽情思，因为与情人的曾经相识而自此对其他的女人再也不屑一顾（"取次花丛懒回顾"），诗中的比兴之句"曾经沧海难为水，除却巫山不是云"语言幻美，意境朦胧，十分脍炙人口。而《遣悲怀三首》表达对亡妻的不尽思念，写得悲气袭人，令人不由得一掬同情之泪，其中第二首的结句"贫贱夫妻百事哀"也为世所熟诵。

在诗歌形式上，元稹是"次韵相酬"的创始者。《酬翰林白学士〈代书一百韵〉》、《酬乐天〈东南行诗一百韵〉》，均依次重用白诗原韵，韵同而意殊。这种"次韵相酬"的做法，在当时影响很大，也很容易产生流弊。

元稹在散文和传奇方面也有一定成就。他首创以古文制诰，格高词美，为人效仿。其传奇《莺莺传》（又名《会真记》）叙述张生与崔莺莺的爱情悲剧故事，文笔优美，刻画细致，为唐人传奇中之名篇。后世戏曲作者以其故事人物创作出许多戏曲，如金代董解元《西厢记诸宫调》和元代王实甫《西厢记》等。

## 半缘情深，风流才子

元稹和妻子韦丛的半缘情深，为人津津乐道。

唐德宗贞元十八年（802年），太子少保韦夏卿的小女儿，20岁的韦丛下嫁给24岁的诗人元稹。此时的元稹仅仅是秘书省校书郎。韦夏卿出于什么原因同意这门亲事，已然无从考证了，但出身高门的韦丛并不势利贪婪，没有嫌弃元稹。相反，她勤俭持家，任劳任怨，和元稹的生活虽不宽裕，却也温馨甜蜜。可是造化弄人，唐宪宗元和四年（809年），韦丛因病去世，年仅27岁。此时31岁的元稹已升任监察御史，幸福的生活就要开始，爱妻却驾鹤西去，诗人无比悲痛，写下了一系列的悼亡诗。最著名的就是：

《离思五首》【其四】

    曾经沧海难为水，除却巫山不是云。
    取次花丛懒回顾，半缘修道半缘君。

大意是：

经历过沧海之水的波澜壮阔，就不会再被别处的水所吸引。陶醉过巫山的云雨梦幻，别处的风景就不称之为云雨了。虽常在花丛里穿行，我却没有心思欣赏花朵，一半是因为自己已经修道，一半是因为心里只有你。

再延伸一些，进一步的解释是说：

痴迷在你爱的大海里，陶醉在你的梦幻里，我就不会再对其他女人感兴趣。爱你没有人比得上你，你是最好的。你走之后也没有人能代替你，其他女人再美我也没心思去爱，因为心里只有一个你。

元稹用世间至大至美的形象来表达对亡妻的无限怀念，任何女子

都不能取代韦丛。可以说，这是元稹写出的最著名的诗。

《遣悲怀三首》【其二】

昔日戏言身后意，今朝都到眼前来。

衣裳已施行看尽，针线犹存未忍开。

尚想旧情怜婢仆，也曾因梦送钱财。

诚知此恨人人有，贫贱夫妻百事哀。

《遣悲怀三首》作于韦丛去世后两年。虽然就在同年，元稹即在江陵府纳了妾，有些言行不一，但是他对韦丛的感情是真挚的。

薛涛（约768年~832年），唐代女诗人，字洪度。长安（今陕西西安）人。父亲薛郧，仕宦入蜀，死后，妻女流寓蜀中。薛涛姿容美艳，性敏慧，8岁能诗，洞晓音律，多才艺，声名倾动一时。德宗贞元（785年~804年）中，韦皋任剑南西川节度使，召令16岁的薛涛赋诗侑酒，遂入乐籍。后袁滋、高崇文、武元衡、李夷简、王播、段文昌、杜元颖、郭钊、李德裕相继镇蜀，她都以歌伎而兼清客的身份出入幕府。韦皋曾拟奏请朝廷授以秘书省校书郎的官衔，格于旧例，未能实现，但人们往往称之为"女校书"。后世称歌伎为"校书"就是从她开始的。

薛涛与刘采春、鱼玄机、李冶，并称"唐朝四大女诗人"。卓文君、薛涛、花蕊夫人、黄娥并称"蜀中四大才女"。薛涛的诗，如世所传诵的《送友人》、《题竹郎庙》等篇，以清词丽句见长。

薛涛在诗坛已有盛名，令元稹十分仰慕，只恨无缘一面。直到元和四年（809年）元稹任监察御史，奉使按察两川，才有机会托人与薛涛相识。当时，薛涛已38岁，而元稹小薛涛11岁。薛涛与元稹一见钟情。38岁的薛涛，成熟且有魅力，才情俱备，年老色未衰，吸引了亡妻的元稹。二人一见如故，相见恨晚，共同赋诗吟词，好不惬意。

薛涛已经38岁，对迎来送往的诗妓生涯早已颇感厌倦，见到元稹，即有托身相许之意。她还作过一首诗《池上双鸟》："双栖绿池上，朝暮共飞还；更忙将趋日，同心莲叶间。"表达了她追求真情挚爱

第三章
始乱终弃——风流诗才元稹

愿与元稹双宿双飞的愿望。然而此段缠绵缱绻的情感,却因数月后元稹离蜀返京,从此天涯两分。薛涛在《赠远》诗中是这样描绘的:"知君未转秦关骑,日照千门掩袖啼。闺阁不知戎马事,月高还上望夫楼。"大约两人分手之际,元稹曾答应了却公事之后,会再来成都与薛涛团聚。但世事难测,实际情形并不如约定的那样,元稹后来仕途坎坷,官无定所,在后来频繁的调动之中,原本比薛涛年轻的元稹,自然不能坚守爱情,加之唐代官吏与妓女交往并无禁令,元稹移情别恋,也就在所难免。尽管分手之后,两人也还保持文墨往来,但在元稹一面,似乎只是应付,并非如当日之信誓旦旦了。薛涛只有远望长安,掩袖悲叹,像所有盼望丈夫归来的妻子,在月缺月圆的时候,登楼寄托一份怀旧的哀思。

薛涛和当时著名诗人元稹、白居易、张籍、王建、刘禹锡、杜牧、张祜等人都有唱酬交往。她居浣花溪上,自制桃红色的

元稹纪念馆

小彩笺,用以写诗。后人仿制,称为"薛涛笺"。晚年好做女道士装束,建吟诗楼于碧鸡坊,在清幽的生活中度过晚年。王建《寄蜀中薛涛校书》诗称道:"万里桥边女校书,枇杷花里闭门居。扫眉才子知多少,管领春风总不如。"

元稹早薛涛数年辞世。这个男人的一生有两条线索:一条是走门阀路线攀龙附凤娶贵族之女的婚史,一条是在宦游途中与各地风流才女谈情说爱的情史。这样的路很多游宦的男人都走过,但是元稹的过人之处在于,他能令那些高贵典雅的婚礼和隐秘欢娱的情感并行不悖,他可以在彻底的欢娱之后彻底地放弃。所以,他终其一生都是高尚君子,而那些曾与他情深似海的女人,在短暂的欢娱之后,无一例外地

在蒙羞的寂寞中度过余生。

薛涛生年不详。其卒年当在段文昌再度镇蜀期间，即大和六年(832年)至九年(835年)之间。

人们喜欢传道元稹与韦丛的风花雪月，且乐于想象薛涛与元稹的姐弟情史。

# 第四章

## 才高命短
## ——大唐诗鬼李贺

　　李贺（790年~816年），唐代著名诗人，一生愁苦多病，仅做过3年从九品微官奉礼郎，因病27岁卒。李贺是中唐浪漫主义诗人的代表，又是中唐到晚唐诗风转变期的重要人物。他喜欢在神话故事、鬼魅世界里驰骋，以其大胆、诡异的想象力，构造出波谲云诡、迷离惝恍的艺术境界，抒发好景不长、时光易逝的感伤情绪。《文献通考》中说："宋景文诸公在馆，尝评唐人诗云：'太白仙才，长吉鬼才。'"李贺与李白、李商隐并称唐代"三李"。

# 第四章
## 才高命短——大唐诗鬼李贺

## 昌谷苦读，锦囊成诗

李贺，字长吉，生于唐德宗贞元六年（790年）。他的远祖李亮是唐朝开国皇帝李渊的从父（即伯父、叔父），在隋朝的时候担任过海州刺史，唐朝建立后被封为郑王。李贺虽然出身贵族，是皇室的后代，但是祖上的荣华早已成为过眼烟云，这一支王室到了唐代中期已经衰败。李贺的父亲李晋肃在当时默默无闻，只在边疆做过一名小官吏，唐代宗大历三年（768年）秋，大诗人杜甫离开四川顺江东下，途经湖北省境内的公安县时，遇见李晋肃，当时李晋肃比较年轻，杜甫又和他比较熟悉，故称他为"二十九弟"，并为此写了一首题为《公安送李二十九弟晋肃入蜀余下沔鄂》的五律诗。又过了25年，即唐德宗贞元九年（793年），当时李贺刚刚4岁，李晋肃又去陕县做过县令，无论是在边疆，还是在内地，李晋肃的官职都很低微，而且一直没有升迁的机会，大约在李贺18岁那年，他便早早去世了。

李贺的母亲姓郑，她慈爱和善，共生有一女二子，李贺排行老二，他的姐姐嫁到王家，所以在家中与他为伴的只有一个弟弟，他在诗中多次提到与弟弟相聚时的欢乐和离别时的痛苦，可见他们兄弟二人的感情是非常深厚的。

李贺的家乡是河南省福昌县昌谷村（今河南宜阳），福昌本名宜阳，因为它的西边有兰昌宫，是隋朝福昌宫的遗址，当时很有名气，所以改名为福昌县。它"西往秦晋，南连吴楚"，地处交通要道，经济、文化都比较发达。昌谷位于福昌以西，它附近有连昌宫、五花寺、唐塔、光武庙、子陵庙以及隔洛河相望的女几山、云盖寺等建筑群。其中的连昌宫位于洛水和昌水的江流处，它"背负连昌（河），面对女

几（山），西邻竹阁（寺），东有凤翼（山）"。（《玉阳宫铭并序》），门前是通往京洛的驰道，交通十分便利，而女几山更是著名的游览胜地，山中云雾缥缈，吸引众多的达官显贵和文人墨客前来游玩观赏，其中包括唐明皇李隆基、宰相张九龄、大诗人白居易和大散文家韩愈，他们都曾来过此地游览题诗。

　　李贺的童年和少年基本上是在昌谷度过的，昌谷面山依水，风景优美，这秀丽的山光水色，陶冶了他的性情，为他的诗歌创作提供了丰富的营养。李贺自幼身体瘦弱，但聪明勤奋，因此他的母亲对他格外疼爱。在家庭环境每况愈下的条件下，他仍旧刻苦读书，如饥似渴地学习前辈留下的优秀文化遗产。他尤其喜爱屈原的《楚辞》，每当他离家外出时，他总是把《楚辞》带在身边，以便随时诵读，他还把自己创作的诗歌称为"楚辞"。为了写出优秀的诗篇，李贺每天清晨，骑上毛驴，背着一个破旧的锦囊，离家漫游，到大自然中去寻找创作的灵感。李贺热爱大自然，日月星辰，云雾雨露，草长莺飞，残荷败柳，所有这一切都会深深打动诗人那颗敏感的心，引发他的创作激情。他仔细观察故乡的一山一水，一草一木，注意捕捉自然界一刹那间的变化，每当他触景生情，心有所得时，他都及时用笔记下，然后把写有诗句的字纸投到锦囊中，傍晚回到家中，再将锦囊中的字纸倒出，把零散的诗句整理成篇，除了大醉和赶逢吊丧的日子，他坚持天天如此。李贺创作态度严肃认真，从来不写阿谀奉承或是无病呻吟的作品，他的诗句基本上是从实地观察得来，例如《南山田中行》："荒畦九日稻见芽，蛰萤低飞陇径斜。石脉水流家滴沙，鬼灯如漆点松花。"写荒野景物，历历如在眼前，可见他确有实际经历，并非凭空臆想。再如他描写自然景色的句子："春水初生乳燕飞，黄蜂小尾扑花归。"则为我们展现了生机盎然的春天景象。李贺对自己的创作要求非常严格，他选词造句往往是千锤百炼，力求做到"语不惊人死不休"。为了写出一首令人满意的诗歌，他常常要通宵达旦地苦思，反复吟诵，他描绘自己创作诗歌的情景是"吟诗一夜东方白"。可见他对自己的作品是逐字推敲，精益求精。当他受朋友之命写《五粒小松歌》时，为了使自己的诗不落俗套，他花了整整10天时间，才写出8句诗歌。他辛勤不懈地进行创作，以致他的母亲常常替他担心，说他总有一天会呕出心来。然而，正是由于他呕心沥血，用生命去创作，才使他的诗很快便远近闻名，到唐德宗贞元末年，当时年仅10多岁的李贺所作的乐府诗已经开始被人广为传诵，人们把他和同时代早已知名的老一辈诗人李益相提并论，合称"二李"。另外，还有一位比他年长许多的诗人张碧，在读了李贺的诗之后，不仅非常赞赏，而且还特意模仿李贺的风格，创作了《惜花三首》、《古意》、《秋日登岳阳楼晴望》等诗篇。

李贺16岁时，发生了"永贞革新"，此时正值唐朝中期，由于安史之乱的破坏，曾经强盛、统一的唐王朝已经开始走向衰落，藩镇割据，不断发动叛乱，给社会生产和人民生活带来极大灾难。在朝廷内部，则出现宦官专权的局面，他们不仅左右朝政，甚至可以废立君主，大官僚大地主与宦官之间既勾结又斗争，统治阶级内部矛盾重重，而唐王朝的统治者们为了维持其腐朽奢侈的生活，更加贪婪地掠夺广大劳动人民，从而加剧了阶级矛盾的激化。自唐代宗开始，农民起义接连不断，著名的有袁晁领导的浙东起义和方清、陈庆起义。这些起义的规模虽然不大，但都不同程度地冲击了唐代中期的封建统治。面对如此严峻的社会现实，为了缓和阶级矛盾，挽救唐王朝的危机，一些出身中下层地主阶级的知识分子，主张进行政治上的改革。贞元二十一年（805年），唐顺宗继位，以王叔文、王伾、刘禹锡、柳宗元为核心的革新集团掌握了政权，推行新政，这就是有名的"永贞革新"。他们维护统一，主张加强中央集权，反对藩镇割据，采取一系列措施，打击宦官势力，整顿朝政，但是由于宦官、藩镇和贵族官僚的联合反抗，革新运动很快夭折。李贺置身在这样的年代，作为宗室王孙，他时刻关注着国家的命运，热切期望唐王朝重振雄风，然而政局的动荡不安使诗人深感忧虑，加上他原本体弱多病，又一直勤学苦吟，过度的劳累和忧虑，使他还不到18岁，头发便过早变白。关于这件事，诗人在《春归昌谷》一诗中，曾经作过描绘：

束发方读书，谋身苦不早。

终军未乘传，颜子鬓先老。

　　这里的终军是汉代人，他18岁时乘传车（古代驿站用车辆）到京都长安上书言事，得到汉武帝的欣赏，立即授他谒者给事中官职，得到重用。诗人在这首诗里表示自己自幼苦读，却没有早做谋身的准备，还不到汉代终军18岁做官的年纪，便像孔子的学生颜回一样鬓发斑白。李贺虽然因作诗而扬名，但他不甘心一辈子守在家乡读书吟诗，他要成就一番大事业，他希望自己能像汉代的终军一样，去京城上书言事，施展自己的政治抱负。福昌离唐代京城长安比较远，但距离东都洛阳只有100多里，而且交通便利，因此诗人决定先去洛阳。

　　在离家去洛阳之前，李贺还曾到南方漫游，他从福昌出发，经过襄阳、石城（今湖北钟祥）去安徽拜访他的族兄（十四兄），当时他的族兄在安徽和县做官，他在那里只作了短暂的停留，很快便向南游览洞庭湖，接着路过金陵、吴兴，到达钱塘、甬东（今浙江定海），足迹遍及江南数省，最后才转道北归，返回自己的故乡。

　　这一次远游，使李贺有机会饱览江南的山光水色，那数不胜数的名胜古迹，那美妙动人的神话传说，极大地开阔了诗人的眼界，丰富了他诗歌创作的内容，从现在留存下来的李贺诗集里，我们可以看到诸如《走马引》、《大堤曲》、《帝子歌》、《湘妃》、《苏小小墓》、《巫山高》、《江南弄》、《莫愁曲》等许多描绘江南风景名胜的诗篇。

　　唐宪宗元和二年（807年），李贺完成了他步入青年的第一件大事——娶妻成亲。

　　他结婚的时间大约是在春天，这一年他刚好18岁，《美人梳头歌》和《后园凿井歌》是他咏新婚之作。在前首诗里，诗人用细腻入微的笔触，描绘妻子睡觉时的模样和清晨起床梳妆的姿态，全诗没有出现一个"喜"字，也没有写一个"爱"字，但字里行间，无处不透露出诗人对妻子的喜爱。而在《后园凿井歌》一诗中，诗人更是采用民歌的调子，用清新的语言，表达对妻子的一片深情：

　　井上辘轳床上转，

水声繁，弦声浅。

情若何？荀奉倩。

城头日，长向城头住；

一日作千年，不须流下去。

在这首诗里，李贺以辘轳和井架不可分离，来比喻夫妇的相依为命，用"水声繁"来比喻感情的深长，用"弦声浅"来暗示人生的短暂，同时借用历史上荀奉倩夫妇感情至笃的动人故事，来比拟他们的伉俪情深，最后表示希望城头的太阳长久不落，一天的光阴就像一千年，夫妇二人的感情能够天长地久。

李贺婚后不久，为了谋求自身的进一步发展，以便实现远大的理想，他告别了妻子、母亲，只身前往东都洛阳。

## 韩皇同访，洛阳扬名

洛阳是我国著名古都之一。早在公元前八世纪初，周平王为躲避西北少数民族的侵扰，把都城由镐京（今陕西西安）迁到洛邑（今河南洛阳），此后，东汉、曹魏、西晋、北魏几个王朝都曾在这里定都。到隋朝，隋炀帝迁都洛阳后，不仅大规模营建，并且把数万家富商大贾迁到这里居住，称为东都。唐高宗在位时，继续把这里作为东都，并每年都来这里住上一段时间，武则天当政时，还曾一度将它改称为"神都"，而且经常光顾。洛阳面对伊阙，背靠邙山，洛水中贯而去，山势雄壮，风景秀丽，唐代文人中，有许多在长安做官却请求到东都洛阳，其中一个重要原因就是因洛阳历史悠久，名胜古迹众多，可以游览并作诗吟咏。

唐宪宗元和二年（807年），18岁的李贺来到洛阳时，正巧逢上大

散文家韩愈以国子监博士身份来东都就职。韩愈的到来，对李贺的一生产生了重要的影响。

韩愈，字退之，邓州南阳（今河南省）人，生于唐代宗大历三年（768年），25岁考中进士，29岁开始登上仕途，元和九年（806年）唐宪宗即位，他被任命为代理国子监博士，后因宰相郑余庆很赞赏韩愈的文章，想在京城给他安排文学官职，当时旁人也想占有这个职位，于是就造谣诋毁他，韩愈害怕留在长安招祸，这时恰巧他的叔伯兄长病死在河南开封，留下孩子无人照料，他便以此为理由，请求到东都任职，以便抚养遗孤，他的请求得到批准，就这样离开长安到了洛阳。

韩愈在当时已经是颇负盛名的作家，他和柳宗元一起，倡导古文运动，反对六朝以来的颓靡文风，主张形式必须适合内容的需要，并且创作出许多雄奇奔放、流畅明快的散文名篇，名列散文"唐宋八大家"（即唐朝韩愈、柳宗元，宋朝三苏、王安石、欧阳修、曾巩）之首。在诗歌创作上，他致力于诗歌革新，以纠正平庸的诗风。他的诗，笔调雄健，用语新奇，别开生面，自成一派，在当时影响很大。他还特别有意提拔和培养年轻诗人，他的弟子众多，中唐诗人孟郊、贾岛、皇甫湜都曾受到他的影响，李贺也不例外。

李贺塑像

李贺是一个有才华、有进步政治理想的年轻诗人。他在维护国家统一，反对分裂割据方面与韩愈的政治主张是一致的，在诗歌创作上，他不屑因袭前人，刻意追求词语的奇绝，排斥浮浅庸俗的诗风，这一点与韩愈的精神也相吻合。当李贺由昌谷来到洛阳后，得知韩愈也由长安调来东都，他很想得到这位文学前辈的指教，于是便带着自己的诗稿去拜访韩愈，唐人张固在《幽闲鼓吹》里记载了这件事：

"李贺以歌诗谒韩吏部，吏部时为国子博士分司，送客归，极困。门人呈卷，解带旋读之。首篇《雁门太守行》曰：'黑云压城城欲摧，甲光向日金鳞开。'即援带，命邀之。"

从张固的描绘中我们可以得知，当李贺带着诗稿去请教韩愈时，韩愈刚刚送客归来，极度困乏，准备上床休息，当手下人将李贺的诗稿送上时，韩愈已经解下衣带，但是当他读了李贺的第一首诗之后，马上兴奋起来，放弃午睡，重新系好衣带，邀请李贺相见。

《雁门太守行》是李贺著名诗篇之一，全诗如下：

黑云压城城欲摧，甲光向日金鳞开。
角声满天秋色里，塞上燕脂凝夜紫。
半卷红旗临易水，霜重鼓寒声不起。
报君黄金台上意，提携玉龙为君死。

这首诗以满腔的激情，表现了守边将士英勇杀敌的英雄气概，敌兵压境，城池危在旦夕，云隙中射出的日光，照在战士们的盔甲上，闪闪发光。白天，鼓角震天，激烈鏖战，夜晚，沙场上战士们的鲜血凝结一片。黑夜行军，偃旗息鼓，为的是"出其不意，攻其不备"。"临易水"3字巧妙地升华了将士们慷慨抗敌的情感，既表明交战的地点，又暗示将士们具有"风萧萧兮易水寒，壮士一去兮不复还"那样一种壮怀激烈的豪情。最后，守边将士借用历史典故表示自己誓死杀敌，寸土必争，报效祖国的决心。全诗运用奇丽的色彩点染战斗的场景，情调激昂悲壮，很像屈原《九歌》中的"国殇"，难怪韩愈读后立即被深深吸引。即使到了今天，"黑云压城城欲摧"这句诗还经常被人引用，可见此诗影响之大。

元和四年（809年），韩愈由国子监博士改任都官员外郎，这时碰巧他的得意门生皇甫湜也因公来到洛阳。皇甫湜，字持正，新安人（今浙江省淳安县），元和元年（806年）考中进士，他为人刚正不阿，

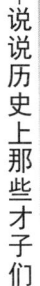

元和三年夏同牛僧儒、李宗闵一同参加贤良方正直言极谏科策试，因批评朝政弊端，引起当时宰相李吉甫的不满，这年他担任监察御史，来到洛阳巡视。他和韩愈一样欣赏李贺过人的才华，因此二人一同来探望李贺。韩愈和皇甫湜在当时名气很大，许多文人政客都把和他俩结交当作非常荣耀的事。例如唐朝宰相牛僧儒早年因文章受到韩愈、皇甫湜的欣赏，二人去牛家做客，他们走后，牛僧儒立即在自家门上写道："韩愈、皇甫湜同访。"结果名声大振。由于当时流行这种风气，所以韩愈、皇甫湜亲自登门来访，使李贺大为扬名，因此李贺非常高兴，马上赋诗一首，题目是《高轩过》。在这首诗里，李贺一方面表达了对韩愈、皇甫湜的感谢之情，另一方面也表示自己渴望有机会施展才华的愿望。当时李贺刚满 20 岁，他虽然父亲早逝，家境贫寒，但对未来还是充满信心的。

元和五年（810 年），韩愈担任河南县令。这一年李贺参加河南府试，这次府试主考官出的题目是"十二月辞并闰月"。本来一年 12 个月，每月有每月独特的风物人事，这些写进诗里并不难，但"并闰月"3 字却大大增加了试题的难度，而且这种应试诗一般只要求切合题意，不需要作者抒发个人情思，而才智过人的李贺却能做到既符合题目规定，又能自出新意。例如"三月"诗人着重描绘皇家贵族的春游场面，揭露宫廷生活的奢靡腐朽，最后两句"曲水飘香去不归，梨花落尽成秋苑"，借用自然景色的变化，暗示这种生活必然是好景不长，寓讽刺于写景之中，手法高妙。在另一首《十二月》中，诗人仅用短短的 4 句诗，既写出了冬日严寒景象，又表达出长夜漫漫的冬天终将被白昼渐长的阳春所取代的思想，闪烁出哲理的火花。至于旁人看来最难写的《闰月》诗，李贺也是一气呵成：

帝重光，年重时，
七十二候回环推，
天官玉灰剩飞。
今岁何长来岁迟，
王母移桃献天子，

羲氏和氏迁龙蟠!

　　这首诗笔调轻松活泼,读来铿锵悦耳。前一段,诗人借用"年重时"巧妙引出"帝重光",表达他希望出现像古代圣贤尧、舜那样的明君来治理天下,诗人幻想如果出现那样天下太平的治世,不仅人民安乐,就是自然界的"七十二候"也会各尽其责。后一段,诗人由闰月岁长,展开王母为天子献寿桃的奇特想象,这句诗的含意是:如果政治清明,不仅万民颂德,连天上的神仙也要向皇帝献礼。诗人用奇巧的构思,表达自己的理想,显示出超人的才华。由于李贺府试成绩优异,这年冬天,他被推荐"应进士举",赴京城长安参加更高层次的考试。

## 长安科考,失意成仙

　　元和五年(810年)冬,李贺由洛阳赶卜长安,参加进士科考试。
　　唐朝知识分子要想步入仕途,只有两条路,一是凭借门第,一是通过科举。李贺虽然身为皇族之后,但家道早已破败,不可能借助门第进入仕途。他又是一个积极进取、不甘人后、渴望有所作为的青年,因此只能把希望寄托在科举考试上,这是他唯一的出路。按照唐代的考试制度,凡是州县府考试成绩优秀者,可以直接到长安"应进士举"。应进士举的人一般是每年十月二十五日在户部集中,待到第二年正月才去礼部参加考试,称"就进士试"。举了进士而考试没有合格的称"进士"或"举进士",考试合格的称"进士第"或"前进士"。唐代社会风气在科举考试中,最看重的是进士及第,把它称之为"跳龙门",一般官吏,即使品位较高,如果不是进士出身,也被人看不起。当时社会流传"三十老明经,五十少进士"之语,可见考进士是非常

困难的，而一旦考中，则身价百倍，前途无量。因此，考进士竞争也异常激烈，有些人便不择手段，打击别人，为自己考进士清除障碍，不幸的是，年轻的李贺在刚刚起步，正准备踏入仕途的时候，便遭到致命的一击。

元和五年冬天，李贺到达长安"应进士举"，正当他踌躇满志准备参加第二年春天的"就进士试"时，却做梦也没有料到因为父亲的"名讳"问题，掀起一场轩然大波，从而剥夺了他施展才华的机会。

我国古代封建社会避讳很多，"名讳"就是其中的一种。古人碰到皇帝和尊长的名字，都避免直接说出或写出。如汉文帝名恒，汉代人便把"恒山"称为"常山"；苏东坡的祖父名"序"，他在为文章作序时就把"序"写为"叙"或"引"。更有甚者，参加科举考试，如果恰巧碰到考题中有尊长的名讳，就托故放弃考试。避名讳时，不仅避本字，连同音字也要避讳，这叫做"避嫌名"。在唐朝，这虽然不在正式制度的规定之内，但却是当时被多数人所认同的社会风尚，如果有人违反这种风尚，就会背上不孝的罪名，被人笑骂。这时李贺进京参加进士考试，而他父亲名"晋肃"，"进"与"晋"同义，按照当时的社会风尚，应该回避才对。前面我们已谈到，进士是当时读书人非常看重的进入仕途的台阶，参加考试者多，录取者少，而凭李贺的才华和多年苦读，考中进士是大有希望的，于是，嫉妒他的人，便以此为借口攻击李贺，说他如果尽孝，就应该避讳，不参加这次进士考试。远在洛阳的韩愈得知这件事之后，很替李贺打抱不平，他专门写了一篇短文《讳辨》，替李贺辩护，他根据国家法律，引用历史事实，指出"避嫌名"是不合理的，他举例说明古人"二名不偏讳"，如孔子母亲叫徵在，只要说徵不说在，或者说在不说徵就可以。他还举例证明古人也不避同音字的讳，如不因有大禹，而不让说下雨的雨字，从而指出对李贺的攻击是毫无道理的。韩愈还在文章中气愤地质问："父名晋肃，子不得举进士；若父名仁，子不得为人乎？"由此可见，韩愈为李贺做了有理有据而又有力的辩解，然而世俗的偏见是可怕的，李贺最终顶不住舆论的压力，放弃了考试的机会，怀着一腔怨愤返回故乡。

当时有人传说阻挠李贺参加进士考试的是元稹，唐人康骈在《剧谈录》里记载：李贺因善于作诗，加之韩愈的引荐，名声越来越大，元稹以明经及第，也爱好诗文写作，想结交李贺，一天元稹登门拜访，李贺因为他是明经及第而看不起他，拒而不见。元稹因此怀恨在心，当他做了礼部郎中之后，便阻挠李贺参加进士考试。对于这则故事的真实性，学者多持怀疑态度。朱自清先生在《李贺年谱》中就明确指出这是张冠李戴。因为元稹明经及第时，李贺只有4岁，自然没有拒见元稹的可能，而且元稹也从未做过礼部郎中。不过，元和四年至元和五年，当李贺由家乡来到洛阳时，元稹也恰巧任职此地，并且因不畏权贵，敢于弹劾违法官吏而被世人称道。但后来元稹向宦官妥协，政治上反复无常，所作诗歌也流于庸俗浮靡，同李贺所走道路截然相反，所以才会有这么一段描绘二人失和的故事。

　　李贺被迫放弃进士考试，无疑堵塞了他唯一步入仕途的道路，他内心的沮丧、失望是可以想见的。这年冬天，他离开长安，返回故乡，在归家途中，写了一首《出城》诗，描述当时复杂的心情：

　　　　雪下桂花稀，啼乌被弹归。
　　　　关水乘驴影，秦风帽带垂。
　　　　入乡诚可重，无印自堪悲。
　　　　卿卿忍相问，镜中双泪姿。

　　在这首诗中，他把自己比喻成中弹的啼乌，暗示在长安受到诋毁，不第而归。在寒冷的冬日，骑着毛驴，踏着冰雪，独自行走在萧条的古道上，返回故乡与家人团聚，固然令人高兴，但没有考中进士，无官而回，便是可悲可叹了。他还想象回家之后，妻子得知他没有考中，又不忍问他没有考中的原因，只能独自暗中落泪的情景。从这首诗中，我们可以看出诗人心情沉重，这次变故给他的打击太大了，在他的心头留下了抹不去的阴影。

　　李贺自幼体弱多病，但又不注意悉心调养，长年累月呕心沥血，苦吟读书，使他身体消耗很大，过早生出白发，未老先衰，更主要的是精神上苦闷。他从小便显露出过人才华，十四五岁已因擅长作诗而扬名，自己又身为帝室之后，挂着贵族之衔，因此对自己期望很高，他之所以发愤读书，苦吟不辍，也是希望有朝一日可以光耀门庭。作为皇室之后，李贺常常把重振王朝、中兴国家看作己任，渴望自己的才能被赏识、被重用，以便施展抱负。为此他18岁便离家赴洛，在洛阳府试大获成功，并得到韩愈荐引，送往京城参加进士考试。本以为凭着自己超人的才华，必将科举成名，踏入仕途，没料到却因"家讳"被人攻击，虽然有韩愈百般辩护，但李贺一向性情孤傲、清高，不肯被世人讥为不孝，所以放弃进士考试，这无疑堵塞了唯一的仕进之路。这件事给诗人打击很大，虽然不久他又被任命为奉礼郎，但这个官职形同奴仆，孤高自傲的李贺怎能忍受？加之父亲早逝，家中经济来源中断，自己官微禄薄，缺衣少食，心中更加郁闷不堪，精神上长期受到压抑，只能借酒消愁，这又使诗人的健康进一步恶化。这次从潞州归来，一路颠簸劳顿，病情更加严重，而且回到福昌昌谷之后，家中的境况，又令人悲哀。唯一的弟弟早已到千里之遥的庐山去谋生，家里仅有几亩薄田，收入甚微，布衣疏食，异常艰难，在这种情况下，只有父亲收养的巴童，还时常陪着李贺，帮他煎药。诗人在《昌谷读书亦巴童》一诗中写道：

虫响灯光薄，宵寒药气浓。

君怜垂翅客，辛苦尚相从。

房屋残破，连纱窗也没有，点不起蜡烛，灯光微弱，自己好像是斗败的公鸡，翅膀低垂。在穷困潦倒之时，只有朴实的巴童还紧随左右，令人感动。家中的境况一天不如一天，唐代中期赋税繁重，诗人经常听到官吏催租的叫骂声，心中更觉痛苦，他在《送韦仁实兄弟入关》诗中描绘当时的情形是："我在山上舍，一亩蒿磽田。夜雨叫租吏，春声暗交关。"家中几亩地贫瘠多草，收获有限，在风雨之夜，春米还要忍受催租小吏恶声叫骂。年轻、敏感的诗人，在这种困境中挣扎，他病弱之躯终于承受不住来自肉体和精神的双重煎熬，元和十一年（816年），诗人病逝，享年只有27岁。

关于诗人之死，还流传着动人的故事。

晚唐诗人李商隐在《李长吉小传》中记载了这个故事。其内容大意是：李贺临终前，忽然看见一位身穿绯衣的使者，驾着赤虬来到他床前，告诉他天上的玉皇大帝召他前去。李贺赶快下床叩拜，表示家中老母体弱多病，需要有人照顾，自己不愿离开。绯衣使者笑着对他说："玉帝新近建成一座白玉楼，召你去为它的落成写篇文章，天上的差事轻松愉快。"李贺听后，想到即将与老母诀别，禁不住泪如雨下，不一会儿，李贺断气，他的屋中，隐隐有一缕烟气，并能听见行车与管乐之声。

另外，宋人李窻在《太平广记》中也记载了类似的故事，大意是：李贺最受母亲疼爱，因病夭亡，母亲极度悲伤，无法排解。一天晚上，她忽然梦见李贺，模样如同生前，对她说："我有幸做您的儿子，您一直疼爱我顾念我，我从小刻苦读书，呕尽心血吟诗作文，主要是为了长大后光宗耀祖，报答母亲养育之恩，哪料到过早病逝，不能够在您身边照顾您以尽孝心，这真是命中注定！但是我并不是真的死去，而是玉帝召我前去。"他母亲询问事情原委，李贺回答："玉帝的住所是神仙居住的地方，最近玉帝迁都到月圃，建成一座新宫名叫白瑶，因我擅长诗文，所以召我和其他文士一块写作《新宫记》。玉帝又建成凝虚殿，让我们作曲填词。现在我成为神仙很快乐，希望您不必惦念。"说完离开，他母亲从梦中醒来，虽然觉得这个梦很奇怪，但从此以后，悲哀之情却稍稍减轻。

上述两段故事显然其真实性令人怀疑，但是仔细推敲，这故事的出现也绝非偶然。李贺本是有着远大理想的青年，但社会现实的黑暗使他的理想无法实现，他只能在幻想中等待，因而他的诗篇充满神奇的想象与夸张，即使临终前，他内心仍潜存着美丽的憧憬，他用这种憧憬来安慰悲痛欲绝的母亲，这还是符合李贺性格的。而旁人根据李贺安慰母亲的话语，来编织出这么一个动人的故事，大概也是有可能的。鲁迅先生在《娜拉走后怎样》一文中指出："这岂非明明是一个谎，一个梦？然而一个小的和一个老的，一个死的和一个活的，死的高兴地死去，活的放心地活着。说谎和做梦，这时候便见得伟大，所

以我想，假使寻不出路，我们所要的倒是梦。"这是多么深刻，多么精辟的见解！人在无可奈何，对现实失望的时候，便只有在梦中去实现夙愿，李贺也是如此。他具有超人的才华，又自幼苦读，以诗文名震京华，然而却屡受压抑不被重用。终其一生，只做过官职卑微的奉礼郎，怀才而不遇，有志难酬，结果在贫病交加中死去，生前找不到出路，只有在诗歌中寄托理想。李贺的诗才惊动了玉帝，人间倍遭排挤的李贺，却受到玉帝的欣赏、重用，这对于困顿一生的李贺，也是一种补偿，这大概也是后人编织这个故事的用意吧！

## 诗坛鬼才，独树一帜

在唐朝著名诗人中，李贺是生命最为短暂的一位，现存李贺诗共计241首。从思想内容上看，李贺有不少作品直接揭露了当时黑暗的社会现实。如《采玉行》描绘采玉工人悲惨命运；《苦昼短》讽刺封建帝王企求长生成仙的昏昧；《秦宫诗》等篇揭露贵族豪门的腐朽堕落。可见李贺是一个关注现实的诗人。但是由于他生命短暂，生活接触面狭窄，加上阅历尚浅，所以诗中反映社会生活的深度和广度都受到一定限制。然而李贺是一个勇于创造并富有创造才能的诗人，他的主要贡献在于，在他短暂的生命中，为诗歌开辟了一个新天地。

中国古代诗歌，发展到唐朝中期，已达到相当成熟的程度，从内容上看，题材的广泛超过以往任何朝代，从表现形式和风格看，更是日臻完美，涌现出众多流派，造就了李白、杜甫这样伟大的诗人，把唐代诗歌推向繁荣的顶峰。在这样一个时代背景下，李贺诞生了，他广泛吸取前人文化遗产的精华，继承了从屈原到李白的积极浪漫主义传统，同时也从汉魏乐府、六朝民歌中吸取营养，他的某些诗篇在意

# 第四章
## 才高命短——大唐诗鬼李贺

境手法上与屈原的《楚辞》有相通之处，如他的代表作之一《雁门太守行》，意境苍凉，笔调悲壮，类似屈原《九歌》中的《国殇》，而他的另一首诗《苏小小墓》内容则直接取材于南朝乐府《苏小小歌》，再如他的《大堤曲》不仅诗题出自南北朝时梁朝梁简文帝，而且诗意与六朝民歌《襄阳曲》近似。李贺在吸取继承前辈优秀文化遗产的同时，并不拘泥于古人，而是在学习前人的基础上，努力创新，力求不落俗套，在表现形式上独树一帜，形成了不同凡响的艺术风格。

在李贺诗集中，最突出的特点便是想象的奇特。一个平常的被千万人吟咏过的题材，一到李贺笔下，立即化平庸为神奇。例如《梦天》：

老兔寒蟾泣天色，云楼半开壁斜白。
玉轮轧露湿团光，鸾佩相逢桂香陌。
黄尘清水三山下，更变千年如走马。
遥望齐州九点烟，一泓海水杯中泻。

这首诗写的是梦游月宫时的情景，这个题材也是经人反复吟咏过的。诗人却能驰骋想象，自出新意。诗的开头4句叙述梦入月宫的情形：月明如水的天色，仿佛是被传说中月里的老兔寒蟾泣成的。云楼半开，月光映照着露水，在桂花飘香的小道上，见到身带鸾佩的仙人。后4句写站在月宫中俯视人间，只见沧海桑田变换不停，偌大的九州，不过像九点烟尘，陆地之外辽阔的海洋，也只像泻在杯中的水一样。全诗洋溢着浪漫主义色彩，把一个人人熟悉的月亮写得这般奇妙、生动，由一个普通生活情景，联想到自然界的瞬息万变，表达了朴素的辩证观点，不仅内容新奇，而且立意深刻，令人称叹。

另外，唐代描写音乐的诗歌很多，也不乏名篇佳作，然而就其想象的奇特丰富而言，恐怕无人能与李贺相比。以《李凭箜篌引》为例，这首诗从天上到人间，从陆地到山川、海洋，借助神话传说，设想神仙和动物的感受，渲染李凭演奏的艺术效果，可谓想象丰富大胆，发前人所未发，充分体现了李贺诗歌的艺术特色。再如《金铜仙人辞汉歌》，更把无知无觉的铜人写成有情有义的眷恋故土、思念故君之人，

想象精妙，增添了诗的光彩。

当我们诵读李贺诗歌时，发现他的诗很少用抽象的语言去叙述，而是运用各种修辞手法，使他所要表达的思想感情具体形象。例如《猛虎行》用比拟的手法，把飞扬跋扈的藩镇比作凶暴可憎的猛虎，既揭露藩镇割据给人民带来的灾难，也表达自己对藩镇的憎恶之情；再如《五粒小松歌》，诗人用拟人化的手法，具体描绘出小松的形态，然后写小松在当官主人家中，天天与俗儒为伍，因而回忆起在山中时与之相伴的石笋溪云，不知它们是否还能寄书来安慰自己。这里把小松、石笋、溪云完全人格化，赋予它们思想感情，并且还用蛇行的弯曲来描写小松枝干的弯曲，使小松的形象更加鲜明生动。由于诗人善于用奇特、精妙的想象构成生动的比喻，使他描写的客观事物形象、具体。如用"金鳞"形容阵容整齐，在日光下闪闪发亮的战士的甲胄（"甲光向日金鳞开"）；用"剪秋水"形容男孩一双明亮的大眼睛（"一双瞳人剪秋水"）；用"玉弓"形容拂晓挡在窗前的一弯残月（"晓月当帘挂玉弓"）；用敲骨声如铜响来表明名马骨骼坚硬（"向前敲瘦骨，犹自带铜声"）。诗人还常常借助生动的形象来抒发自己的思想情怀，如："雄鸡一声天下白"，用鸡鸣报晓表达对光明的渴望；用枯兰、飞鹑、狗一样的劣马来表现诗人意冷心灰，穷愁潦倒（"一心愁谢如枯兰，衣如飞鹑马如狗"）。

李贺诗歌的形象生动，得益于他那丰富的想象，他不是把眼光仅仅局限在描写的对象上，而是运用联想，抓住事物的某一典型特征，触类旁通，层层引伸。有时能把两个看似不相关的事物放在一起，捕捉住它们一处相似引伸开去互作比喻。如在《天上谣》中有"银浦流云学水声"之句，表面看云和水似乎相距甚远，但仔细观察，二者也有相通之处，即都是流动的，于是把云比作水，这是第一层；接着展开联想，水流是有声音的，既然云可比水，那么云也可如水一样有声。另外在《秦王饮酒》诗中，李贺有一名句被人称道："羲和敲日玻璃声"，也是这种手法的运用。太阳和玻璃猛一看风马牛不相及，但诗人利用它们都闪闪发光这一典型特征，用日比玻璃，进而让它像玻璃一样发出声响，不仅想象奇，比喻也奇，从而塑造出新奇的形象，羲和居然驱赶着太阳前行！而在另一首《恼公》诗中，有一句初读令人费解的诗句："歌声春草露"，歌声和春草露之间确无直接联系，怎能放在一起呢？但仔细推敲，便可了解诗人巧妙的用心，诗人在这里首先把歌声比作珠子声，这一点人们容易理解，接着由珠子联想到露珠，这样不仅沟通了不同事物之间的内在联系，而且不落俗套，显示出诗人卓越的艺术才能。

在语言的运用上，李贺更是遵循"惟陈言之务去"的创作原则，苦心经营，千锤百炼，以追求语言凝练、新奇。李贺的诗句，读来有意味深长之感，这与他注重锤炼词字有关。在他众多的名句中，有的是代词用得好，如以"玉龙"、"三尺水"代剑，突出剑的锋利，寒光逼人；用"新翠"、"青光"、"削玉"代竹，使人感到竹子的挺拔、青翠、可爱；用"鸭头"、"玉镜"代水，刻画出水的清澈照人。有的是形容词用得活，使人感到新颖、形象，如"老鱼跳波瘦蛟舞"，用"老"突出鱼儿的个大；用"瘦"突出龙的身长，兴味盎然。又如"黑云压城城欲摧，甲光向日金鳞开"，"黑"和"金"两个形容词，色彩浓丽，鲜明体现了敌我双方毫不相让的情景；而"娇春杨柳含细烟"中，"娇"、"细"更是用得恰到好处。在动词的运用上，李贺也是独出心裁，如"画栏桂树悬秋香"，一个"悬"字，写出了汉宫一片沉寂，似乎连空气都凝结不动了；再如"一双瞳子剪秋水"用秋水形容眼睛，古已有之，李贺在这里加上"剪"字，不仅生动传神地描绘出孩子一双眼睛明亮有神，而且突出眼睛不停扑闪的动感，可谓创新之举。即使是普通的名词、副词，到了李贺笔下，马上变得不同凡响，不落俗套，如"忆君清泪如铅水"，把铜仙赋予人的情态，但又联想到铜仙究竟与常人不同，所以在它的泪水之前加一"铅"字，活灵活现地勾勒出金铜仙人的特质。而在"仅厌舞衫薄，稍知花簟寒"句中，"仅"和"稍"两个副词的运用，更准确地描绘出天气将寒未寒时的情况。

李贺的诗歌读后给人最突出的印象是奇：诗人丰富奇特的想象，

生动鲜明的形象和精炼的词语结合在一起，形成了奇崛瑰丽的艺术风格。但由于诗人体弱多病，遭遇坎坷，使他不少诗篇蒙上浓重的伤感色彩，诗人对现实不满，但又无力改变现实，在苦闷和迷惘之中，有时便去描写梦幻中的仙界，甚至转入鬼怪传说的描写。例如《苏小小墓》就是把《楚辞》中《山鬼》的意境和南齐苏小小的传说结合在一起，创造出荒诞迷离、艳丽凄清的幽灵世界。

因此，宋朝人把李白和李贺做比较时，说"太白仙才，长吉鬼才"。把李白称为"诗仙"，把李贺称为"诗鬼"，这个比喻并不是十分恰当，但至少可以看出，年轻的李贺，倾注一生心血，终于在唐代诗坛上自成一家，独树一帜，他那独特的艺术风格对后世产生了极大的影响。

# 第五章

## 流莺飘荡
## ——情诗圣手李商隐

　　李商隐（813年~858年），晚唐最出色的诗人之一，和杜牧合称"小李杜"，与温庭筠合称为"温李"，因诗文与同时期的段成式、温庭筠风格相近，且三人都在家族里排行第十六，故并称为"三十六体"。其诗构思新奇，风格秾丽，尤其是一些爱情诗和无题诗写得缠绵悱恻，优美动人，广为人传诵。

# 第五章
## 流莺飘荡——情诗圣手李商隐

## 苦难童年，发愤图强

李商隐出生在一个没落的贵族世家。他在《哭遂州肖侍郎二十四韵》中说"公先真帝子，我系本王孙"。此诗中的肖侍郎名肖浣，唐文宗时为刑部侍郎，"真帝子"是指肖浣是南北朝梁朝皇帝肖道成之后。李商隐说，自己与唐朝皇室同族，都是李暠的后代，并把陇西成纪（今甘肃省天水市）当作自己的郡望。

但是，"王孙"的美名并没有给李商隐带来富贵荣华，相反倒颇有点悲剧色彩。从李商隐的高祖开始，直到他自己，整整五代人都没有在唐帝国的中央政府担任过什么显赫的高官，不是充任卑微的地方俗吏，就是进入他人幕府为人捉刀。他的高祖李涉只当过美原（今陕西省富平县北）县令，李涉的儿子李叔洪，年轻时才华出众，19岁就考中进士，曾与中唐著名诗人刘长卿、刘春虚、张楚金齐名，可惜29岁就在安阳（今河南省安阳市）县令任上去世了。他的妻子（也就是李商隐的曾祖母）卢氏贤慧能干，且有教养，承担起抚养孩子的重任。李叔洪及卢氏的儿子（即李商隐的祖父）名叫李鱷，在卢氏的抚养下长大成人考中进士，官做到了荆州（今山西河津境内）的录事参军，不幸又是因病早逝。卢氏又承担起抚育幼小孙子——李商隐的父亲李嗣的重任，直到10年以后去世。因此，李商隐一生非常敬重自己的曾祖母卢氏，还想方设法把她的灵柩运回原籍，与曾祖父李叔洪合葬于雍店的东原。

李商隐上有三位姐姐，下有弟妹五人。大姐可能早就去世，所以李商隐从未提及。另外两位姐姐，一位嫁裴氏，称裴氏姐；一位嫁徐氏，称徐氏姐。裴氏姐美丽聪慧，知书达理，她18岁出嫁，19岁就死

于母家，葬于母家，成为封建社会不合理的婚姻制度的牺牲品。裴氏姐的去世，在李商隐幼小的心灵上打下了深深的烙印，当时李商隐刚好周岁左右，对姐姐尚能记得面容。长大以后，李商隐对姐姐的死因了解得更为清楚，在自己的诗文里对摧残女性的封建婚姻制度进行了深刻的批判，也更加坚定了他追求自主婚姻的决心。徐氏姐温柔贤惠，极尽孝道，在李商隐9岁丧父之后，这位姐姐协助母亲养家糊口，抚育弟妹，苦心操劳。后来出嫁徐家，她仍同丈夫一道在生活上关照母家，经常给予经济资助和衣物食粮。对于这点，李商隐非常感激，铭心刻骨，难以忘怀。成年以后，他曾在《祭徐氏姐文》里用饱含深情的笔触，进行了深入细致的描述和热情洋溢的褒扬。

李商隐的童年是不幸的。出生不久，他所经历的要么就是目睹亲人去世的辛酸，要么就是父亲罢官离职，奔走他乡的漂泊。公元814年，在裴氏姐去世以后没多久，李商隐将近2岁时，父亲罢去了获嘉县令之职，受聘前往浙江东道、西道两道观察使幕中充任小吏。于是，其父李嗣带着诗人及出生不久的弟弟羲叟全家迁到江南，在现浙江绍兴和江苏镇江度过了六七年浮萍般的漂泊生涯。值得庆幸的是，江南美丽如画的风光山色陶冶了李商隐的心灵，也培养了他缠绵深情的性格，对他日后诗歌委婉绮丽的风格和深邃含蓄的意境的形成产生了极大的影响。

虽然李商隐幼年的生活动荡不安，家庭条件也并不富裕，但是，他的启蒙教育却未受到丝毫影响。父亲李嗣晚年得子，整个家族萧条，他似乎把振兴家业、光宗耀祖的全部希望都寄托在了李商隐身上。因此，刚一懂事，李商隐便在父亲的教导下读书写字，更早更为严格地开始了启蒙教育。后来，他在《上崔华州书》一文中回忆到"五岁诵经书，七岁弄笔砚"，这说明诗人幼年所受的良好的早期教育，对他的智力开发，早慧早熟以致成名成才具有不可估量的影响。

在江南漂泊期间，诗人又有了三弟二妹，兄弟姊妹几人一起读书游戏，自由自在，无忧无虑，日子过得清苦之中又富有情趣。不过，这样的美好时光并没有维持多久，到李商隐9岁时，家庭更大的不幸又降临了。这一年,体弱多病的父亲在幕府繁杂事务的重压下一病不起,竟然去世在异乡。由于失去了唯一的经济支柱,一家人不得不返回旧居荥阳(今河南省郑州市),为父亲料理后事并守丧3年。

在封建社会里,像李商隐这样家室屡空、素无积蓄的寒族衰门,孤儿寡母,无依无靠,丧父之后生活的窘困状况就不言而喻了。正如李商隐在《祭徐氏姐文》中所说:"躬奉板舆,以引丹旐。四海无可归之地,九族无可倚之亲。既纤故丘,便同逋孩。人生穷困,闻见所无。及衣裳外除,旨甘是急。乃占数东甸,佣书贩舂。"意思是说父亲去世以后,全家失去了靠山,作为家庭长子,他只得以小小年纪协助母亲养家糊口。在当时,他们一家人无处可归,无亲可投,回乡葬父,就如同逃荒那样凄凉悲惨。他所经历的这种穷困潦倒的光景,是别人无法体会的。

父亲早死,家境困顿,生活艰难,使李商隐幼年就饱尝了"人生穷困"的滋味。小小年纪,他从父母那儿听到的多是有关家族败落的历史,接着又悲惨地目睹了父亲在四处奔波和劳累过度中早早地过世。在难以为生的情况下,他与母亲弟妹一起返回故乡,更使他产生了"四海无可归之地,九族无可依之亲",归乡葬父,如同逃荒的强烈感受。这极大的不幸都发生在诗人的童年,对诗人性格的形成以及创作风格的最后定型怎么会不产生重大影响呢!

李商隐9~11岁为父守丧期间,跟随一位堂叔学习。根据李商隐为其撰写的两篇"祭文"和"志文状",这位堂叔生于唐德宗贞元三年(787年),死于唐文宗太和三年(829年),享年43岁。其父罢官回家休养,他为尽孝道就放弃了科举入仕的机会,从太学退学回家侍奉父亲,长达20多年。

其实,李商隐的这位堂叔很有学问,各方面的造诣都很深,自身修养也有独到之处。他18岁时就能通五经,对书法也很有研究,各种字体融会贯通,自成一家,但却不轻易下笔写字。据传,有一次他为去世的父亲"追福"抄写了一篇佛经,刻在所居村子南边的石碑上。后来,竟有许多人前来摹写。他的父亲去世后,就在坟边造屋,为父

守坟，并且发誓终身不去做官，留在家乡钻研学问，著述写作，教育子弟。他一生学识渊博，淡泊名利，抱守着独善其身的人生哲学。一次，当他外出途中路过徐州时，刺史王智兴仰慕其才学美德，千方百计留其在自己府中任职，但这位堂叔却"拂衣而归"坚决推辞了。

李商隐和他的弟弟羲叟以及堂弟李宣岳等一起跟随这位堂叔学习经典（儒学传统著作）和文章等，为此后参加科举考试做准备。堂叔不仅是一位学问家，而且还是一位好老师，他悉心教导，严格要求，李商隐则苦心钻研，勤学苦练。

李商隐曾在《上汉南卢尚书状》一文中，回忆起自己早年发愤读书的情形，他写道："某材诚菲薄，志实辛勤；九考匪迁，三冬益苦。引锥刺股，虽谢于昔时；用瓜镇心，不惭于前辈。"他谦虚地说自己资质不够聪明，但能发愤图强，读书废寝忘食，不畏寒苦，在乏困的时候，常常效法古人所为，用锥子刺扎自己的大腿，用瓜片冰镇胸口来提神。

唐穆宗长庆三年（823年），李商隐为父守丧3年期满了。就在这时，一个严峻的难题摆在了全家人面前——那就是往后的日子该怎么过呢？回想过去3年中，为了维持全家7口人的生存，母亲日夜操劳，千辛万苦，想尽了一切办法。她不得不亲自下地耕种，巴望着收获一些粮食蔬菜，勉强糊口。但是，瘠薄的土地、多灾的天气常常使她的满腔希望化为乌有。迫不得已，母亲一边卖掉为数不多的衣物首饰，换取口粮，一边求助于亲友，靠借债度日。好在出嫁徐

李商隐的佛缘

## 第五章
### 流莺飘荡——情诗圣手李商隐

氏的姐姐不时地送钱送物,解决了许多等米下锅的燃眉之急。在这1000多个日日夜夜里,母亲节衣缩食,吃糠咽菜,再加上过度的操劳,使她的身体变得越来越弱。懂事的李商隐看在眼里,急在心上,他盘算着、筹划着,决心要以一个男子汉的气魄,替母亲分忧解难。他想,看来家乡实在住不下去了,听说东都洛阳容易谋生,为什么不去试试呢?就这样,在亲友的帮助下,他们变卖了土地、房产,全家搬到东都洛阳。

洛阳是我国的古都之一,自周成王起到唐代,经过千百年来的建设和发展,已成为一个经济繁荣、文化发达、人才荟萃的大都会。在当时,洛阳是仅次于长安的第二大城市,被封建统治者确定为陪都,号称东都。在这里,还有和唐王朝中央体制相同的一套机构,叫做"分司"。当然,这都是一些虚设机构,有职无权,用来安置一些地位较高的闲散官员。唐朝历代皇帝都经常巡幸洛阳,很多大官僚也在这里建有别墅,李商隐来到洛阳,就是想靠这里的优越条件自食其力,同时也为他将来的发展打下一定的基础。

到洛阳后,母亲做点生意,而李商隐则靠抄写书籍挣些工钱,这就是他自己所说的"佣书贩舂"的由来。

原来,在李商隐所处的时代,雕刻印刷还不发达,活字印刷术更没有发明,因此,许多书籍主要靠手抄写来发行流传。那时,封建经济发展到了极盛时期,读书士人备受重视,文化繁荣异常,公私两家收藏书籍典章蔚然成风。许多达官贵人、富豪人家都以大量收藏书籍为荣,"聚书至万卷"的大户比比皆是,就是一些贫穷的知识分子也往往号称"有书千卷"。在唐高宗显庆年间(701年前后),朝廷废止了秘书监的佳谁校和御书手(指那些国家供养的专门从事校订、抄写皇家图书的人员),把藏书发给工于书法的人抄写,按完成的数量计价付酬,叫做"佣金",一些收藏书籍的大户也常常请这些人抄写书籍,同样付酬。这样,抄书就成为许多贫穷的知识分子的一种谋生手段,从事这项活计的人被叫做"佣书者"。据史书记载,隋唐以来许多大臣名士在发迹前都曾有过类似的经历,以佣书为业,养家糊口。

于是，李商隐也成为"佣书者"之一。这时，他刚刚11岁出头，但是他学得了堂叔的书法真传，已经能写一手漂亮工整的好字。为了尽量减轻母亲的负担，使弟妹们吃饱穿暖，他常常夜以继日，不断抄写，拼命干活。很快，李商隐就以抄写工整、书法秀丽、交货及时在众多的佣书者中小有名气了。随之，许多达官贵人专门找他抄写书卷。他的案前堆满了待抄的书籍，迫不得已，经常彻夜不眠，伏在微弱的油灯下挥毫疾书。当第二天清晨人们睡足觉起床时，他还得拖着疲惫的身子，把誊写好的书卷送到主人的府上。在他的辛勤劳作下，全家7口人的生活终于有了保障，母亲的脸上也绽开了少有的笑颜，她一再地劝李商隐保重身体，心底里为有这么一个懂事能干的儿子由衷地高兴和自豪。

## 清高刚正，屡遭落榜

李商隐"能为古文，不喜偶对"。大约在他16岁时，写出了两篇优秀的文章（《才论》、《圣论》，今不存），获得一些士大夫的赞赏。这些士大夫中，就包括时任天平军节度使的令狐楚。

令狐楚、令狐绹父子在唐代政治和文学方面都是具有很大影响的人物，令狐楚是中唐重要的政治人物，与当时许多重大的政治事件有着密切的联系，而且又是著名的骈文家和诗人，令狐楚的骈文与韩愈的古文、杜甫的诗歌，在当时被公认为三绝。令狐绹则是牛党后期的领袖人物，父子俩与当时文坛名家都交游甚密。

829年（文宗太和三年），令狐楚聘用李商隐做幕僚。令狐楚是李商隐求学生涯中一位重要的人物，他本人是骈体文的专家，对李商隐的才华非常欣赏，不仅教授他骈体文的写作技巧，而且还资助他的家

## 第五章
### 流莺飘荡——情诗圣手李商隐

庭生活，鼓励他与自己的子弟交游。在令狐楚的帮助下，李商隐的骈体文写作进步非常迅速，由此他获得极大的信心，希望可以凭借这种能力展开他的仕途。在这一时期（大和四年，公元830年）的《谢书》中，李商隐表达了对令狐楚的感激之情以及本人的踌躇满志："微意何曾有一毫，空携笔砚奉龙韬。自蒙夜半传书后，不羡王祥有佩刀。"

可以说，认识令狐楚是李商隐一生中最重要的事件之一，他后来的人生道路在很大程度上与此有关。令狐楚帮助李商隐进入士大夫的社会阶层，同时也使他卷入了党争的漩涡。

公元830年，唐文宗大和四年春初，李商隐不足18岁，正当青春年少、意气风发的时候，令狐楚命他以"乡贡"的身份与其子令狐绹一同赴京，参加朝廷的进士考试，这是李商隐第一次踏入科场。

我国古代的科举考试起始于隋代。大家都知道，自魏晋以来，看重门阀，以所谓的九品中正制选官用人，世族豪门和寒门下士的界限划分得非常清楚。到隋炀帝时，朝廷设置了进士之科，以科举选才，使下层知识分子有了一条政治出路，也成为历史上的一大进步之举。唐朝建国以后，科举考试更加盛行，封建统治者通过科举选拔任用了大批出身寒微的有识之士，为社会经济文化的迅速发展起了极大的推动作用。在唐代，科举考试分为两类，其一是明经科，以考"五经"为主；其一是进士科，专考诗赋。按当时的社会风气，重进士轻明经，文人多愿参加进士考试，以考中进士为终身荣耀，许多高官名宦都是进士出身。因此，李商隐也把考中进士作为自己的首要目标。那时，有资格参加科举考试的是这两类人，一部分是国家各类学校的学生，即"生徒"。朝廷在京师长安、东都洛阳以及各府州县都设有学馆，学馆的生徒可以直接参加每年举行的科举考试；另一部分人被称为"乡贡"，就是许多不在学的文人才士可以参加地方的选拔考试，选拔上来的人再由地方长官当做敬奉给朝廷的贡品，连同每年上贡朝廷的地方特产一道进献上去，使他们也有了科举进仕的机会。

然而，不幸的是，盛唐以后，科举考试已越来越失去了其公正性，最突出的一点就是"走后门"现象十分猖獗。在当时，人们把这种现

象称为"行卷"（或"温卷"）。就是应试的士人要在考试之前，把自己诗文中的一些得意之作写成卷轴，然后奉送给达官贵人或名士权要，请求他们向主考官引荐自己，这叫做"行卷"，送一次可能无济于事，往往要反复几次，就叫"温卷"。对考生来说，假若没有得力人物的保荐，即使你"才高八斗"、"学富五车"，也必遭落榜的下场。也就是这个"行卷"之风，成为推动唐诗走向极盛的主要因素之一，这是题外话了。到晚唐时期，王朝更加腐朽没落，科场流弊更是登峰造极。科举考试几乎流于形式，有的主考官往往在开考之前就已串通当权人物，把中举的人选及名次排列都预先内定好了。据史书记载，唐文宗大和初年，崔郾当主考官，开考前，吴武陵向他推荐晚唐著名诗人杜牧，要将杜牧录为第一名进士，崔郾则回答说："第一名已经定好了，不能再定杜牧。"

在这种情形下，初登科场的李商隐会是怎样的结局呢？果然像一般士子所遭遇的那样，令狐绹凭借他父亲令狐楚的显赫名声和权势高中金榜，被朝廷选任为弘文馆校书郎，而李商隐则名落孙山了。

两年以后，也就是公元832年，在令狐楚的再度资助下，李商隐又一次来到长安。有了第一次落榜的教训，李商隐对科场上的所谓的"行卷"已颇为知晓了，他应该怎么办呢？以令狐楚将军的地位，当时已为检校右仆射兼太原尹、北都留守、河东节度使之职，权重一时，声名远扬；论他和令狐楚的关系，完全可以讨要一封保荐信，然后用这封信打通"关节"，像令狐绹一样可轻松折桂。然而，耿直的诗人并不愿采取那种卑劣的手段，他相信自己的才华，自信能遇到赏识自己才能的正直考官而以诗才夺魁。这样，他竟然没有"衣袖文章，谒人求知。"（见《上崔华州书》）李商隐又一次落榜了。

这次应试落榜，给诗人带来了沉重的打击，他曾写了一首题为《赠宇文中丞》的诗，发泄自己内心的不平。此诗写道：

欲构中天正急材，自缘烟水恋平台。

人间只有嵇延祖，最望山公启事来。

宇文中丞是指当朝御史中丞宇文鼎，当他问及李商隐落第的原因时，李商隐写了这首诗以作答复。他说虽然国家急需人才，需要广选贤良，但是求仕者不能不择手段地投机钻营。并直言自己绝不会做稽延祖那样的人，凭借别人的提携而不正当地爬上高位。这首诗不仅说明了诗人落第的主要原因，而且向我们展示了李商隐纯洁正直的心灵世界，也是他思想作风的一贯表现。

公元834年春初，李商隐从华州崔戎幕府出发，第三次进京赶考，又被主考崔郸所黜落。落榜的原因还是由于他没有干谒权贵，没有高官引荐。当时，令狐楚在京担任吏部尚书，有着很大的人事权力，只要李商隐请求他出面美言几句，那得中进士应当是不成问题的。然而，李商隐仍然我行我素，不求援引，再一次表现了他清正刚直的高风亮节。

万不得已，李商隐又回到华州，不久又随崔戎到达兖州幕府。在一次宴会上，李商隐即席赋诗，写下了传世佳作《初食笋呈座中》：

嫩箨香苞初出林，於陵论价重如金。

皇都陆海应无数，忍剪凌云一寸心。

这首诗借题发挥，自抒身世，道出了怀才不遇的感慨。诗人吃着竹笋，想到笋生而成竹，竹长而成林，变为修屋建房的有用之材；从这又联想到人，一个人由少年而壮年，从一个普通的知识分子成长为国家的栋梁之材，不是和竹笋到竹子有着共同的生长规律吗？如今，人们却挖笋而食，不就是断送了棵棵有用之材吗？他在写竹，又在抒写人生，抨击黑暗的社会现实，这腐朽的科场里不知断送了多少人才的前程！再进一步想到自己，他多么盼望竹笋成林，正如同自己能高中进士，成为国家的有用之材，实现自己的凌云之志啊！

面对这一次次的挫折，李商隐并没有屈服，他要做一位强者，要和命运抗争。他的青春之火已经燃烧起来了，是决不会被熄灭的。然而，这无情现实的打击，又怎么能不让他进行深刻的反省呢？

公元836年春初，李商隐侍奉老母由郑州移居到了怀州的济源城。济源位于王屋山与玉阳山的一侧，据《元和郡县志》记载，王屋山在济源以北15华里，周围130里，高30里。玉阳山紧连王屋山，山上

有两峰对峙，叫东玉阳和西玉阳，相传唐睿宗的女儿玉真公主曾在东玉阳修道。在王屋山和玉阳山之间有一条清澈的涧水叫玉溪，李商隐曾来这里居住过，并由此号称"玉蹊生"。

这年的春初，李商隐又参加了一年一度的进士考试，照例又因"关节"不通而落榜下第。一天，李商隐怀着悲愤的心情独自在长安漫游，不知不觉中，他来到了曲江，这是一个美丽诱人的风景区，不仅皇帝和妃嫔们常来巡幸，而且，一年一度庆贺新进士的曲江游宴更使天下士人神往。但是，如今这里一片狼藉，满目荒凉，这都是"甘露事变"的恶果啊！他不禁思绪万千，感慨万分。确实，李商隐是一个有思想、有抱负的读书人。此时，他虽然还是一介书生，自己又有许多困难和不幸。但是，他仍然关心国家的前途，注视着社会的变革，他常常把自己融于历史之中，对那个腐朽黑暗的时代和日益衰落的社会，提出一些独到的思想见解，并把这种思想展示于他的诗篇之中。

说起"甘露事变"，人们不禁想起那残酷的血腥屠杀和疯狂的掠夺破坏，这实际是晚唐宦官专权的极端表现。李唐王朝自宪宗元和末年以来，宦官飞扬跋扈，掌握了朝廷的实权，他们往往凌驾于天子之上，皇帝的废立、大臣的任命，有时直接操纵在他们的手掌之中。后来，宪宗、敬宗两位皇帝都被宦官杀害，文宗也是由宦官拥立才登上帝位的。公元835年，也就是唐文宗大和九年，文宗皇帝深感受制于"家奴"，自己变成了宦官的拐杖，皇权受到严重的威胁，决心谋划诛杀宦官，他把这个重任交给了宰相李训和凤翔节度使郑注。当时，李训等人预先布置兵丁，派人诈称宫中左金吾大厅后石榴树上夜降甘露，想诱使宦官仇士良等人前去观看，然后一举杀死他们。但是，由于谋划不周，行动迟缓，被仇士良识破，他便劫持文宗为人质，调左右神策兵500余人，大肆捕杀朝官和有关士卒，宰相李训、王涯等许多朝官被斩杀灭族。这些禁兵还趁机滥杀无辜，抢夺财物，长安城内的一些豪富人家被洗劫一空，小贩市民被杀1000余人。由此，宦官更加独揽朝廷军政大权。

甘露事变发生时，李商隐已23岁，思想逐渐成熟，政治见解也更加深刻。他经过一番深思熟虑，写下了著名的《有感二首》，表达了自己鲜明的政治态度。

（其一）九服归元化，三灵叶睿图。如何本初辈，自取屈牦诛！有甚当车泣，同劳下殿趋。何成奏云物，直是灭萑苻。证逮符书密，辞连性命俱。竟缘尊汉相，不早辨胡雏。鬼篆分朝部，军烽照上都。敢云堪恸哭，未免怨洪炉。

（其二）丹陛犹敷奏，彤庭忽战争。临危对卢植，始悔用庞萌。御仗收前殿，兵徒剧背城。苍黄五色棒，掩遏一阳生。古有清君侧，今非乏老成。素心虽未易，此举太无名。谁瞑衔冤目，宁吞欲绝声？近闻开寿宴，不废用咸英。

这两首诗题名"有感"很明显以议论为主，而不是纪事的作品。综观全诗，李商隐的感触发自两方面：一是批评李训志大才疏，谋略短浅，以致贻误国家大事，害人害己；二是讽刺唐文宗轻信于人，不能知人善任。在第一首诗中，李商隐首先直言指出当时诛灭宦官的条件已经具备，然而，肩负重任的李训却如同汉末袁绍（字本初），虽有剪除宦官的本意，却心存投机，缺乏周密的谋划布置，最终反为宦官所害。李训的计划固然宏大，然而采取的手段极不高明，以致招来杀身之祸，这也是咎由自取的悲剧。"竟缘尊汉相，不早辨胡雏"二句顺势引出对唐文宗的批评，说文宗迂腐无能，只以言貌取人，把国家大事托付给李训、郑注这样的无谋之辈、投机小人，只能落得个自食其果的可悲下场。结尾四句抒写这次事变波及面广，斗争剧烈，死者甚众，使人不禁痛哭流涕，感慨万分，甘露事变的责任到底应该由谁承担？是天灾还是人祸？"未免怨洪炉"一句点明主旨，指出造成如此祸乱的罪责在人而不在天！在第二首诗中，李商隐进一步分析了甘露事变的具体过程，以图总结其中的经验教训。起四句写甘露事变起事非常仓促，准备不足，而等到危难之时，唐文宗才后悔用人不当。作者用汉末尚书卢植比令狐楚，用东汉初庞萌代指李训，他认为文宗如果起用像令狐楚这样正直稳健的持重大臣，则事情的结局可能不会这样。"御仗收前殿"四句说事变中用罗立言、李孝本等人率领的金

吾吏卒抗击仇士良指挥的神策军，犹如以卵击石，怎能不落败？"古有清君侧"四句说谋诛宦官的条件本已成熟，当时朝中也有众多的老练大臣可担当重任，但是，文宗皇帝轻信他人，把国家贻误了。在结尾四句，诗人还为众多的无辜受难者鸣不平之愤，同时又对朝廷的善后工作提出了殷切的期望，他盼望文宗皇帝能任用郑覃、李石、令狐楚这样的"咸英"，打击宦官的嚣张气焰，重振朝纲。

甘露事变后，宦官权倾天下，许多文人儒士担心身遭不测而不敢直接抒写此事，而李商隐却敢于冒天下之大不韪，直言批评皇帝的用人不当，抨击宦官的为非作歹，痛斥李训等人轻举妄动误国误民，在当时条件下更显得难能可贵，几成绝响。

《有感二首》等诗，是李商隐思想成熟的标志，不仅显示了他关心国家大事，积极干预政治的创作态度，而且反映了诗人崇高的责任感和强烈的政治热情，以及不畏强暴敢于直言的可贵品质。这些诗篇也成为李商隐诗歌创作的里程碑，标志着他艺术风格的初步确立和创作的成熟。

柳枝的名字，出现在李商隐写于开成元年（836年）的一组诗（《柳枝五首》）中。他还为这组诗写了一个长长的序言，讲述了柳枝的故事：她是一个洛阳富商的女儿，活泼可爱，开朗大方，在一个偶然的机会听到李商隐的诗（《燕台诗》），心生爱慕，于是主动与他约会。但李商隐失约了。他后来得知，柳枝被一个有权势的人收为妾。两人再也没有见过面，如果不是李商隐杜撰，这一段没有结果的感情很可能就是他的初恋。

李商隐在青年时期曾经在玉阳山修习道术，因此，有人猜想他在这期间与女道士发生过恋情。在《月夜重寄宋华阳姊妹》、《赠华阳宋真人兼寄清都刘先生》等诗中，李商隐提到了"宋华阳"的名字，于是，宋华阳就被认为是李商隐的恋人。还有一种夸张的说法是：李商隐曾经和宋华阳姐妹二人同时恋爱。苏雪林在《玉溪诗谜》中对于这个故事进行了最大限度的想象发挥。

公元837年，唐文宗开成二年，李商隐25岁，这年春初，他又一次来长安应试。

就在此时,李商隐写了一封给华州防御使崔龟从的书信,收在他的《樊南文集》里,题为《上崔华州书》。许多研究李商隐的前辈及学者们都认为这封信是他为求得崔氏引荐而写的,但是,这种观点尚存有许多令人不解之处,需要再做辩证分析。

在《上崔华州书》中他写道:

"中丞阁下:愚生二十五年矣……凡为进士者五年。始为故贾相国所憎;明年病,不试;又明年,复为今崔宣州所不取。居五年间,未曾衣袖文章,谒人求知,必待其恐不得识其面,恐不得读其书,然后乃出。"

文中,中丞阁下指崔龟从,他于开成元年(836年)十月由中书舍人调任华州防御使;故贾相国指贾餗,已被仇士良所杀;今崔宣州指崔郸,开成二年(837年)正月十一日以户部侍郎出为宣歙观察使。这封信写于开成二年正月十一日至二十四日(进士放榜前)的10多天里。李商隐生于公元813年,至此刚好虚岁25,与"愚生二十五年矣"所讲非常相合。人们认为此信是李商隐干谒崔龟从,希望他为自己考中进士起点作用。然而,其中有三点令人不解:其一,李商隐写信的时间在进士放榜前的十二三天里,崔龟从又远在华州,在如此仓促的时间里,他写此信求荐能来得及吗?他为什么不早点行事呢?其二,试将令狐楚与崔龟从稍作比较,如论交情,李商隐与崔氏好像看不出有多么深厚的关系,提及得很少,而令狐楚则是他的恩师,以前的幕府主人,又有多年的交往;再论地位名望,崔龟从远不及令狐楚,这不用多言。那么,为什么李商隐以前没有请求令狐楚推荐,现在也不求托于他,反而去干谒一位比起令狐楚来交情不深、资历不高的崔龟从呢?其三,在文章中,不仅李商隐自己点明他屡遭落第之苦,"居五年间,未曾衣袖文章,谒人求知",而且信的内容表述他的反传统的思想,摆出一副离经叛道的样子,并对多次下第所受的不公平待遇给予了讽刺和怨恨,这与干谒求荐的目的不是大相径庭了吗?李商隐是一个正直狷介的书生,他恃才自负,清高刚正,不愿也不屑于干那些见不得人的勾当，他只能发愤苦读，寄望于能碰到一位公正廉洁、慧眼识才的考官，以实现自己孜孜以求的梦想。

"幸运"终于降临了。这年，主持考试的考官由礼部侍郎高锴连任，他与令狐楚之子令狐绹关系较好。当时，令狐绹在朝中任左补阙之职。一天，两人在朝中碰面，高锴向令狐绹问道："您与谁最相好呢？"令狐绹答道："李商隐。"连着说了三次，再无他言。这样，高锴已经心领神会，把李商隐的名字写进了当年的进士榜上。开成三年，李商隐终于登上了进士金榜，皇族宗亲李肱高就状元郎。

金榜题名，李商隐终于实现了自己多年的愿望，心情是十分愉快的。然而，当他静下心来，细细思量这事的前前后后时，心里又不禁涌起老大的不快和委屈。他想，平心而论，以自己的才华，考中进士是不成问题的。可是，从初次应试到现在，一晃多年，当年的许多朋友都已平步青云，而自己才初登进士，还是靠了别人的提携，方能跨过这个门槛，这是多么令人尴尬的事情啊！

## 牛李党争，幕府生活

从829年（文宗太和三年）令狐楚聘用李商隐做幕僚，到837年（文宗开成二年）令狐楚去世，他们一直保持着非常亲密的关系。李商隐以谦卑诚恳的态度赢得了令狐楚的信任，有一件事可以表现这种信任的程度：令狐楚在病危之际召唤李商隐来到身边，要求他代为撰写遗表——这并非普通的遗书，而是要上呈给皇帝的政治遗言。令狐楚本人就是这种文体的高手，而他宁愿让李商隐帮助完成自己一生的总结。

李商隐考中进士的当年（开成二年，837年）年末，令狐楚病逝。参与料理令狐楚的丧事后不久，李商隐应泾原节度使王茂元的聘请，去泾州（今甘肃泾县北部）做了王的幕僚。王茂元对李商隐的才华非常欣赏，甚至将女儿嫁给了他。从李商隐后来的经历中可以看出，这桩婚姻将他拖入了牛李党争的政治漩涡中。

　　李商隐的尴尬处境在于：王茂元与李德裕交好，被视为"李党"；而令狐楚父子属于"牛党"。因此，他的行为很轻易地就被解读为对刚刚去世的老师和恩主的背叛。李商隐很快就为此付出了代价。在唐代，取得进士资格一般并不会立即授予官职，还需要再通过由吏部举办的考试。开成三年（838年）春天，李商隐参加授官考试，结果在复审中被除名。这件事对李商隐最直接的影响是使得他获得朝廷正式官职的时间推迟了一年。不过，他并没有后悔娶了王茂元的女儿王晏媄。他们婚后的感情很好，在李商隐的眼中，王氏是一位秀丽温和体贴的妻子。

　　公元840年，唐文宗开成五年，李商隐辞去弘农尉返赴长安求调新的官职。就在这年，唐文宗李昂在宦官的折磨下死去，从而结束了他历时14年的傀儡统治。照例，新皇帝的即位在一场血腥的屠杀中拉开了帷幕。最终，文宗皇帝的弟弟李炎在大宦官仇士良的支持下，杀掉了太子李成美、安王李溶等人，在血泊中登上皇帝的宝座，称为唐武宗。

　　这年的冬天，李商隐为了更好地奉养老母，方便求官，合家团圆，在李执方等人的大力资助下，从济源接来了老母及弟妹，又西行泾州迎来了爱妻王氏，把他的新家安在了长安郊外的樊川之南，诗人也因此而号称"樊南生"。

　　辞官求调新职久无消息，会昌元年（841年），李商隐再次受聘到其岳父王茂元的帐下，担当起书记官的职务。王茂元是这年冬由朝官出任忠武军节度使兼陈许观察使，治所在许州（河南省许昌）。充任他人幕僚并不符合李商隐的意愿，他时刻不忘实现自己的抱负，干出一番惊天动地的事业来。因此，在许州没住多久，李商隐便辞别岳父到长安再次参加吏部考试，谋求称心的官职。

　　会昌二年（842年），李商隐以书判拔萃，被授予秘书省正字之职。

他终于开心地笑了，庆幸自己又回到了中央机构任职。然而，无情的命运好像总是在捉弄李商隐。他这次重入秘书省为九品正字，也正如3年前一样，成为政治生活上的一段小插曲。希望只是昙花一现，随之而来的是幻灭的悲哀。会昌二年冬天，李商隐重入秘书省不到一年，他的母亲去世。他必须遵循惯例，离职回家守孝3年。这意味着年届而立的李商隐不得不放弃跻身权力阶层的最好机会。这次变故对李商隐政治生涯的打击是致命的。他闲居在家的3年（会昌二年末至会昌五年末），是李德裕执政最辉煌的时期。错过了这个时期，随着不久之后武宗的去世，李德裕政治集团骤然失势，李商隐已经难以找到政治上的知音。会昌三年（843年），李商隐的岳父王茂元在代表政府讨伐藩镇叛乱时病故。王茂元生前没有利用自己的影响力帮助李商隐升迁，但他的去世无疑使李商隐的处境更加困难。

在会昌二年冬至会昌五年（845年）冬的3年守孝期间，李商隐集中精力处理了许多家庭琐事。他移葬、改葬了一些先辈亲戚，将徐氏姐、裴氏姐和侄女都迁葬故里，完成了封建社会人人称道的几大孝事，也了却了诗人早年的心愿。这期间，他还把全家由长安移居永乐（今山西芮城）。在完成这些家务事以后，李商隐闲居永乐过了一段清闲愉快的田园生活。

到会昌五年深秋，李商隐由永乐动身西进长安，再度入京复职。当诗人恢复旧官重新到秘书省任职时，朝廷却又发生了天翻地覆的变化。会昌六年（846年）三月，唐武宗李炎去世，他的叔父李忱在宦官的拥立下即位，成为宣宗皇帝。唐宣宗登上大位后，全部推翻了武宗朝奉行的政策，贬斥了李党首领、宰相李德裕以下大小朝官，重用牛党官员，令狐绹、白敏中等也被重新任用，这种新的政治形势，又给李商隐的政治前途投下阴影。

这时，李商隐的儿子衮师出生了。虽然他和王氏结婚已有7个年头，但多年无子。儿子的出世，如同一股春风带来了丝丝暖意，使忧郁愁闷的诗人感到无限的欢乐和慰藉。紧接着第二年，也就是大中元年（847年），李商隐的胞弟羲叟荣登进士金榜，诗人内心十分激动，

第五章
流莺飘荡——情诗圣手李商隐

曾一连写了多首诗歌和文章，表达他对考官的谢意及自己的兴奋之情。

但是，衮师的出生，羲叟的登第，只是带给他短暂的欣慰，并没有给他带来改变境况的好运。李商隐重入秘书省以来，朝廷人事变化甚大，李党失势，牛党上台，诗人感到政治空气沉闷逼人，个人生活困顿不堪，提拔重用的希望也变得越来越渺茫起来。在这种困难的境况下，诗人又面临着一次政治上的抉择。

抉择是艰难的。公元847年，唐宣宗大中元年，李商隐思忖再三，还是决定辞去秘书省正字之职，跟随新任桂州刺史兼桂管防御、观察使的郑亚到桂州（今广西省桂林市）充任幕僚。历史有惊人相似的一幕，早在30多年前，李商隐的父亲李嗣曾背井离乡到浙江一带做他人的幕僚，并客死外乡。如今，李商隐也被迫放弃了京官美差而远离长安去充当他人的幕官，开始了他漂泊天涯的幕府生活。

这年5月初，郑亚和李商隐一行启程南行。长安到桂州

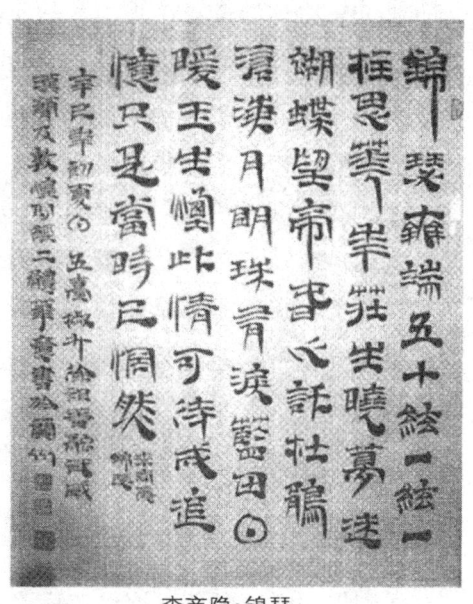

李商隐·锦瑟

远隔千里，在当时的客观条件下，临行告别更胜于一次生离死别。爱妻王氏哭得泪人一般，还不能离开怀抱的幼子更离不了父亲，弟弟羲叟也觉得失去了依靠。李商隐悲伤不已，全家人洒泪相别。

终于启程了，郑亚、李商隐一行3月上旬动身，由陆路先向东南而行，经过邓州（河南邓县）、襄州（今湖北襄樊市）到荆州（今湖北江陵），然后乘船进入湘江，再经潭州（今湖南长沙），于5月上旬到达任所桂州。诗人初来乍到，桂州山水给他怎样的印象呢？《桂林》一诗写道：

"城窄山将在，江宽地共深。东南通绝域，西北有高楼。神护青枫岸，龙移白石湫。殊乡竟何祷？箫鼓未曾休。"

秀丽的山水和特殊的地理位置给诗人新奇的感受，特别是当地百姓祷神巫风很盛，箫鼓响彻一片，昼夜不断，为这秀丽的风景更增添了几分神秘的色彩，令人神往。

李商隐在桂州的职务是观察支使、掌书记，主要职责是处理日常公文往来的事务。公务虽然非常繁忙，但以他的才能是游刃有余的。在此期间，李商隐起草了近170篇文稿，还为李德裕写了《太尉卫公会昌一品集序》特别引人注目。在这篇序中，李商隐以饱满的激情和真诚的赞叹语调，对李德裕当政期间的丰功伟绩进行了公正的评价。在桂州幕府，郑亚十分器重诗人的才华，给他以充分的信任。当年的10月，他奉郑亚之命前往江陵拜会荆南节度使郑肃，一则感谢前次途经时的热诚款待，二则代郑亚拜郑肃为族叔，李商隐很好地完成了这项特殊任务。旅途是非常愉快的，大自然的湖光山色，激发了诗人无限的情思，他一遍遍地翻阅自己以前所写的数百篇文稿，回顾写作之时的情景和自己所经历的生活，把这些文稿汇编成了一部长达20卷的文集，称为《樊南甲集》，并写了一篇序言，即为名垂千古的《樊南甲集序》。《樊南甲集》不仅汇集了李商隐文章的传世佳作，而且为我们保留下了许多珍贵的文史资料。

回到桂州时，郑亚又交给李商隐一件更为重要的差事，这就是代行昭州郡守。原来，桂管观察使辖下的昭州刺史在当地百姓的群起反抗下弃官逃跑，州政一时无人管理。按唐制，州县官员如有缺额，主管该州的节度使、观察使可以派人自行代理。李商隐从江陵归来便奉命前往昭州，接管郡里公务。他是那样的认真负责，似乎不是一个暂时的代理官员，而真是一个身负王命的父母官。这是他第一次独自全面掌握一个州的行政事务。以李商隐的为人和他高度负责的精神，他觉得必须认真对待，争取做出一些实绩，力所能及地为当地人民办些好事。

正当他想大显身手的时候，朝廷大员之间党争的祸患，又累及了

## 第五章
### 流莺飘荡——情诗圣手李商隐

李商隐。郑亚连坐李党,受到牛党崔铉、白敏中、令狐绹等人的排斥,被再次贬为循州刺史。李商隐急于干一番事业的政治热情被无情地扑灭了。郑亚前往循州(今广东省惠州市)赴任,李商隐失去依靠,只得打点行李北上,回归长安。这年的5月初,李商隐到达潭州,拜见了新任湖南观察使李回,希望他援引自己,谋到一份差事。然而李回也同样受到牛党排斥,自身难保,还怎么能帮助他呢?无奈,李商隐只得启程继续北返。

无官一身轻。摆脱了琐碎公务的诗人倒显得逍遥自在。沿途饱览自然风光,触景生情,百感交集,写下了许多优秀的抒情诗篇。大约在秋季某个时候,李商隐来到荆州。诗人在荆州停留的时间很长,还曾和另一著名诗人崔珏相遇,一起游览名胜,拜访亲朋好友,留下了不少酬赠诗篇。过了一段时间,李商隐又溯江而上,期望能到四川碰碰运气。他由荆州出发,经宜昌、秭归、巴东而入蜀。他的远房表兄是牛党重要人物,当时任四川节度使。但是,这个人六亲不认,刻薄寡恩,能给他什么好处呢?李商隐不久也就空手而归了。在西行的旅途中,李商隐创作了《夜雨寄北》等多首千古传诵的爱情诗篇,抒发自己对妻子的诚挚思念。

带着对妻子儿女的深切思念,满怀仕途上的强烈失意,李商隐回到了阔别一年有余的长安。时令已至深秋,落英缤纷,愁绪滋长,合家团圆的亲情并不能抚平诗人心灵的创伤。仕途失意,备遭打击,李商隐悲愤之余更加坚定了积极用世的信心,他决心重振旗鼓,再求新的出路。

回到长安后,李商隐又一次参加了这年冬天举行的吏部调选,他很快被选为京兆府辖下的周至尉,这个职位只是九品下阶,与他开成五年放弃的弘农县尉同职,也与他远赴桂州时放弃的秘书省正字同级。从开成三年考中进士,光阴已经过去了10余载,李商隐的仕途依然坎坷如故,到头来还是一个小小的县尉,这是多么令人伤感啊!

幸好,李商隐碰到一位素重人才的主管领导——京兆尹。他欣赏诗人的才干,于大中三年(849年)的春季把他调回了京师,在京兆府

里担任掌管章奏的掾曹。按唐制，京兆府设有功曹、仓曹、户曹、兵曹、法曹、士曹六曹，各有参军事二人，官阶七品下阶。李商隐大概属法曹参军，总算又回到了长安，官阶也稍有提高。

然而，京兆府的掾曹并不合乎李商隐口味。每天刻板地上下班，遵照上司的意旨撰写文稿，工作琐碎繁忙，乏味无聊，使他的精神处于一种压抑状态，提不起精神，只有回家以后，沉浸于甜蜜的天伦之乐当中，他才能感到一丝生活的乐趣。王氏夫人把家庭安排得井井有条，对他更是关怀体贴，充满柔情。两人相知相爱，相敬如宾。一对小儿女天真烂漫，活泼可爱，使他心中涌动着无限的爱怜之情。这一年，李商隐的弟弟羲叟也做了秘书省的校书郎，举家迁到长安与李商隐同住。兄弟两家人合到了一块，儿女成群，热闹非凡。看着孩子们个个如雨后春笋般地长大，李商隐胸中又燃烧起了新的希望。

很快大半年过去了，李商隐看到留在长安任职在政治上已经没有什么发展前途，他又一次决计出京谋职。大中三年秋天，李商隐应武宁军节度使（驻所在今江苏徐州）卢宏正的邀请，入幕担任节度判官之职，并按例除授侍御史衔，官阶为从六品下阶。卢宏正是李商隐的一门远房亲戚，早在唐文宗大和八年他任会昌县令时，李商隐曾前往拜见，两人建立了比较亲密的关系。另外，在政治态度上，他们也有许多一致之处，可谓是志同道合。

李商隐来到徐州幕府，又揭开了他少有的人生得意的一个乐章。他觉得生活有了奔头，前途充满了希望，仿佛解开了绑缚在他身上的绳索，揭下了压在心口的巨石，诗人感到周身的轻松，精神也为之一振。在徐州，李商隐深受府主的器重，与幕府其他同僚也相处得十分融洽。对于自己的政治前途，诗人似乎比较乐观，他想凭借卢宏正的提携而逐步升迁，得到一个能施展宏图大志的职位。

命运似乎总是在捉弄李商隐，他的美好生活总是那么短暂。在徐州舒心开怀的时光也只有一年多点，不幸又再次降临了。大中五年（851年），朝廷任命卢宏正检校兵部尚书、汴州刺史、宣武军节度使，可是他还没来得及去上任就突然病逝于徐州。李商隐又一次失去了依靠，他只好照例卸任，回归长安，另谋生路。

从徐州回来，已是宣宗大中五年（851年）夏初，李商隐很快补官为太学博士，按现代的话说相当于中央大学的一名教授。名义官阶是正六品上阶，但实际的差使只是给国子监的学生讲课，闲散无聊，生活清苦，素怀雄心壮志的诗人怎么能够满意呢？

然而，命运悲惨的他在官场失意、壮志难酬、生活困顿的喘息中，又遭受到了更沉重的打击——他的爱妻王氏不幸病逝了。这个与他相知相爱，在无尽的等待和思念中耗尽了美好青春的弱女子，凄惨地离开了人世，李商隐怎么能不悲痛欲绝呢？如果说与王氏结婚使他陷入党争的夹缝之中，从而使他的生活道路发生了由顺境向逆境的转化，那么，王氏夫人的去世，则是李商隐思想感情以及诗歌风格产生又一次巨大变化的重要原因。此后，他真的有点形同槁木、心同死灰的样子，他对生活失去了乐趣，政治热情大大降低。他那凄婉悲怆的诗歌，又注入了追念亡妻、哀叹事业无成、痛伤时不我待的阴郁低沉的情调，这位感伤的抒情诗人也由此而走上了创作的顶峰，他的生活也进入了最后的凄惨岁月。

不幸的他好像没有居京任职的命。在国子监的板凳还没有坐热，李商隐又接到了柳仲郢的聘书。大中五年秋天，新任梓州刺史、剑南东川节度使柳仲郢聘请他担任幕府掌书记，诗人手持聘书，难下决断。在长安，他决不留恋太学博士的职位，只是丢不下两个没娘的孩子。思前想后，李商隐还是放弃了京职，把两个孩子寄养在长安亲戚家里，独自前往梓州（今四川省三台县）到任。

这年的10月，李商隐到达梓州，改任节度判官，并被授予检校工部郎中（从五品上阶）的官衔。府主柳仲郢是宪宗元和到文宗大和年间节镇大臣柳公绰之子，著名书法家柳公权是他的叔父。他深受门荫早入仕途，为人正派，行政管理才能较为突出。在牛李党争中，他曾受到双方的倚重，先为牛党牛僧儒赏识，后又被李党李德裕重用，在官场中步步高升。柳仲郢在牛李党争中的地位和他的为官经历，李商隐非常清楚，他据此和自己的一生遭遇进行了一番比较，深深领悟到

一个人的门第、家世对他的个人前途会产生巨大的影响，同时又不能不对自己的孤寒家世和与之而来的不幸人生感慨万分。他觉得由于柳仲郢出身高贵，家族名声显赫，无论牛党当权还是李党执政，都要争取他、拉拢他，换得他的支持，哪还会谈到排斥他、打击他呢？而诗人自己就完全不同了，他能否在官场中取得一席立足之地，全凭别人的恩赐、他人的提携，如果是谁拉他一把，那他就欠了谁一笔无尽的人情债，永远还不清、算不完。

所以，李商隐在四川的梓州幕府生活了4年，大部分时间都郁郁寡欢。他曾一度对佛教产生了很大的兴趣，与当地的僧人交往，并捐钱刊印佛经，甚至想过出家为僧。梓幕生活是李商隐宦游生涯中最平淡稳定的时期，他已经再也无心无力去追求仕途的成功了。

李商隐在梓州幕府时，府主同情他鳏居清苦，要把才貌双佳的年轻乐伎张懿仙赐配给他。当时，李商隐正值中年，丧妻逾岁，续弦亦在情理之中，但他因思念亡妻而婉言谢绝，独居至死。

大中九年，柳仲郢被调回京城任职。出于照顾，他给李商隐安排了一个盐铁推官的职位，虽然品阶低，待遇却比较丰厚。李商隐在这个职位上工作了两到三年，罢职后回到故乡闲居。

李商隐悲剧一生就这样匆匆地走完了，他饱受封建统治集团腐朽势力的打击和摧残，人生暮年只落得闲守家园，无所事事。面对这萧条凄凉的寒冬岁末，他不禁想起"匡国"之志始终未能实现，怎么能不仰天长啸，抱恨终身呢？

五代孙光宪《北梦琐言》中记载：在令狐楚去世后多年的某个重阳节，李商隐拜访令狐绹，恰好令狐绹不在家。在此之前，李商隐已曾经多次向身居高位的令狐绹陈诉旧情，希望能得到提携，都遭到对方的冷遇。感慨之余，就题了一首诗在令狐绹家的厅里："曾共山翁把酒时，霜天白菊绕阶墀。十年泉下无消息，九日樽前有所思。不学汉臣栽苜蓿，空教楚客咏江蓠。郎君官贵施行马，东阁无因再得窥。"委婉地讽刺令狐绹忘记旧日的友情。令狐绹回来看到这首诗，既惭愧又惆怅，于是令人将这间厅锁起来，终生不开。后来又有人说，这首诗使令狐绹恼羞成怒，很想铲除题诗的墙壁，但由于这首诗里出现了他父亲的名字（"楚"），按照当时的习俗，他无法毁掉诗作，就只好锁上门不看，也因此更加嫉恨李商隐。

"古来才命两相妨"，诗人的悲剧是命运的悲剧，性格的悲剧，还是时代的悲剧？需要我们去探析他那600多首千古不朽的诗篇，从中寻求解惑的答案。

## 锦瑟无题，缠绵绮丽

李商隐留传下来的诗歌共594首，其中381首已经基本确定了写作的时间，213首无法归入具体的年份。此外，还有10来首怀疑是李商隐的诗作，不过证据欠充分。

从吟咏的题材来看，李商隐的诗歌主要可以分为几类：

政治和咏史。作为一个关心政治的知识分子，李商隐写了大量这方面的诗歌，留存下来的约有100首左右。其中《韩碑》、《行次西郊作一百韵》、《随师东》、《有感二首》等，是其中比较重要的作品。李商隐早期的政治诗指陈时局，语气严厉悲愤，又含有自我期许的意味，很能反映他当时的心境。在关于政治和社会内容的诗歌中，借用历史题材反映对当代社会的意见，是李商隐此类诗歌的一个特色。《富平少侯》、《北齐二首》、《茂陵》等，就是其中的代表。

抒怀和咏物。李商隐一生仕途坎坷，心中的抱负无法得到实现，于是就通过诗歌来排遣心中的郁闷和不平。《安定城楼》、《春日寄怀》、《乐游原》、《杜工部蜀中离席》是流传得较广的几首。值得注意的是，这类内容的作品中许多七言律诗被认为是杜甫诗风的重要继承者。

感情诗，包括大多数无题诗在内的吟咏内心感情的作品是李商隐诗歌中最富有特色的部分，也受到了后世最多的关注。《锦瑟》、《燕台诗》、《碧城三首》、《重过圣女祠》等，保持了与无题诗类似的风格。而《柳枝五首》、《夜雨寄北》、《悼伤后赴东蜀辟至散关遇雪》等，则反映出李商隐感情诗另一种风格的意境。

应酬和交际。在李商隐用于交际的诗作中，写给令狐绹的几首（《酬别令狐补阙》、《寄令狐郎中》、《酬令狐郎中见寄》、《寄令狐学士》、《梦令狐学士》、《令狐舍人说昨夜西掖玩月因戏赠》）特别引人注意，为解释他与令狐绹的关系提供了直接的证据。

李商隐的诗广纳前人所长，承杜甫七律的沉郁顿挫，融齐梁诗的华丽浓艳，学李贺诗的诡异幻想，形成了他深情、缠绵、绮丽、精巧的风格。李诗还善于用典，借助恰当的历史类比，使隐秘难言的意思得以表达。

李商隐的诗歌体现了他的思想，他的思想基本属于儒家，但看重实用，对儒学有一定的批判精神，认为不必规规然以孔子为师，不必以"能让"为贤等。他还有佛道思想，主张以"自然"为祖。

李商隐的诗具有鲜明而独特的艺术风格，文辞清丽、意韵深微，有些诗可作多种解释，好用典，有些诗较晦涩。现存约600首，特别是其中的无题诗堪称一绝，而最为突出的便是他的爱情诗。李商隐擅作七律和五言排律，七绝也有不少杰出的作品。清朝诗人叶燮在《原诗》中评李商隐的七绝"寄托深而措辞婉，实可空百代无其匹也"。

他的格律诗继承了杜甫在技巧上的传统，也有部分作品风格与杜诗相似。李商隐的诗也经常用典，而且比杜甫用得更深更难懂，常常每句都用典故。他在用典上有所独创，喜用各种象征、比兴手法，有时读了整首诗也不清楚目的为何。而典故本身的意义，常常不是李商隐在诗中所要表达的意义。例如《常娥》（嫦娥），有人直观认为是咏嫦娥之作，纪昀认为是悼亡之作，有人认为是描写女道士，甚至认为是诗人自述，众说纷纭。

也正是他好用典故的风格，形成了他作诗的独特风格。据宋代黄鉴的笔记《杨文公谈苑》记载，李商隐每作诗，一定要查阅很多书籍，屋子里到处乱摊，被人比作"獭祭鱼"。明王士禛也以玩笑的口吻说："獭祭曾惊博奥殚，一篇锦瑟解人难。"（《戏仿元遗山论诗绝句》）他有时用典太过，犯了晦涩的毛病，使人无法了解他的诗意。鲁迅曾说："玉溪生清词丽句，何敢比肩，而用典太多，则为我所不满。"（1934年12月致杨霁云的信）

此外，李商隐的诗辞藻华丽，并且善于描写和表现细微的感情。传世佳句：

夕阳无限好，只是近黄昏。（五绝《登乐游原》）
嫦娥应悔偷灵药，碧海青天夜夜心。（七绝《嫦娥》）
相见时难别亦难，东风无力百花残。（七律《无题》）
春蚕到死丝方尽，蜡炬成灰泪始干。（七律《无题》）
君问归期未有期，巴山夜雨涨秋池。
何当共剪西窗烛，却话巴山夜雨时。（七绝《夜雨寄北》）
沧海月明珠有泪，蓝田日暖玉生烟。
此情可待成追忆，只是当时已惘然。（七律《锦瑟》）
昨夜星辰昨夜风，画楼西畔桂堂东。
身无彩凤双飞翼，心有灵犀一点通。（七律《无题》）

晚唐时期，韩偓、吴融和唐彦谦已经开始自觉学习李商隐的诗歌风格。到了宋代，学习李商隐的诗人就更多了。据叶燮说："宋人七绝，大概学杜甫者什六七，学李商隐者什三四。"（《原诗》）北宋初期的杨亿、刘筠、钱惟演等人宗法李商隐，经常互相唱和，追求辞藻华美、对仗工整，并刊行了一部《西昆酬唱集》，被称为西昆体，在当时颇有影响，但是未学到李商隐诗歌精髓，成就非常有限，影响力也随着欧阳修等人走上文坛而消失。此外，王安石对李商隐评价也很高，认为他的一些诗作"虽老杜无以过也"（《蔡宽夫诗话》）。王安石本人的诗歌风格也明显受到李商隐的影响。

明朝的诗人从前、后七子到陈子龙、钱谦益、吴伟业，都受到李商隐的影响。明清二朝喜欢写艳情诗的人更是专学李商隐的无题诗，

例如：明末诗人王彦泓的《疑云集》和《疑雨集》（注：《疑云集》是否为王彦泓作品集，学术界存在较大争议）。

清代孙洙编选的《唐诗三百首》中，收入李商隐的诗作22首，数量仅次于杜甫（38首）、王维（29首）、李白（27首），居第四位。这个唐诗选本在中国家喻户晓，由此也可以看出李商隐在普通民众中的巨大影响。

施蛰存认为，李商隐的诗社会意义虽然不及李白、杜甫、白居易，但是李商隐是对后世最有影响力的诗人，因为爱好李商隐诗的人比爱好李、杜、白诗的人更多。

# 第六章

# 奉旨填词
## ——白衣卿相柳永

柳永（约987年~约1053年），北宋婉约派最具代表性的词人，著有《乐章集》。柳永词多描绘城市风光和歌妓生活，尤长于抒写羁旅行役之情，词作流传极广，相传"凡有井水饮处，皆能歌柳词"。代表作《雨霖铃》、《蝶恋花》、《八声甘州》、《望海潮》。他不仅开拓了词的题材内容，而且制作了大量的慢词，发展了铺叙手法，促进了词的通俗化、口语化，在词史上产生了较大的影响。

## 失意官场，奉旨填词

公元 978 年，宋朝皇帝派人将软禁的南唐皇帝李煜毒死。

雍熙四年（987 年），柳永生于南唐降臣柳宜之家。淳化元年（990年）至淳化三年（992 年），柳宜通判全州，按照宋代官制，不许携带家眷前往。柳宜无奈将妻子与儿子柳永送回福建崇安老家，请其继母也就是柳永的继祖母虞氏代养，直到至道元年（995 年）才又回到汴京。所以，4~9 岁时的柳永是在故里崇安度过的，此后柳永再也没有机会回到崇安。

《建宁府志》中收录的那首写在崇安中峰寺的《中峰寺》诗，就出于童年柳永之手，也可称之为神童了。

柳家世代做官。柳永少年时在家乡勤学苦读，希望能传承家业，官至公卿。学成之后，他就到汴京应试，准备大展鸿图，在政治上一展身手。

不料，一到光怪陆离的京城，骨子里浪漫风流的年轻才子柳永，就被青楼歌馆里的歌妓所吸引，把那政治理想完全抛在了脑后，一天到晚在风月场里潇洒，与青楼歌妓打得火热，而且还把他的风流生活写进词里："近日来，陡把狂心牵系。罗绮丛中，笙歌筵上，有个人人可意。""知几度、密约秦楼尽醉。仍携手，眷恋香衾绣被。"（《长寿乐》）当然，他也没有忘记此行考中进士的目标，只是他"自负风流才调"，自信"艺足才高"，"多才多艺善词赋"（《系梧桐》），没把考试当回事，以为考中进士、做个状元是唾手可得的事。他曾经向可意的心上人夸口说，即使是皇帝临轩亲试，也"定然魁甲登高第"（《长寿乐》）。

1017年，柳永第一次赴京赶考，没有考上。他轻轻一笑，填词道："富贵岂由人，时会高志须酬。"

　　等了5年，柳永第二次参加科考，又没考上。不服输的柳永沉不住气了，由着性子写了首牢骚极盛而不知天高地厚的《鹤冲天》：

　　黄金榜上，偶失龙头望。明代暂遗贤，如何向？未遂风云便，争不恣狂荡？何须论得志。才子词人，自是白衣卿相。烟花巷陌，依约丹青屏障。幸有意中人，堪寻访。且恁偎红翠，风流事，平生畅。青春都一晌。忍把浮名，换了浅斟低唱。

　　年轻气盛的柳永只图一时痛快，压根没有想到就是这首《鹤冲天》铸就了他一生辛酸。

　　3年后，柳永又一次参加考试，好不容易过了几关，只等皇帝朱笔圈点放榜。谁知，当仁宗皇帝在名册簿上看到柳永时，龙颜大怒，恶狠狠抹去了柳永的名字，在旁批道："且去浅斟低唱，何要浮名？"（吴曾《能改斋漫录》卷十六）

　　再次落榜后，柳永自称："奉旨填词。"

　　从此，他无所顾忌地纵游妓馆酒楼之间，致力于民间新声和词的艺术创作。官场上的不幸，反倒成全了才子词人柳永，使他的艺术天赋在词的创作领域得到充分的发挥。

　　当时教坊乐工和歌妓每得新腔新调，都请求柳永为之填词，然后才能传世，得到听众的认同。柳永创作的新声曲子词，有很多是跟教坊乐工、歌妓合作的结果。柳永为教坊乐工和歌妓填词，供她们在酒肆歌楼里演唱，常常会得到她们的经济资助，柳永也因此可以流连于乐坊，不至于有太多的衣食之虞。南宋罗烨《醉翁谈录》丙集卷二就说："耆卿居京华，暇日遍游妓馆。所至，妓者多以金物资给之。"

　　柳永终日流连于歌馆妓楼，瓦肆勾栏，他的文学才华和艺术天赋与这里喧闹的生活气息、优美的丝竹管弦、多情婀娜的女子产生了共鸣。仕途上的失意并没有妨碍他艺术上的创造，可以说，正是这种失意造就了独特的词人柳永，造就了独特的"俚俗词派"。

　　但是，在他的这段人生中，他并没有真正放下心中的功名之欲。

## 第六章
### 奉旨填词——白衣卿相柳永

他还是想要功名的，他还是希望走上一条通达于仕途的道路。于是他或是去漫游，或是辗转于改官的途中。漫长的道路、漫长的希望与寂寞中，柳永写下了大量的羁旅行役之词。

现实生活中，柳永的父亲、叔叔、哥哥、儿子、侄子三接、三复都是进士，所以，柳永本人尽管仕途坎坷，表面上看，柳永对功名利禄不无鄙视，很有点叛逆精神，其实，这只是失望之后的牢骚话，他骨子里还是忘不了功名。他在《如鱼水》中一方面说"浮名利，拟拚休。是非莫挂心头。"另一方面却又自我安慰说"富贵岂由人，时会高志须酬"。因此，他每次在科场失利后不久，就重整旗鼓，再战科场。

景祐元年（1034年），柳永被赐进士出身，是时已是年近半百。

据说，这还是他将名字改了，才考中进士的。

柳永只做了几任小官，做过睦州掾官、定海晓峰场盐官和屯田员外郎等小官，故世号"柳屯田"。也有资料说，在这之前，他也曾做过一任余杭县宰，为官清廉。柳永写于这时期的《煮海歌》，对当时以煮盐为生

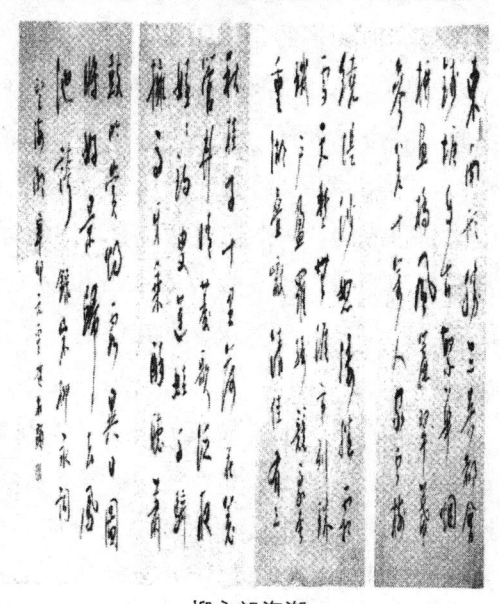

柳永望海潮

的民众给予了深切的同情。短短两年仕途，他就载入了《海内名宦录》中。

后来，柳永出言不逊，得罪朝官，仁宗罢了他屯田员外郎，圣谕道："任作白衣卿相，风前月下填词。"从此，柳永专出入名妓花楼，衣食都由名妓们供给，都求他赐一词以抬高身价。他也乐得漫游名妓之间以填词为业，自称奉旨填词柳三变。

对柳永而言，很难说他的经历是幸运的还是不幸的。然而，对于

中国文学尤其是宋词来说，这段"奉旨填词"的遭遇却绝对是大幸。

## 红颜知己，词坛偶像

柳永长期流连坊间，与歌妓交往频繁。他虽然有时也不免狎戏玩弄歌妓，但更多的是以平等的身份和相知的态度对待她们，认为她们"心性温柔，品流详雅，不称在风尘"（《少年游》）；欣赏她们"丰肌清骨，容态尽天真"（《少年游》）的天然风韵；赞美她们"自小能歌舞"、"唱出新声群艳伏"（《木兰花》）的高超技艺；关心同情她们的不幸和痛苦；"一生赢得是凄凉，追前事、暗心伤。"（《少年游》）也常常替她们表白独立自尊的人格和脱离娼籍的愿望："万里丹霄，何妨携手同归去。永弃却、烟花伴侣。免教人见妾，朝云暮雨。"（《迷仙引》）

柳永的词，很受歌妓的喜欢。宋叶梦得《避暑录话》记载："柳永为举子时，多游狭邪，善为歌辞。教坊乐工每得新腔，必求永为辞，始行于世，于是声传一时。余仕丹徒，尝见一西夏归朝官云：'凡有井水处，即能歌柳词'。"

歌妓们对柳永的爱甚至到了"不愿君王召，愿得柳七叫；不愿千黄金，愿得柳七心；不愿神仙见，愿识柳七面"的地步。在她们的眼里，柳永就如现在的歌星、影星，让她们非常崇拜，能见上他一面，自己的名字能被他叫一声，都是一种幸福和感动。如果能赢得柳永的心，使柳永为自己填词一首，那自己马上就能走红，成为名妓。

北宋仁宗时，有位名妓谢玉英，色佳才秀，最爱唱柳永的词。

柳永才高气傲，恼了仁宗，不得重用，中科举而只得个余杭县宰。途经江州，照例流连妓家，结识谢玉英，见其书房有一册柳七新词，

## 第六章
### 奉旨填词——白衣卿相柳永

都是她用蝇头小楷抄录的。因而与她一谈而知心，才情相配。临别时，柳永写新词表示永不变心，谢玉英则发誓从此闭门谢客以待柳郎。

柳永在余杭任上3年，又结识了许多江浙名妓，但未忘谢玉英。任满回京，到江州与她相会。不想谢玉英又接新客，陪人喝酒去了。柳永十分惆怅，在花墙上赋词一首，述3年前恩爱光景，又表今日失约之不快。最后道："见说兰台宋玉，多才多艺善赋，试问朝朝暮暮，行云何处去？"

谢玉英回来见到柳永词，叹他果然是多情才子，自愧未守前盟，就卖掉家私赶往东京寻柳永。几经周折，谢玉英在东京名妓陈师师家找到了柳永。久别重逢，种种情怀难以诉说，两人再修前好。谢玉英就在陈师师东院住下，与柳永如夫妻一般生活。

元关汉卿作《谢天香》（《钱大尹智宠谢天香》），写北宋词人柳永与青楼女子谢天香相爱，后柳永赴京赶考，府尹钱可为帮助谢天香脱离妓院，假装娶她为妾，最终使得柳、谢二人成婚。全剧共四折一楔子。剧情是："柳永与青楼女子谢天香相爱。柳永欲赴京赶考，恰好故友钱可任开封府尹，柳永郑重托他照顾谢天香。钱大尹本来不满柳永过于贪恋天香，后见天香确有才华，也很喜爱她。为使谢天香不再沦落于妓院，钱大尹用心良苦，假装娶她为妾，使她脱离乐籍。3年后，柳永中状元回来，误会钱大尹抢走心上人，心中怨恨。钱大尹一一说明情由，并将谢天香归还柳永。"

柳永晚年穷愁潦倒，死时一贫如洗。谢玉英、陈师师一班名妓念他的才学和痴情，凑钱为他安葬。这就是所谓的"群妓合金葬柳七"。柳永出殡时，东京满城名妓都来了，半城缟素，一片哀声。谢玉英为他披麻戴重孝，两月后因痛思柳永而去世。柳永死后，也没有亲族祭奠他，所以，每年清明节，歌妓都相约来他的坟地祭扫，并相沿成习，称"吊柳七"、"吊柳会"、"上风流冢"。没有"吊柳会""上风流冢"的人，不敢到乐游原上踏青。直到宋高宗南渡之后，这种风俗才中断。

后人有诗题柳永墓云：

乐游原上妓如云，尽上风流柳七坟。

可笑纷纷缙绅辈，怜才不及众红裙。

## 才子词人，白衣卿相

柳永一生在仕途上抑郁不得志，独以词著称于世。

柳永是北宋第一位专业词人，他精通音律，尤其熟悉歌妓们演唱的民间乐曲，加之他长年往来于秦楼楚馆，流连于教坊歌台，受到了乐工、歌妓的影响，才得以创造出以白描见长，铺叙点染，状抒情致的柳体词。

柳词内容有三类：

描写城市的繁荣景象和市民的生活风尚。《望海潮》最为有名。这是一首最早出现的，由文人创作的长调慢词，它形象地描绘出钱塘江的秀美景色和繁华富庶。据说完颜亮读罢柳永的《望海潮》一词，称赞杭州之美："东南形胜，三吴都会，钱塘自古繁华……有三秋桂子，十里荷花"，"遂起投鞭渡江、立马吴山之志"，隔年以60万大军南下攻宋（罗大经《鹤林玉露》卷一）。

描写男女情爱。这类词中有表现下层人民不幸以及作者对他们的深切同情的，如《定风波》；有写妓女悲苦和她们对轻薄男子怨恨的，如《少年游》；有写妓女渴望自由、渴望真正爱情生活的，如《迷仙引》。

江湖落拓的感慨是他词作的另一重要内容。《雨霖铃》、《八声甘州》、《夜半乐》是这部分词的代表作。"叹年来踪迹，何事苦淹留"（《八声甘州》）、"今宵酒醒何处？杨柳岸晓风残月"（《雨霖铃》),道出了居无定处,四海漂泊的乡思愁怀;"念去去千里烟波,暮霭沉沉楚天阔"(《雨霖铃》)、"败荷零落,衰杨掩映"(《夜半乐》)和"是处红衰翠减,冉冉物华休"(《八声甘州》)中主人公颓唐的心情将秋日景象涂抹上浓重的阴影。词人的离愁别绪与冷落清秋的景物相互交融,达到了高度的艺术境界。

柳永词在宋词史上的开创性意义,主要可以从三个方面来说:

1、慢词的发展与词调的丰富

整个唐五代时期,词的体式以小令为主,慢词总共不过10多首。到了宋初,词人擅长和习用的仍是小令。与柳永同时而略晚的张先、晏殊和欧阳修,仅分别尝试写了17首、3首和13首慢词,慢词占其词作总数的比例很小,而柳永一人就创作了慢词87首、调125首。柳永大力创作慢词,从根本上改变了唐五代以来词坛上小令一统天下的格局,使慢词与小令两种体式平分秋色,齐头并进。

小令的体制短小,一首多则五六十字,少则二三十字,容量有限。而慢词的篇幅较大,一调少则八九十字,多则一二百字。柳永最长的慢词《戚氏》长达212字。慢词篇幅体制的扩大,相应地扩充了词的内容含量,也提高了词的表现能力。

在两宋词坛上,柳永是创用词调最多的词人。他现存213首词,用了133种词调。而在宋代所用880多个词调中,有100多调是柳永首创或首次使用。词至柳永,体制始备。令、引、近、慢、单调、双调、三叠、四叠等长调短令,日益丰富。形式体制的完备,为宋词的发展和后继者在内容上的开拓提供了前提条件。

2、市民情调的表现与俚俗语言的运用

柳永不仅从音乐体制上改变和发展了词的声腔体式,而且从创作方向上改变了词的审美内涵和审美趣味,即变"雅"为"俗",着意运用通俗化的语言表现世俗化的市民生活情调。北宋陈师道说柳词"骫骳从俗,天下咏之"(《后山诗话》),王灼也认为柳词"浅近卑俗,自成一体,不知书者尤好之"(《碧鸡漫志》卷二),都揭示出柳词面向市民大众的特点。

唐五代敦煌民间词，原本是歌唱普通民众的心声，表现他们的喜怒哀乐的。到了文人手中，词的内容日益脱离世俗大众的生活，而集中表现文人士大夫的审美情趣。柳永由于仕途失意，一度沦落为都市中的浪子，经常混迹于歌楼妓馆，对生活在社会底层的歌妓和市民大众的生活、心态相当了解，他又经常应歌妓的邀请作词，供歌妓在茶坊酒馆、勾栏瓦肆里为大众市民演唱。因此，他一改文人词的创作路数，而迎合、满足大众市民的审美需求，用他们容易理解的语言、易于接受的表现方式，着力表现他们所熟悉的人物、所关注的情事。

首先是表现了世俗女性大胆而泼辣的爱情意识。在其他文人词的同类题材作品中，爱情缺失的深闺女性一般只是自怨自艾，逆来顺受，内心的愿望含而不露。而柳永词中的世俗女子，则是大胆而主动地追求爱情，无所顾忌地坦述心中对平等自由的爱情的渴望。试比较：

槛菊愁烟兰泣露。罗幕轻寒，燕子双飞去。明月不谙离恨苦。斜光到晓穿朱户。

昨夜西风凋碧树。独上高楼，望尽天涯路。欲寄彩笺兼尺素。山长水阔知何处。（晏殊《鹊踏枝》）

自春来、惨绿愁红，芳心是事可可。日上花梢，莺穿柳带，犹压香衾卧。暖酥消、腻云亸。无那。恨薄情一去，音书无个。

早知恁么。悔当初，不把雕鞍锁。向鸡窗、只与蛮笺象管，拘束教吟课。镇相随，莫抛躲。针线闲拈伴伊坐。和我。免使年少，光阴虚过。（柳永《定风波》）

这两首词都是写女主人公因爱人外出未归而忧愁苦闷。然而晏词含蓄，柳词坦率。柳永此词因直接表现世俗女子的生活愿望，与传统的礼教不相容，而受到宰相晏殊的责难。

柳永《锦堂春》（坠髻慵梳）所写的市民女子，更是对负约不归的郎君既埋怨，又数落，并且设想等他回来时该如何软硬兼施地惩治他，以使他今后不敢再造次。这种泼辣爽直的性格，直抒其情的写法，正符合市民大众的审美趣味。

其次是表现了被遗弃的或失恋的平民女子的痛苦心声。在词史上，

# 第六章
## 奉旨填词——白衣卿相柳永

柳永也许是第一次将笔端伸向平民妇女的内心世界，为她们诉说心中的苦闷忧怨。且看其《满江红》：

万恨千愁，将年少、衷肠牵系。残梦断、酒醒孤馆，夜长无味。可惜许枕前多少意，到如今两总无始终。独自个，赢得不成眠，成憔悴。

添伤感，将何计。空只恁，厌厌地。无人处思量，几度垂泪。不会得都来些子事，甚恁底死难抛弃。待到头，终久问伊看，如何是。

词以女主人公自叙的口吻，诉说失恋的痛苦和难以割舍的思念。另一首《慢卷䌷》（闲窗烛暗）写女主人公与情人分离后的追悔和对欢乐往事的追忆，也同样传神生动。这类表现普通女性心声的词作，配合着哀婉动人的新声曲调演唱，自然容易引起大众情感的共鸣，故"流俗人尤喜道之"（徐度《却扫编》）。

另外，柳词还多方面展现了北宋繁华富裕的都市生活和丰富多彩的市井风情。柳永长期生活在都市里，对都市生活有着丰富的体验，"列华灯、千门万户。遍九陌、罗绮香风微度。十里然绛树。鳌山耸、喧天箫鼓"（《迎新春》）（《瑞鹧鸪》）的苏州，也使他赞叹不已。他用彩笔一一描绘过当时汴京、洛阳、益州、扬州、会稽、金陵、杭州等城市的繁荣景象和市民的游乐情景。这方面的代表作，首推《望海潮》，词从自然形胜和经济繁华两个角度真实地交错描绘出杭州的美景和民众的乐事。这都市风情画，前所未有地展现出当时社会的太平气象，而为文人士大夫所激赏。

柳永不仅创造和发展了词调、词法，并在词的审美趣味方面朝着通俗化的方向变化，在题材取向上朝着自我化的方向发展。晚唐五代词，除韦庄、李煜后期词作以外，大多是表现离愁别恨、男欢女爱等类型化情感，柳永词则注意表现自我独特的人生体验和心态。他早年进士考试落榜后写的《鹤冲天》，就预示了这一创作方向：此词尽情地抒发了他名落孙山后的愤懑不平，也展现了他的叛逆反抗精神和狂放不羁的个性。

柳永在几度进士考试失利后，为了生计，不得不到处宦游干谒，

以期能谋取一官半职。南宋陈振孙所说柳永"尤工于羁旅行役"（《直斋书录解题》卷二一），正是基于他一生宦游沉浮、浪迹江湖的切身感受。由于"未名未禄"，必须去"奔名竞利"，于是"游宦成羁旅"，"谙尽宦游滋味"（《安公子》）。而长期在外宦游，又"因此伤行役。思念多媚多娇，咫尺千山隔。都为深情密爱，不忍轻离拆"（《六幺令》）。但"利名牵役"，又不得不与佳人离别："走舟车向此，人人奔名竞利。念荡子、终日驱驱，争觉乡关转迢递。"（《定风波》）《乐章集》中60多首羁旅行役词，比较全面地展现出柳永一生中的追求、挫折、矛盾、苦闷、辛酸、失意等复杂心态。稍后的苏轼即是沿着这种抒情自我化的方向而进一步开拓深化。

### 3、词的表现方法的改变

柳永在词的语言表达方式上，也进行了大胆的创新。他不像晚唐五代以来的文人词那样只是从书面的语汇中提炼高雅绮丽的语言，而是充分运用现实生活中的日常口语和俚语。诸如副词"恁"、"怎"、"争"等，代词"我"、"你"、"伊"、"自家"、"伊家"、"阿谁"等，动词"看承"、"都来"、"抵死"、"消得"等，柳永词都反复使用。以富有表现力的口语入词，不仅生动活泼，而且像是直接与人对话、诉说，使读者和听众既感到亲切有味，又易于理解接受。当时"凡有井水饮处，皆能歌柳词"（叶梦得《避暑录话》卷下），与柳词语言的通俗化不无关系。严有翼《艺苑雌黄》即说柳词"所以传名者，直以言多近俗，俗子易悦故也"（胡仔《苕溪渔隐丛话》后集引）。

词的体式和内容的变化，要求表现方法也要作相应的变革。柳永为适应慢词长调体式的需要和市民大众欣赏趣味的需求，创造性地运用了铺叙和白描的手法。

小令由于篇幅短小，只适宜于用传统的比兴手法，通过象征性的意象群来烘托、传达抒情主人公的情思意绪。而慢词则可以尽情地铺叙衍展，故柳永将"敷陈其事而直言之"的赋法移植于词，或直接层层刻画抒情主人公丰富复杂的内心世界（如上举《定风波》、《满江红》词）；或铺陈描绘情事发生、发展的场面和过程，以展现不同时空场景中人物情感心态的变化。试比较两篇名作：

  候馆梅残，溪桥柳细。草薰风暖摇征辔。离愁渐远渐无穷，迢迢不断如春水。

  寸寸柔肠，盈盈粉泪。楼高莫近危栏倚。平芜尽处是春山，行人更在春山外。（欧阳修《踏沙行》）

  寒蝉凄切。对长亭晚，骤雨初歇。都门帐饮无绪，留恋处，兰舟催发。执手相看泪眼，竟无语凝噎。念去去，千里烟波，暮霭沉沉楚天阔。

  多情自古伤离别。更那堪，冷落清秋节。今宵酒醒何处？杨柳岸，晓风残月。此去经年，应是良辰、好景虚设，便纵有，千种风情，更与何人说。（柳永《雨霖铃》）

  两首词都是写别情。欧阳修词用的是意象烘托传情法；而柳永词则是用铺叙衍情法，整个送别的场景、过程，别前、别时、别后的环境氛围以及人物的动作、情态、心绪，都有细致的描绘和具体的刻画。欧词是借景言情，情由景生；柳词则是即事言情，情由事生，抒情中含有叙事和隐约的情节性。这也是柳永大部分词作的共同特点。

  同时，他善于巧妙利用时空的转换来叙事、布景、言情，而自创出独特的结构方式。词的一般结构方式，是由过去和现在或加上将来的二重或三重时空构成的单线结构；柳永则扩展为从现在回想过去而念及现在，又设想将来再回到现在，即体现为回环往复式的多重时间结构，如《驻马听》（凤枕鸾帷）、《浪淘沙漫》（梦觉）和《慢卷䌷》（闲窗烛暗）等。后来周邦彦和吴文英都借鉴了这种结构方式而加以发展变化。在空间结构方式上，柳永也将一般的人我双方互写的双重结构发展为从自我思念对方又设想对方思念自我的多重空间结构，如"想佳人、妆楼颙望，误几回、天际识归舟"（《八声甘州》）；"算得伊家，也应随分，烦恼心儿里"（《慢卷䌷》）。

  与铺叙相配合，柳永还大量使用白描手法，写景状物，不用假借替代；言情叙事，不需烘托渲染，而直抒胸臆。如《忆帝京》不加任何藻饰，却生动地刻画出主人公曲折的心理过程。

作为第一位对宋词进行全面革新的大词人,柳永对后来词人影响甚大。南北宋之交的王灼即说"今少年""十有八九不学柳耆卿,则学曹元宠(组)";又说沈唐、李甲、孔夷、孔榘、晁端礼、万俟咏等六人"皆有佳句","源流从柳氏来"(《碧鸡漫志》卷二)。即使是苏轼、黄庭坚、秦观、周邦彦等著名词人,也无不受惠于柳永。柳词在词调的创用、章法的铺叙、景物的描写、意象的组合和题材的开拓上都给苏轼以启示,故苏轼作词,一方面力求在"柳七郎风味"之外自成一家;另一方面,又充分吸取了柳词的表现方法和革新精神,从而开创出词的一代新风。黄庭坚和秦观的俗词与柳词更是一脉相承。秦观的雅词长调,其铺叙点染之法,也是从柳词变化而来,只是因吸取了小令的含蓄蕴藉而情韵更隽永深厚。周邦彦慢词的章法结构,同样是从柳词脱胎,近人夏敬观早已指出:"耆卿多平铺直叙,清真特变其法,回环往复,一唱三叹,故慢词始盛于耆卿,大成于清真。"北宋中后期,苏轼和周邦彦各开一派,而追根溯源,都是从柳词分化而出,犹如一水中分,分流并进。

# 第七章

## 一生坎坷
## ——落魄文人唐伯虎

唐寅（1470年~1523年），字伯虎，号桃花庵主，吴县（今江苏苏州）人。他玩世不恭而又才气横溢，在诗文上，与祝允明、文征明、徐祯卿并称"江南四才子"，在绘画上，与沈周、文征明、仇英并称"吴门四家"。

# 第七章
## 一生坎坷——落魄文人唐伯虎

## 才华卓绝，身世凄凉

明宪宗成化六年（1470年），唐伯虎出生在苏州城一个商人家庭。他名寅，字伯虎。中年以后，他给自己取了很多别号，有六如居士、桃花庵主、鲁国唐生、逃禅仙吏、江南第一风流才子等。

唐伯虎的祖籍，据给他编定全集的唐仲冕说，是在晋昌，即现在的山西晋城一带。远祖唐辉是东晋时代前凉的陵江将军，世代在那儿为官。唐太宗起兵晋阳时，唐辉的九世孙唐俭随军出征，为唐王朝的建立立下了汗马功劳，被封为莒国公，死后，还被列进了凌烟阁。北宋，他的祖先唐介担任侍御史的官职，有一次犯颜直谏，被贬谪到淮南，于是唐氏家族移居到了南方。明英宗正统十四年（1449年），明王朝政治腐败，内忧外患日益严重，农民起义和少数民族起义此起彼伏，北方的瓦剌首领也先乘机入侵，明英宗好大喜功，下诏亲征，但却遭到了一连串的失利，8月，大营在宣化附近的土木堡被围，全军覆没，明英宗被俘，唐伯虎的祖先兵部车驾主事唐泰也在这一役中战死。唐泰死后，唐氏家族分成了几支，其中一支居住在白下李间，也就是现在的江苏南京到浙江嘉兴一带。唐伯虎就是这一支的后裔。

从唐伯虎的曾祖父起，他家世代在苏州皋桥经商。他的父亲叫唐广德，母亲邱氏，是开酒食店的商人。明王朝建立以后，为了巩固统治，曾采取过一些恢复生产发展经济，缓和阶级矛盾的措施，社会经济出现了暂时的复苏。苏州地处太湖东北面，土地肥沃，物产丰富，交通便利，人烟稠密，手工业和商业都很繁荣，特别是阊门内外，是个闹市区，真可以说是五步一店，十步一楼，商肆林立。每到春秋两季，逢到丽日佳节，穿着各色衣服的市民、操着不同口音的商贾在不

太宽的街巷里行走着，车来人往，熙熙攘攘，商店里伙计的吆喝声、吃食店里吃客的谈笑声一阵阵地从敞开的窗门里传出来，使人应接不暇。

唐伯虎曾写过一首《阊门即事》诗，诗中写道：
　　世间乐土是吴中，中有阊门更擅雄。
　　翠袖三千楼上下，黄金百万水西东。
　　五更市卖何曾绝，四远方言总不同。
　　若使画师描作画，画师应道画难工。

这首诗虽然极尽夸张之能事，但也说明了阊门一带繁华的事实。唐家的酒食店占着这样一个热闹的市口，生意自然是很好的，加上唐广德夫妇的精心经营，唐家虽然算不上很富裕，但日子过得还不错。

唐伯虎的家庭人丁并不兴旺，几代以来都是一脉单传，到了唐广德才有了一点兴旺景象。唐伯虎有一个弟弟和一个妹妹。弟弟名申，字子重，比唐伯虎小6岁，也是个很有才华的人。妹妹的名字不见记载，排行可能居于唐伯虎和弟弟之间，聪慧过人，很受父母宠爱，可惜出嫁不久就病逝了。

唐伯虎年轻的时候，曾经是一个热衷于功名富贵的人物。

当时，中国的资本主义虽然已出现了萌芽，商人阶层已经成了社会的一个组成部分，但其政治地位是十分卑微的，"万般皆下品，唯有读书高"的思想深入到每一个人的心中。

唐伯虎的父亲唐广德虽然是一个商人，但年轻时也读过一些书，平时又很喜欢和读书人交往，受这种思想的影响特别深。他在唐伯虎身上寄托了巨大的希望，决心让儿子好好读书，从此改换门庭。

在唐伯虎到了读书年龄以后，他便不惜重金聘请了一个塾师教唐伯虎读书，并谆谆教导唐伯虎以学业为重。在父亲的教导下，唐伯虎读书很勤奋，平时连门都不出，也不和别人交往，长到13岁，连附近的街巷都不熟悉。他天赋很好，记忆力和理解力都很强，因此在短短的几年里，就在老师的指导下读完了"四书五经"，还读了《史记》、《昭明文选》等等大量的文史书籍。16岁那年，他参加了秀才考试，

# 第七章
## 一生坎坷——落魄文人唐伯虎

三场下来,高中第一名案首,当上了苏州府学生员。"童髫中科第一",这在科举时代是了不起的事件,唐伯虎成了全城读书人议论赞叹的中心人物。

明朝以八股文取士的科举制度是一种摧残人才的罪恶制度,它把"四书五经"规定为"国子监"、"天下府学生员"的必修课本,写作八股文时不准发挥自己的思想,只能以"四书五经"为宗,代古人立言,形式上则要求格式一律,甚至连字数都有限制,这就大大束缚了读书人的思想。那时候,在读书人中间,对八股文也有截然不同的看法。一部分人把八股文看作进入仕途的敲门砖,专在"四书五经"上下功夫,死读书,读死书。这些人虽然跻身仕途,甚至身居高位,但却并没有真正的学问。另一部分人则文必秦汉,诗必盛唐,像被唐伯虎尊重的前辈文林、王鏊、吴宽等就是。

唐伯虎有着远大的抱负,觉得要成就大事业,要为国家和人民认真办一些好事,光靠啃"四书五经"做八股文是远远不够的。因此,他读书的范围很宽,文学、史学,甚至对天文、历算、音乐等都很留意。尤其对文学,他的兴趣很强烈,对韩愈、柳宗元等大家的散文和白居易、刘禹锡等人的诗词十分喜爱。在读书的同时,他还向周臣、沈石田等人学画。

唐伯虎从幼年起就对文学艺术有浓厚的兴趣。在专心举业的同时,他也酷爱绘画,一看到好的图画就悉心临摹,几年下来,画的画已有一定水平了。那时,有一个人常到唐家酒食店里喝酒。这个人姓周名臣字舜卿,号东村,是个有名的老画师。在明代,画坛分为两派,一派取法南宋,以李唐、刘松年、马远、夏圭为师;另一派取法元人,以黄公望、王蒙、倪瓒、吴镇等人为师。周臣是取法南宋的,无论山水、人物都有很高的艺术成就,比起当时同是取法南宋的浙派诸名家来有过之无不及。他发现了唐伯虎的习作,觉得很有培养前途,便收唐伯虎做了学生。之后,唐伯虎画画进步很快。后来,他又通过文林的介绍认识了名画家沈石田。沈石田,名周,字启南,石田是他的号。他一生不应科举,专门从事绘画和诗文创作。他画宗元人,擅山水,

兼工花卉鸟兽，风格浑厚豪放。在沈石田的指导下，唐伯虎的画又在南宋风格中融进了元人笔法。据姚际恒《好古堂书画记》上说，唐伯虎20岁左右画的一幅山水，"写松壑憩亭阴诗意，细润圆秀，全法李古，而无画苑习气，精谨之至"。他山水、人物、仕女、花卉无所不能，几乎赶上老师周臣，成了一个能诗善画的名士。

唐伯虎的一生，并不像民间传说和一些俗不可耐的艳情小说里所说的那样，有过十美团圆等等风流际遇，就现有资料看，他似乎先后有过3个妻子。

第一个妻子是他19岁时娶的，姓徐，这位徐氏夫人为唐伯虎生过一个孩子，不幸早夭，徐氏夫人本人也在唐伯虎25岁那年去世。唐伯虎写过一首悼亡诗，就是悼念徐氏夫人的。诗中说："抚景念曩昔，肝裂魂飞扬。"可见他对徐氏夫人的感情是十分深挚的。

第二个妻子可能娶于他中解元以后，她出身宦门，贪图荣华富贵，新婚时，因为看到唐伯虎才华超群前程无量，所以和唐伯虎感情很融洽。可后来，唐伯虎受到了会试案的牵连，失去了飞黄腾达的机会，她就时时口出怨言，终于感情破裂，被唐伯虎休掉了。

之后，唐伯虎又娶了一个妻子，姓沈。沈氏是一位十分贤惠、知书达理的夫人，对唐伯虎很体贴，无论在事业上还是生活上都给了唐伯虎很大的帮助。

唐伯虎曾写过一首感怀诗：

　　　　不炼金丹不坐禅，饥来吃饭倦来眠。
　　　　生涯画笔兼诗笔，踪迹花边与柳边。
　　　　镜里形骸春共老，灯前夫妻月同圆。
　　　　万场快乐千场醉，世上闲人地上仙。

从这首诗看来，唐伯虎和沈氏夫人是十分恩爱的。他后期在艺术上取得重大成就，应该说和沈氏夫人的辛勤操持家务是分不开的。沈氏夫人还为唐伯虎生了一个女儿，使他晚年得以享受到一些天伦之乐。这个女儿后来嫁给了著名书法家王宠的儿子王龙冈。

唐伯虎身后极为萧条。因为他没有儿子，所以，他的弟弟子重把自己的儿子过继给了他。子重生过3个儿子。大儿子叫长民，长得很秀气，天赋也很好，对长辈很孝顺，读书很勤奋，还跟唐伯虎学画，可惜12岁那年夭折了。唐伯虎为长民侄儿做过一篇墓志铭，悲痛地说："昊天不聪，剪我唐宗，兄弟二人，维命之穷。"子重的另两个儿子出生在长民夭折之后，大的叫兆民，小的叫阜民。兆民就是过继给唐伯虎的儿子。据《唐氏渡淮谱》记载，唐伯虎一门在兆民之后又传了五代，都没有多少兴旺景象。

唐伯虎就是这么一个才华卓绝、身世凄凉的大画家。

## 会试冤狱，千里壮游

明孝宗弘治十年（1497年），朝廷派监察御史方志到江南来视学。明朝的科举制度规定，在举行乡试的前一年，所有秀才都必须经过视学考试。这种考试称作科考。科考录取者才能参加乡试。

方志，浙江鄞县人。他是个典型的封建卫道者，主张先德行后文艺，也就是说，只要恪遵封建礼教，即使学问才能差一些也不要紧；相反，如果是一个有独立思想的人，学问即使再好也属排斥之列。而且他还有一种严重的偏见，对古文辞视若仇敌，把诗词看作杂学，十分厌恶。他早就听说唐伯虎是个能诗善画的名士，有了不良的成见，到苏州之后，有些嫉妒唐伯虎的读书人又向他讲了不少中伤的话，说唐伯虎行为放荡，不习举业，方志听后，对唐伯虎的印象更为恶劣，因此，科考下来，不管唐伯虎的卷子答得如何都不予录取。

消息透露出来，唐伯虎十分沮丧。他想，明年就是乡试，自己夜以继日勤奋学习，为的是能在明年的乡试中取得功名，然后进京会试，进入仕途，给方志这样一搞，一切计划不是全被打破了吗！

唐伯虎的好朋友祝枝山、文征明、张灵等人也为他感到不平。他们对唐伯虎的文章学问是清楚的，虽然这几年唐伯虎自恃天分甚高，对八股文向来不甚经心，但凭他的学问根基深厚，科考成绩决不至于差到落选的程度，完全是方志故意的。

朋友们中间，数祝枝山最有灵变。他想出了一个主意，就去找文征明，说："看来只能请你去走走门路了。现任苏州知府曹凤和你父亲是熟悉的，论地位论名望都不在方志之下，也许他能挽回现在的局面。"文征明觉得祝枝山的话有道理，便备了世侄帖子去拜见曹凤。曹凤是个十分爱才的人，虽然刚任苏州知府不久，对唐伯虎还不十分了解，但却看过唐伯虎写给文林的一封书信，很是欣赏。

原来，文征明的父亲文林是从小看着唐伯虎长大的人，对唐伯虎的志向和才华十分赏识，离职在家的时候，经常在学问上指点唐伯虎，还通过参加宴会、游览名胜等等机会在士大夫中间为唐伯虎延誉，这时他虽然远在温州任上，但仍然十分关心唐伯虎，知道这一年要科考，特意把唐伯虎写给他的一封信转给曹凤看，托曹凤照看唐伯虎。唐伯虎的这封信写得才华横溢，感情真挚，而且字里行间透露出远大的抱负。曹凤看后情不自禁地称赞唐伯虎说，这可真是"龙门燃尾之鱼，不久即当化去"，早存了照顾唐伯虎的心，现在文征明来求托，他便一口答应。

第二天，曹凤就去拜望方志，寒暄以后就把话题引到了唐伯虎落选的事情上。起先，方志还是坚持自己的观点，说朝廷以八股文取士的制度不能通融，不管唐伯虎的古文辞写得多么好也不行。曹凤就据理力争说："朝廷虽然定了以八股文取士的制度，但从来也没有排斥过有真才实学的人，像前朝的宋景濂、当代的吴鲍庵他们不都是以古文辞出身的吗！当今朝廷思贤若渴，年兄此行就是为朝廷选拔人才，我看破例一下吧！再说，以小弟看来，唐生的试卷也不至于差到落选的程度，要是年兄定不予录取，别人也许会说年兄有私，这……"

这最后一句话击中了方志的要害，他窘得无言以对。明朝科举制度还规定，科考之后还有一场考试，叫录遗，也就是一次补考，由知

# 第七章
## 一生坎坷——落魄文人唐伯虎

府担任试官。当时,苏州还没有设立巡抚辕门,知府就是当地最高行政长官。曹凤是以监察御史的身份外任苏州府的,权力和地位都很高。方志细细一想,觉得和曹凤弄得很僵对自己不利,而且也没有什么作用,因为等他一离开,曹凤仍然可以通过录遗考试录取唐伯虎。乐得顺水推舟卖个人情,便答应了曹凤的要求,将唐伯虎取在榜末。

科考风波之后,唐伯虎接受了教训。他还写了一首白发诗:

清朝揽明镜,玄首有华丝,
怆然百感兴,雨泣忽成悲。
忧思固逾度,荣卫岂及衰,
天寿不疑天,功名须壮时。
凉风中夜发,皓月经天驰。
君子重言行,努力以自私。

从此以后,他又像少年时代那样把过去读过的"四书五经"翻出来闭门苦读,悉心钻研。

那时候,唐伯虎的家境已相当困苦了。父亲已在他25岁那年去世,接着,母亲、妻子徐氏和他年幼的儿子以及出嫁不久的妹妹相继离开了人间。亲人的接踵而亡不但使他精神上受到了沉重的打击,而且办丧事又花去了不少家财。弟弟子重还年轻,唐伯虎担起了支撑门户的重担。由于他不善经营,经济情况每况愈下,达到了"芜秽日积,门户衰废,柴车素带,遂及滥缕"的地步。但他承受着贫困,常常读书到深夜。

有一晚,他读到了半夜觉得十分疲倦,就上床睡了,但躺下好一会儿仍然睡不着。油灯由于灯草渐短,光亮越来越弱,街巷里传来一声又一声巡夜人敲击的梆子声,单调而又低沉,使人听了感到孤独而凄凉,他想到自己的白头发随着岁月的消逝正在增多,可事业功名却还没有着落,不由得心焦如焚,便再也睡不下去了。他起了床,挑亮油灯,添二根灯草,忍受着疲劳的折磨,又苦苦攻读起文章来了。事后他还把这晚上的事情和心情写成了一首诗:

夜来欹枕细思量,独卧残灯漏转长。

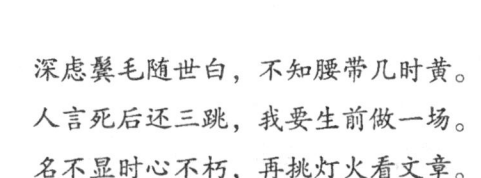

深虑鬓毛随世白，不知腰带几时黄。
　　人言死后还三跳，我要生前做一场。
　　名不显时心不朽，再挑灯火看文章。

　　经过了一年的苦读，唐伯虎的学业大进。29岁那年，他坐船到了南京，参加乡试。三场下来，高中第一名解元。主持这场考试的主考是梁储。他是个很有眼光的人，看了唐伯虎的答卷，深深为文章立论的气势和辞藻的优雅所激动，脱口称赞为奇文，并且说："真想不到江南有这样的奇士，解元就在他身上了！"

　　乡试榜贴出以后，及第的举子都要去拜见考官，行师生礼。那一天，梁储十分亲切地接见了唐伯虎，给予了很多鼓励，并且说："论你的文章学问，金榜题名并不费事，希望好自为之。我很快就要回京了，这一次到江南来能收到你这样一个学生，感到十分喜悦，回去以后，我要替你好好誉扬一番。"梁储说的全是真心话，他请人将唐伯虎的答卷抄了一份，回京以后逢人便夸，把唐伯虎称为当今天下奇才。

　　唐伯虎本人也很志满意得，他在《领解后谢主司》诗中说：
　　壮心未肯逐樵渔，泰运咸思备扫除。
　　剑责百金方折阅，玉遭三黜忽沽诸。
　　红绫敢望明年饼，黄绢深惭此日书。
　　三策举场非古赋，上天何以得吹嘘。

　　他把自己比作了黄金白玉，对明年的进京会试充满了必胜的信心。可是，谁也没有料到，第二年等待着他的是一次重大的打击。

　　这年的冬天，唐伯虎踏上了进京的旅途。和他同行的朋友，是江阴举人徐经。徐经是明代著名学者徐霞客的高祖。春节前，他们到达北京，在客店里住了下来。

　　唐伯虎原来的设想是，一到北京，拜望一下同乡前辈和梁储以后就静心攻读，但事情的发展却远不是这样。原来，这时候唐伯虎的文名在北京的达官贵人中已有了很大的影响，特别是经过梁储的一番誉扬之后，在人们的眼里，他已不是一个普通的举子，都极愿意和他举行文酒之会。而徐经则另有想法。他认为能否进入仕途，文章学问固

# 第七章
## 一生坎坷——落魄文人唐伯虎

然很重要,但更重要的是得到权势者们的赏识,因此极力劝说唐伯虎趁这机会多结交一些这样的人。于是,在最初的一月内,唐伯虎几乎是不间断地奔走于豪门显宦间。这些人中,除了同乡前辈吴宽、王鏊和梁储外,还有吏部尚书倪岳、礼部右侍郎程敏政和著名文学家李东阳等人。

在封建时代,举子参加会试到了京城以后,拜访前辈本来是极其正常的事,但唐伯虎受到如此众多的朝廷显贵的看重,不能不引起巨大的反响。首先是应试举子们对他侧目而视,接着朝廷官僚中也起了种种猜疑和议论。名高遭人忌,这本是生活中极其浅显的常识,偏偏唐伯虎和徐经又不知检点。徐经是江阴有名的大财主,进京会试还带了6名家僮。他们出门拜客赴宴时,骑着高头大马,6名家僮紧紧相随,手里捧着江南的土产礼仪,十分惹人注目。事情又极其凑巧,这一科,朝廷点中的主考官就是程敏政和李东阳。于是,在很多人的心目中,唐伯虎已经成了今科会元了。

自明朝中叶起,政治日益腐败,社会矛盾激化,统治阶级内部的党争也很激烈,对立的双方都在窥测时机以便攻讦。程敏政论职位不过是礼部右侍郎,并不

唐伯虎《四美图》

太高,但因为还兼管着内阁詹事府,负责替皇帝起草诰敕,权力很大,便成了对方打击的重要目标。他们密切地注视着这场会试,寻找着发动攻击的机会。

终于,机会来了。这一科的试题是由程敏政和李东阳密拟的,他们都是饱学之士,试题出得十分冷僻,特别是第二场的策问,都是从一些不常见的书中摘取的,结果,很多举子都答不上来。有一

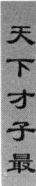

天，程敏政在阅卷，他一连看了好多张卷子，没有发现一张比较优秀的，一个劲地摇头叹气。阅到最后，忽然发现两张卷子，不但答得十分贴切，而且文辞优雅。他一高兴便随口说道："这两张卷子我看一定是唐伯虎和徐经的。"这句随口而出的话传到了对方耳朵里，于是冤狱酿成了。

第二天早朝时，有一个名叫华昶的给事中向孝宗皇帝上了一本奏章，弹劾程敏政受贿，把试题透给了唐伯虎和徐经，并且说程敏政早就内定唐伯虎和徐经为本科会、亚元了。接着，华昶一党的人纷纷启奏。有的说，徐经是程敏政的门生，曾多次登门，送了很多礼物给程敏政；程敏政钦点主考以后，徐经还去过，这里有鬼。有的说，自去年乡试以后，梁储一直在为唐伯虎誉扬，曾多次向程敏政推荐，前几天，梁储奉使南方，唐伯虎等人为梁储饯行，席间彼此唱和，刻印了一本诗集，唐伯虎曾专程登门请程敏政作序，这种拉拉扯扯的关系极不正常。还有的说，程敏政受贿鬻题的事在应试举子中反响很大，他们大为失望，对朝廷多有怨言，若不严厉追查，将失天下读书人之心。一时间，程敏政一派的人猝不及防，不知如何辩护才好。孝宗皇帝见这么多人弹劾程敏政，信以为真，十分震怒。立即下旨：不准程敏政阅卷，凡是程敏政阅过的卷子由李东阳复阅；将唐伯虎和徐经押入大理寺狱，派专人审理。

开始，唐伯虎和徐经谁也不承认行贿作弊的事，而李东阳复阅的结果，那两张被程敏政赞赏的卷子根本不是唐伯虎和徐经的。照理，案子到此已经不能成立了，但负责审问唐伯虎和徐经的是对方的人，岂肯善罢甘休，见唐伯虎和徐经不肯招供，便用了重刑。徐经经受不往只得胡乱招供，是他用了一块金子买通了程敏政的亲随，窃取了试题，又把试题透给了唐伯虎。唐伯虎见徐经已经招供，无话可说。于是，一场冤狱就这么草草定案了：程敏政用人不当，漏题失职，罢官，不久就怨愤地死去了；徐经革去功名，废为庶人；唐伯虎罚往浙江为吏；而华昶也因言事不实，降一级调用为太仆主簿。

唐伯虎在31岁的时候，曾做过一次千里壮游，足迹遍及江苏、安

## 第七章
### 一生坎坷——落魄文人唐伯虎

徽、江西、湖北、湖南、福建、浙江7省，历时10个月，饱览了祖国南方的名山大川。这次千里壮游对他的艺术创作有着重大的影响，而促成的因素却是那场会试冤狱。

那年的春末夏初，唐伯虎出狱回到了苏州。在封建社会里，人与人的关系完全建立在权势和名利的得失上。那些原来就嫉妒唐伯虎才能与声名的人自然变本加厉地攻击他，而过去不少口口声声赞扬他，向他求诗乞画的座上客也把他视若路人，并且在背后嘲笑他。更有甚者，他的续弦夫人也不体谅他，经常为了一点小事，和他大吵大闹。在女主人的影响和默许下，那个随嫁过来的丫环和跟随唐伯虎多年的仆人也竟然顶撞他，给他白眼看。最可气的是，有一天，他从酒楼上喝了一顿闷酒回家，刚走近家门，那只平时十分驯顺的看门狗好像不认识他似的，突然从门洞里蹿出来，对他一阵狂吠。这种"僮仆据案，夫妻反目，旧有狞狗，当门而噬"的境遇使得他十分痛苦。他在写给好朋友文征明的信中叹息着说："昆山焚如，玉石皆毁，下流难处，众恶所归，海内遂以寅为不齿之士，握拳张胆，若赴仇敌，知与不知，毕指而唾，辱亦甚矣！"

唐伯虎是个十分高傲的人，怎能忍受这样不堪的凌辱呢！在这些日子里，他常常一个人喝闷酒，借酒浇愁。甚至有时还涉足青楼携妓狂饮，或为她们作诗、绘画，来排解心中的愁闷。但是，抽刀断水水更流，举杯浇愁愁更愁，几十年的往事时时涌现到眼前，使他的心一阵阵揪痛。

有一次，他多喝了几杯酒，独自走到伍子胥庙，吊古伤今，在壁上题了一首诗：

　　白马曾骑踏海潮，由来吴地说前朝。
　　眼前多少不平事，愿与将军借宝刀。

他希望有把宝刀铲除人世间一切不合理的现象，但这只不过是酒后的一阵冲动而已，当他清醒以后，却益发感到了自己的无能，觉得除了整天喝酒，把自己灌得醉醺醺之外，毫无办法。于是他更加沮丧了。

文征明等好朋友看到他这般消沉颓丧的样子,很为他担心,经常来看望他。祝枝山在兴宁任上,听说了这种情况,也一再写信来安慰他。一天,文征明把唐伯虎请到了家里,做了一次长谈。他不禁低声吟诵:

> 长河坚冰至,北风吹衣凉,
> 户庭不可出,送子上河梁。
> 握手三数语,礼不及壶觞。
> 前辕有征夫,同行意异乡。
> 人生岂有定,日月亦代明。
> 毛裘忽中卷,先风欲飞翔。
> 南北各转首,登途勿徊徨。

为了准备今后的著作,他决定像司马迁那样抛开一切,开始千里壮游之行。但是,弟弟子重年纪还小,不能独当门户,为此,他走时留下一封信,托好朋友文征明照顾他的家庭。信中说:"黄鹄举矣,骅骝奋矣,吾卿岂忧恋栈豆吓腐鼠邪!但吾弟弱,不任门户,傍无伯叔,衣食空绝,必为流莩,幸捐狗马食,使不绝唐氏之祀,则区区之怀,安矣乐矣!"这封信写得感情真挚,感人至深,数百年来,无数读者为之流下了同情的热泪。

1500年春,唐伯虎告别了亲人和好友,踏上了旅途。他买舟北上,沿着大运河到达镇江,游金焦二山。他原计划溯江而上重游金陵,这时改变了主意,便过江到扬州,游西湖,观平山堂,然后直驶上游,过芜湖、九江,登临庐山。从庐山下来,他继续溯江而上,到黄州观看了赤壁雄姿,为创作赤壁图积累了形象。接着他南行至岳阳,登岳阳楼看洞庭湖。然后溯湘江南行一直到了衡阳,登上了衡岳。据现有资料看来,唐伯虎南行的终点就是衡岳,也许是看到了回雁塔的缘故吧!之后他就折向东行。

约在当年的夏末,唐伯虎进入福建境内,漫游了武夷诸名山,还到了九鲤湖。九鲤湖在屏南县境内,湖面虽然并不浩荡,但景色却极其秀丽,一条溪流从百丈悬崖上倾泻而下,发出万马奔腾般的声响,气势十分壮观。民间传说，九鲤湖畔有座九鲤祠，祀奉的是九鲤仙，十分灵验。历代文人到了那里以后，都要夜宿九鲤祠向九鲤仙祈梦。到九鲤祠祈梦也是唐伯虎千里壮游的一个目的，他在离开家乡告别亲友时就曾谈起过，因此前辈朋友王鏊在给他送行时曾赠给他一首诗。诗中说：

>人生出处天难问，闻有灵山试扣之。
>三月裹粮真不易，一生如梦复何疑。
>天台雁荡归时路，秋月春风别后思。
>我亦有疑烦致问，苍生帖息定何时。

王鏊在宦途上极为顺利，他托唐伯虎代为致问不过是说说而已，但唐伯虎的祈梦却是一片至诚的。他是那个时代的人，当遭到命运的沉重打击以后产生希望神灵指迷的思想行为是并不奇怪的。事后，他对朋友们说，他夜宿九鲤祠真的梦见了九鲤仙，九鲤仙没有对他说什么话，只是赠给了他一万条墨锭，因此他在以后建造的桃花庵别业中专门建造了一间梦墨亭。而且，据说自此以后，他写的诗文比以前更加清新明丽，画的画也更加出神入化了。

在福建游历了一段时间以后，唐伯虎北返进入浙江，游历了南北雁荡，观赏了大小龙湫，登临了天台山，瞻仰了国清古刹，渡海到了普陀山，观看了壮丽的东海日出。然后，又从杭州沿富春江上溯，凭吊了严子陵钓鱼台。唐伯虎重入安徽境，遍游了皖南黄、白、九华诸山，那儿的奇松怪石云海瀑布为他提供了丰富的艺术创作素材。

在休宁县境内的齐云岩，他攀扶着险峻的石壁，登上了岩石。秋风扑面，一阵凉意；长空一声雁唳，但见一行大雁向南飞去。他想起自己离开家乡已经9个多月了，所带川资即将告罄，便决定结束壮游，取道回苏。

## 读书卖画，文画俱佳

唐伯虎在回苏途中，还有再次出游的计划，但一回到家，冷酷的现实却不得不使他将这一计划取消。

自从他走了以后，家中的经济状况一天差似一天。虽然文征明时常拿些柴米油盐来接济他们，但文林已经过世，没有留下多少产业，家中人口又多，经济状况并不宽裕，所以对唐家纵有一片相助之心，接济也很有限。弟弟子重是一向尊重哥哥的，但时间一长，不免有些意见，这时他也成家了，妻子闹着要和哥嫂分家，他也就答应了。唐伯虎那位续弦夫人更是闹得不成体统。她在娘家时是个吃惯用惯的人，忍受不了清贫的生活，开始典卖东西，先是唐伯虎花了不少精力搜集到的古董和艺术品，接着是家具用品，等唐伯虎回到家时，家中值钱的东西已典卖得差不多了。

唐伯虎回到家里时，正是冬天。一进门，只见屋子里空荡荡冷冰冰，一副萧条凄凉景象。有一扇窗的糊窗纸破了，风从外面吹进来，窗纸震动，发出呜呜的声响。他不由得埋怨了几句，这就惹动了夫人的一肚子怨气，顿时狂风大作，霹雳交加，和他大吵了一顿，而且收拾起自己的首饰细软往娘家一走，声言不来了。唐伯虎一阵气恼，只觉得头昏目眩，浑身乏力，颓然坐倒。因为经过了10个月的长途跋涉，途中沐风栉雨，饥一顿饱一顿，体质大为下降，回得家来又一气，不久就病倒了，而且病了好长时间起不了床。

这一场大病又使唐伯虎的思想发生了一些变化。他感到时代已经不同，原先所想的那种发奋著作的生活道路有些行不通了，必须采取更为现实的步骤，于是开始了他读书卖画的生涯。

# 第七章
## 一生坎坷——落魄文人唐伯虎

现在，经过了一番游历，唐伯虎胸中装了无数奇丘异壑，他的画就突飞猛进，甚至超过了老师周臣。这样一来，他的声名大增，求他作画的人又一天天多起来。从本城的富贾豪绅，到路经苏州的文人雅士，甚至京城和各地的达官显宦也纷纷托人觅他的画。有时候，他一天要接到好几处生意，实在应付不过来时，只好请老师周臣代笔。好在师生的画风很相近，不是明眼人是无法看出来的。

苏州弹词《三笑》里说到他曾经给摇船的杜四倌画过画，这当然是说书艺人杜撰出来的风流佳话。但这种杜撰也并非毫无根据。唐伯虎并不以衣冠取人，凡是去求他的画，不管富贵贫贱，都一概应允，也从不计较酬金。有钱人为了表示阔气，送他很厚的润笔，他决不说一声感谢；贫士送不起礼，带上一壶酒，他也决不嫌少。

有一天，唐伯虎正在家里画画，发现门外有个穿着破旧海青的人在探头探脑，几次走近了又折回去，很奇怪，便叫住了那人。一问，才知道是个穷秀才，十分喜爱唐伯虎的诗画，希望唐伯虎能给他画一幅画并且题上一首诗。唐伯虎听后笑着说："嗨，你这个人真婆婆妈妈，你早些儿对我讲，这会儿画都给你画好了，为什么光打转呢！说句不怕得罪的话，我还以为你是个专掘壁洞的贼来探路的呢！"那人脸一红，不好意思地说："唐先生，不是我婆婆妈妈，实在是……"他拉了拉破旧海青说，"听说唐先生的墨宝很值钱，可我囊中空空……""没有钱！"唐伯虎笑着从旁边拿了一把空酒壶问，"沽一壶酒的钱都没有？""有！有！"那人明白了意思，拿着空酒壶高高兴兴地走了，一会儿，打来了满满一壶酒，还买了几包下酒的卤菜，两个人你斟我酌，谈得十分投机。酒酣耳热之际，唐伯虎推开酒杯菜碟，铺开纸认真画了起来。他画的是吕蒙正显贵以后拥炉赏雪的景象，画完随手题上一首诗：

冰雪风云事不同，今朝尊贵昨朝穷。
穷时多少英雄伴，名字应留夹袋中。

意思是说，人的一生是说不定的，你看这个吕蒙正应该是很富贵了吧，可昨天还穷得要饭呢！你这位先生现在是很穷的，但说不定有朝一日也会富贵起来，只是你富贵以后，可千万不要忘了穷时的伙伴，有便的话，也提携提携他们。起初，那个穷秀才看了画的内容有些奇怪，总觉着自己是个贫士，家里挂一幅这样的画并不适宜，但又不便说。看了题诗后，他明白了，感动得几乎要流出眼泪来。临走的时候，他一再表示感谢。以后他们常来常往成了好朋友。

因为求唐伯虎作画的人很多，所以卖画所得极为可观，他的生活又渐渐富裕起来了。他对此很满意，觉得这种以丹青自娱靠卖画为生的生涯，比那些以吸吮民脂民膏为业的人要高尚千百倍。他在一首诗中写道：

不炼金丹不坐禅，不为商贾不耕田，
闲来写幅丹青卖，不使人间造孽钱。

就在这时期，他还给自己刻了一枚图章："江南第一风流才子"。在最初的几年里，他白天在皋桥南吴趋里巷口临街的小楼里卖画，晚上就在书房读书做学问。他是个藏书家，后代人发现很多书籍都曾经是他的藏书，这些书上分别有"南京解元唐寅"或是他的室名"学圃堂"、"梦墨亭"的朱印。有些书上还有他的题字，如"苏台唐寅子畏甫，学圃堂珍藏书籍"、"晋昌唐寅醉中读"、"唐子畏梦墨亭藏书"、"吴郡唐寅桃花庵梦墨亭书"等。因此，文征明在写给唐伯虎的诗中说："君家在皋桥，喧阗闹市区。何以掩市声？充楼古今书。左陈四五册，右倾三二壶。"从这几句诗里，我们可以想象出他当年的读书生活。

他读书范围很广，诸子百家，甚至天文、历法、数学、音乐无不悉心钻研。祝枝山《唐子畏墓志铭》说他，"其学务穷研造化，元蕴象数，寻究律历，求扬马玄虚邵氏声音之理而赞订之，旁及风乌五遁太乙，出入天人之间"。这些话并非夸大之词。《梅花草堂笔谈》中记载了这样一件事：唐伯虎去世不久，有一个叫高杏东的人得到了一部《杜氏通典》，上面到处有唐伯虎的校注。从书页上写的日期看来，他每天晚上校注一段，校注文字分别用朱黄两种颜色写在旁边。每校完一卷，就在空页上画上一幅画，或是题上一首诗。画的内容有山水、

## 第七章
### 一生坎坷——落魄文人唐伯虎

人物、翎毛、花卉。唐仲冕《六如居士全集》序中也记载了类似的事，他曾经见过一本《周髀算经》，里面有唐伯虎辨析"勾股定理"的心得数十条。在《六如居士全集》里，还收着他两篇文章，一篇叫"谱双序"，讲的是象棋以及双陆等古代棋类；另一篇叫"啸旨后序"，是讲声韵和平仄的。可惜的是，唐伯虎只活了54岁就病故了。

唐伯虎一生创作了大量的诗词散文，后世不断有人为他刻集传世。第一个为他刻集的是胥台山人袁褧，刻于明世宗嘉靖十三年（1534年），距唐伯虎去世只有11年。万历年间，何大成、曹元亮都为唐伯虎搜集诗文及佚事。特别是何大成，前后为他刻集3次。第一次在万历二十年（1592年）。第二次在万历三十五年（1607年），辑外编。第三次在万历四十二年（1614年），对全集又作了一次增补。在何大成的初刻本问世以后，著名文学家袁宏道来到苏州任义县知县。他对何刻本作了评点，评点本被称为《袁中郎先生批评唐伯虎汇集》，其中很多批评都极其公允中肯。

唐伯虎生前并不重视自己的诗文，所以随作随丢，很多作品都散失了。现在能见到的收集得最多的本子是唐仲冕刊行的《六如居士全集》。计收：诗文7卷，补遗1卷，制艺1卷。此外见于记载的尚有《墨等新赋》1卷和《花坞联吟》4卷。

不过，使唐伯虎成为不朽人物的不是他的诗文，而是大量精美绝伦的画作。

前文已经谈到，他是周臣的学生，早年作品师法南宋名家，而后，由于经常和沈石田、文征明等人交往，又兼收并蓄了元代名家的风格。但更可贵的是，他并没有墨守前人的旧法，而是能自出新意，别具一格。他写作诗文是不甚措意的，但作画的态度却极其严肃认真。从留传下来的这部分画作中看来，每一幅都经过了精细构思，每一笔都没有轻率的痕迹。

唐伯虎作画，山水、人物、仕女、花卉无所不能。就作品的题材内容而言，他的山水画大都表现的是逃避现实的隐居境界和官僚地主的悠闲生活；人物仕女画多数取材于所谓高人韵事、神仙故事以及他

心目中的美女才子，有脱离现实的倾向，情调也比较消沉。这和他所处的历史背景、社会环境以及他本人的阶级地位、思想意识有密切的关系。但也有一部分不乏进步意义的作品，例如他的《陶谷赠词图》。

《陶谷赠词图》取材于一则历史故事。陶谷是北宋初年的一个大臣，有一次出使到南唐去，因为南唐国力弱小，所以他十分傲慢，在南唐的李后主面前出言不逊。南唐的臣僚们无法容忍这种态度，便设了一个圈套，派一名宫妓扮作卖唱女子到宾馆去。那个白天一脸孔正人君子神态的陶谷，在昏暗的月光下一看到卖唱女子就原形毕露，做了苟且之事。第二天，李后主设宴招待陶谷，陶谷又摆出不可一世的样子，李后主手一挥，那名宫妓就怀抱琵琶出来献曲。陶谷认出就是昨晚宾馆里曾与之苟且过的那个卖唱女子，顿时面红耳赤，无地自容。唐伯虎在这幅画上题了一首诗：

  一宿姻缘逆旅中，短词聊以识泥鸿。
  当时我作陶承旨，何必尊前面发红。

这是一幅十分含蓄十分辛辣的讽刺画，它无情地嘲笑了像陶谷这样的表面上道貌岸然骨子里男盗女娼的达官贵人们。

再如他的《秋风纨扇图》，画的是一个手执纨扇伫立在秋风里的女子。题画诗说：

  秋来纨扇合收藏，何事佳人重感伤？
  请把此情详细看，大都谁不逐炎凉！

这不是一幅普普通通的仕女画，而是他对那个充满着炎凉世态的旧社会的强烈控诉和愤怒批判，有较强的现实意义。

他还画过一幅《野望悯言》的长卷。那是明武宗正德四年，江南遭受了一场大水灾，农田被淹，颗粒无收。那一年正好沈石田在相城病故，他前去吊唁，一路上看到无数农民失去了家园，流离失所，苦不堪言，便怀着对贫苦农民的无限同情创作了这幅长卷。很可惜，这幅画已经失传，否则，我们一定能从这幅画作中看到当时的真实情景。

就作品的艺术风格而言，他的山水画是写实的，不论峰峦、水口、树石、林泉和点缀的人物屋宇，都画得现实具体，使人看了觉得可游

## 第七章
### 一生坎坷——落魄文人唐伯虎

可居，生动逼真。他的画，一般人都认为要比他老师画得好。据说有人问周臣，为什么不及学生，周臣回答说："只少唐生数千卷书耳。"这是说在文学修养上不如唐伯虎的缘故。但是他只说对了一半，另一方面，唐伯虎一生饱览湖光山色，尤其是31岁时漫游了南方名山大川，深刻地观察了雄丽的自然景色，广泛地体验了丰富的社会生活，对他的绘画艺术起了相当大的影响。他画过一幅将近4丈的山水长卷，上面群山起伏，长河奔流，气势极其壮阔，如果没有现实的体验是无法创作出来的。

他的人物仕女图大致可分为两种。一种是线条细劲，设色妍丽，如《孟蜀宫妓图》和《簪花仕女图》。后来的陈老莲一派就是从这里继承发展的。另一种是笔墨流动，挥洒自如，如《东方朔偷桃图》和前面提到的《秋风纨扇图》。但无论哪种风格，都达到了秀润缜密稳健凝重的艺术效果。就以《秋风纨扇图》来说吧，全图以水墨绘成，但富有墨韵，浓淡枯湿，变化无穷；线条遒劲飞舞，刚中含柔，表现出生动的形象。画面上的女子束发高髻，靓妆被帛，裙服曳地，衣带飘拂，丰姿盈盈，其表情若有所思，其姿态停步不前，形象地表达了一个受旧礼教束缚的女子的伤感情绪。在意境处理上，仅以披石一角，上侧缀有双钩细竹数枝，疏疏落落，给人一片空旷萧瑟寂寞的感受，突出了"秋风见弃"触景生情的命意。

他画花鸟画喜用水墨，活泼洒脱，生趣盎然。例如他的《古槎栖鸟图》，是一幅立轴，上画一枝古木、两只鸰，仅仅寥寥数笔，便描绘出了一幅空山雨后鸰歌唱枝头的画面，理趣兼优，形神俱到。

由于他在绘画艺术上达到了这样的高度，所以比他稍后的著名文学家王世贞说："伯虎才高，自宋李营丘、范宽、李唐、马、夏以至胜国吴兴、王、黄数大家，靡不研解，行笔极秀润缜密而有韵度。"王稚登《丹青志》说："唐寅画法沉郁，风骨奇峭，刊落庸琐，好求浓厚，连江叠巚，洒洒不穷。信士流之雅作，绘事之妙诣也。评者谓其画，远攻李唐，足任偏师，近交沈周，可当半席。"至于韩昂恽寿平等人更是对他推崇备至，说他把前人刻画之迹为之一变，青出于蓝。

此外，他的书法也很有功力，写得俊迈轶群。他还留下了3卷画谱，对中国画的画理、画法都作了极具艺术见地的总结，对于后人继承我国优秀绘画传统，发扬光大我国绘画艺术有一定的作用。

唐伯虎已经去世4个多世纪了，但是，他的名字和大量精美绝伦的画作却并没有因为岁月的消逝而被人遗忘。他是一个在我国绘画史上占有一定地位的杰出画家，永远值得我们纪念，他大量精美绝伦的画作是我国艺术宝库中一笔宝贵财富，永远值得我们借鉴和珍藏。

## 虎口脱险，凄凉结局

提起唐伯虎的南昌之行，人们便会联想到缠绵悱恻的《梅花梦》故事。

故事说，张灵，字梦晋，江苏吴县人，姿容俊奕，才调无双，工诗善画，性风流豪放，不可一世，和唐伯虎、祝枝山等人都是好朋友。有一天，他扮作乞丐游览虎丘山，遇见了南昌才女崔莹（崔素琼），两人一见钟情。

崔莹回到南昌以后，正碰上宁王朱宸濠意图谋反，征集美女以迷惑正德皇帝，崔莹姿色秀丽，是绝代佳人，便和其余9名美女一起被征集到王府中。朱宸濠久慕唐伯虎的画名，重金礼聘唐伯虎到南昌作画进呈十美图。张灵不知崔莹已陷虎口，托唐伯虎到南昌后替他访寻崔莹。唐伯虎进了宁王府，打听到崔莹也在十美之选，然而无法营救，十分惭愧，回苏后将这不幸的消息告诉了张灵。当时，张灵因思念崔莹，已经卧病在床，听得这一消息，病势加剧，终于一病不起。唐伯虎怀着悲痛的心情将好朋友葬在苏州郊外的玄墓山麓。崔莹被送到皇宫，不久，宁王叛乱失败被杀，正德皇帝因崔莹等10名美女是叛王所

## 第七章
### 一生坎坷——落魄文人唐伯虎

贡,发还原籍。崔莹回到南昌,老父病亡,孤苦伶仃,便带着一名老仆到了苏州。她从唐伯虎嘴里听到了张灵的死讯,悲伤不已,要求到墓前一祭。在张灵的墓前,崔莹读着张灵的诗稿,呼喊着张灵的名字,放声痛哭。凄惨之声使得唐伯虎不忍卒听,只得徘徊于垅亩间,等他回到墓前,发现崔莹已自缢在墓前树木上。唐伯虎跌足追悔,含泪将崔莹合葬在张灵的墓穴中,并树了一块碑,碑上题着"明才子张梦晋佳人崔素琼合葬之墓"。

第二年的春天,唐伯虎到墓前祭扫,当夜宿在墓侧坟屋里。半夜,月明如昼,忽听万株梅花丛中传来朗朗吟诗声:"花满山中高士卧,月明林下美人来!"抬头一看,只见张灵来到面前,接着,一个美人从花丛中姗姗而出,原来是崔莹。他们携手整襟,向唐伯虎拜谢合葬之恩。唐伯虎正要起身扶掖,突然惊醒,但见半窗明月,满地梅花,一丘新坟。

但我们要叙述的南昌行却和这个故事毫无关系。它是唐伯虎又一次跻身仕途的尝试,发生在他45岁那年。

初春的一天,一个人走进了桃花庵,寒暄以后,拿出了一封聘书和100两金子。原来,这人是江西宁王朱宸濠王府里的承奉,说是宁王十分仰慕唐伯虎的才学,希望唐伯虎到他新落成的阳春书院去论诗作画。唐伯虎曾听人说朱宸濠是个十分爱才的藩王,他的高祖——第一代宁王朱权是个很有学问的人,一生注纂了几十种古籍,并写有《通鉴博论》、《史断》、《诗谱》等很有见地的著作。但因为事情来得过于突然,唐伯虎并没有当场答应下来,对承奉说,容他好好考虑一番。

一整天,唐伯虎都在苦苦思索南昌之行的问题。这时候,他头脑里消极出世的思想虽然很严重,青年时代所有的理想抱负已被一次沉重的打击摧残得只剩下了零零星星的火苗,并且曾经宣言不再和统治阶级合作。但是,在当时的社会里,包围着他的是"学成文武艺,货于帝王家"的封建伦理道德,有时候也会出现有朝一日出入金阙陪伴君王做一番轰轰烈烈事业的想法。因此,他觉得眼前无疑是一个返身仕途的机会，只要到了南昌，得到宁王的赏识，在皇帝面前举荐一本，失去的一切便会回到他的面前。退一步说，即使不能够跻身仕途，能够和一个像昭明太子、淮南王之类的人物相处，对自己今后的前途也会有很大的影响。

可是，想到自己已经是一个45岁的人了，身体又不好，刚燃起的火焰又熄灭了。他自语说："唉！命运似乎注定我要潦倒终身，有什么必要再背井离乡去过那飘零的生活呢！"

那一天天气晴朗，又是将近月半的日子，月亮早早升起来了，溶溶月色泻进书斋，使他想起了李白"床前明月光，疑是地上霜"的诗句。从李白的诗，他又想到了李白的一生遭遇。李白晚年入了永王李璘的幕，结果受到牵连，流放边陲，要不是遇上大赦，不知会落到什么样的结局。唐伯虎常常为李白的这一遭遇痛惜，这时他的心头突然出现了一丝猜疑：宁王真的是请我去论诗作画吗？会不会另有不可告人的目的呢？

每当事业和生活上有什么疑难时，他总爱和几个好朋友商量。这时，祝枝山不在苏

唐伯虎点秋香

州，徐桢卿已经去世，他便连夜到了高师巷文征明的家里。文征明还没有安睡，看到唐伯虎深夜来访，急忙热情接待。坐定以后，唐伯虎从衣袖里摸出了宁王的聘书，文征明立即明白了，笑着问："宁王请你去做食客，你拿不定主意是不是？""咦，你怎么知道？"唐伯虎惊讶地问。"因为我也收到了这么一封聘书。"文征明说着，转身从书桌抽屉里拿出了一封同样的聘书，"真可笑，我不要，那位承奉硬要把它留下。"

## 第七章
### 一生坎坷——落魄文人唐伯虎

"这么说,你是不打算去啦?"

"是啊,如今朝廷以八股取士,科举出身才是正途,所以我不想背井离乡去做他的幕宾。"文征明态度十分诚恳地说,"不过子畏兄,你和我处境不尽相同,我虽然屡试不第但仕途并未阻塞,承蒙朝堂上那几位老先生的青睐,常常为我誉扬,以后或许能以岁贡的方式应试吏部,求得寸步之进。而你,自从那年蒙受不白之冤以后,这条路已经断绝了。以兄之才埋没于闾巷之间甚是可惜,所以我倒劝你不妨去试一试。"

听文征明这么一说,唐伯虎的心又活动了。他说:"征仲,这些我不是没有想到,只是我还有些顾虑呀!"于是他说出了自己的猜疑。文征明听后深思良久才回答:"子畏兄,你的顾虑不是没有道理,古人云:良禽择木而栖,贤臣择主而仕;一失足能成千古恨。但外界都说宁王是个礼贤下士很有文采的人,大约不至于像你所猜疑的那种人。再说,可以见机而作嘛。你既有这样的顾虑,到了南昌之后小心谨慎一些就是了。如宁王确是昭明太子、淮南王之类的人物,你就留下,或许能获得脱颖而出的机会。如觉着宁王有越轨企图,早早脱身也还来得及。"

唐伯虎觉得老朋友的话说得很有道理,便决定答应宁王的聘请。几天以后,他就买舟西行,顺着大运河到杭州,再沿富春江上溯,到常山以后,河道渐窄,舟行困难,便舍舟登岸,经玉山、广丰、铅山、弋阳、进贤,一路风尘仆仆到达南昌。

听说唐伯虎到南昌来了,宁王朱宸濠十分高兴。朱宸濠是个极其贪婪残忍的野心家,论辈分还是明武宗朱厚照的叔祖呢!明王朝发展到武宗年间,封建中央集权的力量已大大削弱,相反,各地藩王通过兼并土地等等手段,却积蓄起了很大的实力。南昌地处赣江平原,土地肥沃,物产丰富,是敛财之区;东连闽浙,西接两湖,北有鄱阳湖,也是用武之地。他看到朱厚照荒淫无道,不理朝政,重用宦官和嬖臣,终年以游玩狩猎为乐,觉得是一个起兵夺取中央政权的好机会,便以重金笼络内宫的太后,收买宦官刘瑾、嬖臣钱宁、臧贤和兵部尚书陆

完等一班人，要他们在皇帝面前替他说好话充内线，同时豢养了退休都御史李士实、举人刘养正等一批大小野心家，收罗亡命，掠夺民财，竭力拼凑谋逆力量。他听说唐伯虎才能出众，又蒙受过会试案的不白之冤，觉得是个值得罗致的人物，所以才不惜重金礼聘。那一天，他在银銮殿里隆重接待唐伯虎，并设盛宴为他接风，讲了很多思才若渴相见恨晚之类的话，使唐伯虎很受感动。宴后，把唐伯虎安置在阳春书院中一所精致的房间里。

阳春书院建造得极为富丽，亭台楼阁，池山桥廊布置得匠心独运，屋内陈设也很铺张，楠木桌椅，青铜鼎彝，雅致而古朴。第二天，唐伯虎在院中走了一圈，回到房间里刚坐下，忽然从外面进来了两个方士打扮的人，交谈之后，知道他们的名字，一个叫李自然，另一个叫李日芳，也住在书院里。这两个人的长相十分令人生厌，一个獐头鼠目，另一个臃臃肿肿，所讲的话更是不伦不类，其无知达到了令人吃惊的程度。据他们说，他们俩是堂兄弟，从小入山修炼，半生云游天下，因为看到南昌东南方有天子气，才来到这儿的。而且说，阳春书院是因为他们的建议才修建的。

因为是初次相见，又同属宁王朱宸濠的宾客，唐伯虎不便得罪他们，只是强忍着与他们敷衍。谈着谈着，李自然问道："唐先生，听说你们姑苏还有个鼎鼎大名的文征明，兄弟倒要问一句，你唐先生的画好呢，还是那文征明的画好呢？"

唐伯虎回答："自然是文征明先生的画好啦！"

"哈哈哈！"李自然笑了起来，"唐先生你可真客气呀！明明是你唐先生的画好，连文征明自己也承认的，何必再来骗兄弟呢！"

"怎么，你见过文征明？"唐伯虎很诧异。

"没见过，不过兄弟见过文征明写过这样的话：'维唐寅我以降。'他看到你就要投降，这不明明是说不如你么！"

唐伯虎听得丈二和尚摸不着头脑，思忖了好一会儿才明白过来，差一点笑出声。原来文征明刻过一方篆印，写的是"维庚寅我以降"，意思是他是庚寅年降生的。大约眼前这位"仙人"不认识篆文，把庚字认作唐字，才闹出了这样的笑话。他不便点穿，只能支支吾吾地把这一话题对付过去。

接着，李日芳又引出了另一个话题。他问唐伯虎喜欢不喜欢炼金术，并说他的炼金术是当今最高明的。唐伯虎听得实在熬不住了，便挖苦说："既然仙长擅于炼金，何不去关着门多多地炼一堆金子，却还在这宁王府混饭吃呢！"李日芳没有听出唐伯虎的话是在讥讽他，回答说："唐先生，你不懂得这里的奥妙，炼金这玩意儿不但靠法术，还得靠福分。我虽然会法术，可没有福分，所以有了法术没处使。我看你唐先生印堂发亮，倒是个有福分的人，要是我俩合作，一定能成功。"唐伯虎听得哈哈大笑，说："一言为定，以后等我回到苏州后，一定请你去，我在城北有一所空房子，很是僻静，你就在那儿炼，炼出的金子平分。"李日芳谈到这儿，从袖笼里摸出一把白面纸扇说："唐先生真是爽快人，以后我还要求唐先生画几幅画呢！今天时间不早，请唐先生大笔一挥题首诗吧！"这家伙绕了半天圈子，说了一大堆废话，原来是为着这么个目的，唐伯虎气得手瑟瑟发抖，略略思索了一会儿，援笔一挥而就，写道：

　　破布衫巾破布裙，逢人便说会烧银。
　　君何不自烧些用，担水河头卖与人。

两个江湖骗子缠扰了好长时间才告辞离去，唐伯虎好像吃了苍蝇似的，心里十分不快。他很奇怪，宁王怎么会把这样的混账东西也请进了阳春书院？特别是回想起他们刚进屋时说的那句"南昌东南方有天子气"的话，更是疑惑不解。难道说，朱宸濠就是因为听了这句话才收罗这两个混账东西的吗？

一连好多天，唐伯虎都闲着无事，偶尔有几个宁王左右的人来求画，他只能勉为其难。有一天，他踱出阳春书院，来到了赣江边上的滕王阁遗址。赣江像一条飘带从天外飞来，烟水茫茫，两岸青山叠翠，垂柳飘拂，极为壮观。他想起了当年王勃青春年少才惊四座的风流往事，脑子里涌出了一首诗：

　　画栋珠帘烟水中，落霞孤鹜渺无踪。

千年想见王南海，曾借龙王一阵风。

以后，他便依着这首诗的意境创作了一幅《落霞孤鹜图》。

游览了滕王阁遗址，唐伯虎回到城中，走近江西巡抚辕门，忽见一家招商客店门口围着一群人，里面传出嘤嘤哭声。他走近去，见人圈子里一个衣衫褴褛的中年妇女，扎白穿孝，哭得极其凄惨。从闲人口中，他了解到这个妇女遭到了重大不幸，她家的田被人霸占了，财产被人抢走了，房屋被人烧毁了，丈夫也被人杀害了。她到官府控告，可是从县令告到知府，又从知府告到巡抚，没有一个衙门肯受理这桩案件，相反说她诬告，用乱棒打出，她沉冤莫白，生路断绝，所以在这里哭泣。唐伯虎听得怒火燃烧，脱口说道："岂有此理！这些拿皇家俸禄的官吏，不为民伸冤，良心到哪里去了！"

他说得很激动，声音很响，人们吃惊地望着他，他一点也没有察觉，还想要说下去。这时一个老者走上前，悄悄拉了拉他的衣袖，把他叫到僻静处说："客官，听你口音是外乡人，说话可要当心啊！你知道为什么各级衙门都不管这件案子吗？"唐伯虎听老人话里有话，忙作了个揖，请教老人说下去。老人说："杀人、放火、霸田、夺财，这些事都是宁王手下的人干的。在咱们南昌郡，受祸的岂止是她一家呀！宁王势大炙天，哪个守土官敢得罪他！前几年，守土官中倒有几个正直的，为小民的事向皇上上过奏章，结果呢，不是不明不白地死了，就是被赶走了。最惨的是都指挥戴宣戴大人，被宁王请到府里赴宴，回到家的当夜就七窍流血死了。从那以后，当守土官的成天提心吊胆，朝廷中有依傍的，求着调任离开这个鬼地方；没有依傍的只好上疏要求退休。这两年，一年一个巡抚，换得像走马灯一样……"

唐伯虎脑子里轰地一下，再也听不下去了。眼前看到和听到的事是多么可怕呀！一个外表看来道貌岸然的藩王，想不到竟是这样一个罪恶累累的杀人魔王。在往回走的路上，他苦苦思索着，为什么一只狰狞残忍的恶狼却要扮作一位窈窕可爱的少女呢？霸田掠财杀害守土官的背后隐藏着什么样的目的呢？他觉着这是个关系着自己命运的大问题，需要及早弄清楚。于是，他想起了那两个不学无术又十分糊涂

# 第七章
## 一生坎坷——落魄文人唐伯虎

的江湖骗子，决心从他们那里解开这个谜。

从此以后，唐伯虎有意识地和李自然、李日芳接近，喝酒游玩，称兄道弟，过了一段时间，关系显得十分亲密，谈话中渐渐地听到了一些秘密。例如某年某月，朱宸濠派某人进京向某人送礼啦，某年某月，京里的某人秘密地到过南昌啦。这些虽然都是表面现象，但十分反常，唐伯虎渐渐看清了朱宸濠企图谋逆的用心。

有一天，三个人又在一起喝酒，唐伯虎一杯又一杯地敬那两个糊涂虫，不久，他们就喝得烂醉，说话就没有节制了。唐伯虎把话题引到了宁王身上。李日芳比李自然更糊涂，自以为懂得多，口齿不清地说了起来："唐老弟，我对你说吧，咱们宁王爷才是真正的龙种呢！当今皇上算个什么东西！老实讲，这天下原来是咱们王爷的。那年，成祖皇上起兵夺建文皇上天下的时候，和咱们老宁王讲好，事成之后平分天下，可他说话不算话，打下南京就赖账，闭口不提平分天下的事，把老宁王封到这儿。咱们老宁王为什么不问国事埋头写书呢？就是怕成祖皇上谋害哪！这些话都是咱们宁王招咱们喝酒时讲的，千真万确。成祖皇上可以起兵夺侄儿的天下，咱们王爷为什么就不能夺侄孙的宝座呢！况且还有过平分天下的话呢！咱们是好朋友，将来全是开国元勋，所以我对你讲，这话在外面可千万不能乱说呀……"

就这些已经足够了，唐伯虎彻底认清了朱宸濠的祸心。原来这阳春书院不是讲学的地方，而是一个地地道道的"招贤馆"，一旦羽翼丰满，朱宸濠便会起兵谋反。"天哪！我怎么走到了一条灭九族的绝路上来了呢！"唐伯虎惊恐地想，"要赶紧离开才是。"但是怎么走呢？如果突然提出要回去，势必引起朱宸濠的怀疑，招来不幸。只能慢慢来，让朱宸濠疏远自己厌弃自己。经过了好多天的思考，唐伯虎想出了脱离虎口的对策。他日甚一日地摆出狂士风度，整天地喝酒，像个十足的酒囊饭袋。有一次，朱宸濠把他招去，和他谈朝廷上的事，想听听他的看法。他回答说，我从来不去管这些事，我所知道的便是喝酒，并且随口念了一首诗：

信口吟成四韵诗，自家计较说和谁。

白头也好簪花朵，明月难将照酒卮。

得一日闲无量福，故千年调笑人痴。

是非满目纷纷事，问我如何总不知。

朱宸濠听了，又生气又好笑，碍于唐伯虎是个举世闻名的才子，又是他自己请来的，不便计较，只得一笑了之。从那以后，他就不怎么想到唐伯虎了。

春去秋来，唐伯虎在南昌住了6个月了。这期间，宁王虽然不再看重他，但也没有叫他走的意思。他的心里十分焦急，常常彻夜不眠。一天晚上，他辗转反侧不能入眠，信步踱出房间来到院子里。忽然长空一声雁唳，一队鸿雁排成人字形向南而飞，他才意识到又是百卉凋零鸿雁南征的季节了，想到季节替换是那样的迅速，人生易老，过去难追，岁月不知把多少才人贤士埋进了黄土之丘，可我却在这里与宁王这样的人周旋。接着，他又想到了整日翘首盼望着他归去的弱妻幼女，想到我死不足惜，可是我死之后，她们将会多么可怜啊！想到这里，不觉流下了眼泪。

为了早日脱离虎口，他变本加厉地胡闹，做出近乎疯狂的举动，竟然在雪白的墙壁上题了一首打油诗，说什么"碧桃花树下，大脚黑婆娘，未说铜钱起，先铺芦席床。三杯浑白酒，几句话衷肠。何时归故里，和她笑一场。"这件事传到了朱宸濠耳朵里，觉得唐伯虎闹得实在不像话了，便派了个人借送酒食为名，到阳春书院去侦察唐伯虎的行为。那人到唐伯虎的屋里时，只见唐伯虎赤着膊坐在地上，身上满是污垢，独酌而饮。他把送去的酒食拿出来，唐伯虎不但不感谢，反而破口大骂。回去以后，他向朱宸濠汇报，加油添酱地说了唐伯虎一顿坏话，并且断言唐伯虎得了精神病。朱宸濠气得头乱摇，说道："谁说唐伯虎是个贤士，我看不过是一个徒有虚名的狂生罢了，既然他想着碧桃树下的黑婆娘了，就打发他滚吧！"就这样，唐伯虎结束了南昌之行，回到了故乡。

过了5年，朱宸濠起兵谋反了。他以奉太后密诏为名，带着十几万人马攻下了九江，顺流而下，打算建都南京，然后逐鹿中原。但被赣巡抚王守仁乘虚袭取南昌抄了老窝。经过半年战争，他全军覆没，当了俘虏被砍了头颅。要是唐伯虎没有清醒的政治头脑，不能及时觉察出宁王的叛逆意图，一头扎进宁王的怀抱，其后果是不堪设想的。

唐伯虎虽因及早跳出是非门而避开了宁王叛乱的连累，但南昌之行给他精神上的打击仍然是极其沉重的。如果说在这之前，他的头脑里还存在着一丝等待机会脱颖而出的幻想，那么从南昌回来以后，他已经彻底绝望了。

这时候，他的精力已远非壮年时可比，常常卧病在床。在闲暇无事的时候，他总是呆呆地坐在桃花庵一间叫做"蛱蝶斋"的草堂里，望着门外野花丛中翩翩起舞的蝴蝶出神。过去的一切，眼前的景物，在他头脑里唤起的只是无限的惆怅。他在《怅怅词》中写道：

　　怅怅莫怪少时年，百丈游丝易惹牵。
　　何岁迎春不惆怅，何处逢情不可怜？
　　杜曲梨花杯上雪，灞陵芳草梦中烟。
　　前程两袖黄金泪，公案三生白骨禅。
　　老去思量应不悔，衲衣持钵院门前。

他的妻子沈氏夫人见他这样颓丧，十分担忧，但却找不出安慰话。有一天，他整整在"蛱蝶斋"中坐了半天，直到沈氏夫人来催他吃晚饭才起身离去。因为心情忧郁，这餐晚饭他只吃了一碗稀饭。沈氏夫人心痛地说："这些天来，我见你终日没有欢乐，饭又吃得这样少，这样下去怎么得了呢！你总要想开些才好。"

"唉！"唐伯虎长叹了一声说，"我也知道富贵莫非前定，空想是没用的。可流水无意落花有情，有时候，那些撕心裂肺的事偏偏要钻到你的脑子里来，使你不得不想。昨天晚上我又是大半夜没有睡着。"

"你又想到什么了？"

"梦里我又下科场啦！"唐伯虎苦笑着说，"三篇文章一气呵成，正得意的时候，寒山寺的钟声响了，把我惊醒了。醒来时，你还没有睡，正在灯下缝衣服。"

"怎么，你从那会儿起一直没睡着？"

"是啊，我又把大半辈子的往事回想了一遍，凑成了一首诗。"接着，他轻声念了起来：

　　二十余年别帝乡，夜来忽梦下科场。
　　鸡虫得失心尤悸，笔砚飘零业已荒。
　　自分已无三品料，若为空惹一番忙。
　　钟声敲破邯郸梦，依旧残灯照半床。

"你呀！"沈氏夫人叹了一口气说，"就是在这上面总想不开。算了，过去的就让它过去吧！世上的读书人成千上万，可真正富贵的才有多少！你不是常对我说：'眼前富贵一枰棋，身后功名半张纸'吗！你既然把功名富贵看得这么淡漠，又何必为它糟蹋自己的身体呢！"

唐伯虎摇了摇头，"唉！你还是不了解我的心呀！那不过是聊以自慰的话，天下的读书人哪一个不是盼着自己衣紫腰黄的！要是我唐伯虎是个庸庸碌碌的无能之辈，落到今天这个下场，自然无话可说，可是我并不是那样的人呀！"他沉默了一会儿，又悲哀地说道："那些枯木朽枝一样的人居然在世上建功立业，可真正有学问的人反而一事无成，世道太颠倒啦！苟活在这个世界上，就像秋天严霜之下的梧桐枝叶，自己也觉着可怜。"说到这里，他的眼角掉下了两滴泪珠。

由于他年老多病，已不能经常作画并获得酬金，加上他不善持家，绘画所得往往随手辄尽，所以日子也一天不如一天了。有一年的春天，连日阴雨，路滑泥泞，桃花庵前后仿佛成了水乡泽国。天气不好，没有人前来买画，唐伯虎一家柴米告罄，揭不开锅了。他忍受着饥饿，伫立在柴门前，盼望能有一个买画人上门来。可是从早盼到晚，连个人影也没有盼到。傍晚，沈氏夫人只得到附近的熟人家借了一点米，熬了一锅稀粥，一家人应付了一顿。

第二天，他带着几幅画来到了市中心，希望能遇到几个买主，换回一点柴米钱。谁知乘兴而去败兴而归，在市中心逗留了一天，一幅画也没有卖出去。回到家中的时候，已是黄昏了，草屋里光线幽暗，妻子正坐在厨房里对着锅灶发呆。他以为妻子一定又像昨天一样，向邻家借了米熬了粥在等他吃晚饭，便嚷着肚子饿，叫妻子赶紧盛一碗给他充饥。沈氏夫人像没有听见似的坐着不动,他又提高嗓门重复了一遍,妻子这才立起身来,用勺子在空空的锅里刮了几下,叹息着说:"我正等着你的米煮饭呢!要是锅里有,还能等你要吗!"说着,她的声音哽咽了。

唐伯虎一阵羞愧,不知说什么才好,颓然坐到椅子上,手一松,几幅画落到地上。其中一幅展了开来,上面画的是几株墨竹,影影绰绰,仿佛是月光下的一地竹影。沈氏夫人赶紧过来收拾。她一边卷起那幅墨竹图,一边问:"难道这样好的画也没人要?"唐伯虎叹了口气回答:"天不好,有钱人都没有出门,那些贫苦的市民,温饱尚且不得,又怎么买得起……"斜风刮着细雨,下得更大了,远处传来了几声鸡鸣,荒村像死一样静寂。唐伯虎在黑暗里默坐了许久,然后低声吟哦道:

荒村风雨杂鸡鸣,馕釜朝厨愧老妻。
谋写一株新竹卖,市中笋价贱如泥。

这时候,唐伯虎的两个老朋友处境也不太好,文征明屡试不第,郁郁不乐,靠着卖书画所得支撑着一个有着十几口人的大家庭,生活也很清贫。祝枝山则与唐伯虎同病相怜。他做了一任兴宁知县以后,又在南京当了一任应天通判,但因为清正,没有积起宦囊,回家后又不问生产,所以生活也十分贫苦。据《吴县志》记载,他"每出,追呼索逋者相随于后"。一个欠了很多债的人自然更没有力量帮助唐伯虎了。

唯一能给予唐伯虎一些帮助的是他的新朋友王宠。王宠,字履吉,号雅宜,也是明代著名的书法家。他比唐伯虎小24岁,两人是忘年交。王宠十分钦佩唐伯虎的才能,见唐伯虎心情忧郁,生活困苦,就常常带一些钱米来周济唐伯虎、安慰唐伯虎。有一天,他又带着些东西来看望唐伯虎,而且还带了一坛酒。两个人一边喝酒,一边谈心。从仕途得失谈到人情世故,王宠说:"有些人总是以成败论英雄,我王宠生平恨的就是这些势利之徒。历史上有多少英雄才子,像杜甫、李白、阮籍、嵇康,他们虽然没有出将入相,而且终生没有过富贵,

但他们的名字却长留天地之间，比起那些生前富贵至极的达官贵人们来，不知要伟大多少倍。子畏兄，不是我当面恭维你，你不愧为当今奇士，你在仕途上虽然一再受挫，但你的丹青、书法以及你的诗文却一定能留传下去，成为千古传诵的不朽之作。"

　　换作10年前，唐伯虎听到好朋友这一番出自肺腑的鼓励话，一定能再一次振作起来，但现在却无动于衷。仕途上和生活上一次次无情的打击已使他丧失了勇气。宿命论思想又使他觉得，这一生注定要落一个悲惨的结局了。沉默了一会儿，他回答说："雅宜，我很感激你在我落魄潦倒时还这样看重我。我生平交了不少朋友，除文、祝等少数几个外，都有始无终。他们在我得意的时候，摩肩接踵地来到我的酒席上，在我耳边说了许多好听的话，可现在却一个个躲得远远的，好像我身上的霉气会沾染到他们身上一样。路遥知马力，日久见人心，你真是我的知己呀！"他喝了一口酒，接着说，"雅宜，你说我是当今奇士，实在是过誉。最近这些日子，我想得很多，把人生都看透了，觉得死并不可怕，只是，我死了以后，抛下弱妻幼女怎么办呢！她们无依无靠，一点儿产业都没有，今后怎么过日子呢？"说着说着，他呜咽了起来。

　　王宠心里也是一阵酸楚，忙安慰说："子畏兄，你何必想得这么可怕呢！你年纪刚过50，还谈不上死么！再说，即使你子畏兄有什么意外，我们这几个好朋友难道能袖手旁观么！"

　　唐伯虎点了点头，擦干了眼泪，想了一会儿又说："雅宜，我一生没有什么值得纪念的事，唯一使我欣慰的是能结交上你们几个好朋友。我有一个想法，不知能不能对你直言。"说到这里，他殷切地望着王宠的脸。王宠忙说："子畏兄，你怎么啦？我们是肝胆相照的朋友，你想说什么就只管直说，难道在我王宠面前还有顾虑吗？"唐伯虎点点头说："那我就直言了。这些天来，因为想到自己不久于世了，所以常为小女的前途考虑。我没有儿子，只有这么点骨血，现在年纪还小，在死之前，总希望亲眼看到她能配一个有出息的孩子。要是你不嫌弃的话，将来就让她给你家龙冈持箕洒扫吧！"

# 第七章

## 一生坎坷——落魄文人唐伯虎

"子畏兄，你……"王宠激动得站起身，一把拉住了唐伯虎的手说："你……你说到哪儿去了！我王宠后学晚辈，承蒙你看得起，把我当作朋友，现在又将令嫒许给小儿，我不知该怎么感谢你！"

唐伯虎见王宠已经答应，便把幼小的女儿叫出来，给王宠叩了几个头。从此以后，唐伯虎和王宠做了儿女亲家，往来就更密切了。

唐伯虎晚年，健康状况越来越差，连左右邻舍也很少看到他到户外活动了。公元1522年的秋天，王鏊十分惦念唐伯虎，托人带信，邀请唐伯虎到东山去玩。唐伯虎已有好几年不见王鏊了，也很惦念。正好他大病初愈，很想到外面去走走，再看看太湖一带的湖光山色，便雇了一条船，出越来溪过太湖到达王鏊的家里。久别重逢，两人相见之后感慨不已。王鏊这时已经73岁了，但精力却比唐伯虎健旺。看到唐伯虎弱不胜衣的样子，很同情，安慰了一番，并且说："子畏，我因为老态龙钟，很少出门，也不过问外面的事，对你的境遇很不了解，没有尽到做朋友的义务。这一次你一定在我这里多住一阵，把身体养好。"唐伯虎答应了。

唐伯虎人物图

一连好多天，他们在一起喝酒谈心。但唐伯虎已经没有昔日的豪情了，谈话中时常流露出厌世的情绪。为了使唐伯虎忘记人生的烦恼，王鏊常常把话题引到过去一起宴游的情景。有一天他说："子畏，你还记得鏊舟园吗？石田先生曾为它画过一幅写生，你还在图上题过诗呢！"唐伯虎点了点头。王鏊又说："那所园子原来是家兄的，如今家兄亡故，已经让给我了。我叫人修葺了一番，又是一番面目，咱们一起到那儿去住几天好不好？"唐伯虎又点了点头。

壑舟园位于莫厘峰后山的峡谷里，背山面湖，风景十分幽美，如今经过修葺，比当年更加雅致。他们乘山轿进了园门，然后移步向那间叫做船室的主楼走去。一路上，王鏊兴致勃勃地讲述他修葺园子的经过以及种种匠心独运的布置，但唐伯虎却听得兴味索然。这会儿萦绕在他心头的却是一种湖山依旧人事全非的感慨，觉得人生须臾实在是太渺小了。

　　进了船室，王鏊又极其得意地说："子畏，我还要告诉你一件事，你听了一定感兴趣！"他一边领着唐伯虎登楼一边说，"前不久，我觅到了一幅苏东坡的真迹，写的是一首满庭芳词，那可真是少见的精品呀！"

　　那幅东坡真迹就挂在迎面壁上，确实写得炉火纯青，在唐伯虎见过的东坡真迹中应该算是上乘的了。但读着读着，他的神色却突然黯淡。原来那首满庭芳中有两句词是"百年强半，来日苦无多"，正好触着了他心头的隐痛。他不由得想道："是呀！一个人过了50岁，剩下的光阴就不多了，尤其是我这样一个贫病缠身的人，还有几天可活呢！"同时他又想道："这首满庭芳是苏东坡贬谪黄州时写的，可是后来却又被朝廷重用，做到了礼部尚书，而我唐伯虎却永远不会有这一天了。人与人相比，彼此的命运又多么不同呀！"一阵悲哀袭上心头，他觉得浑身无力，便坐倒在椅子上。王鏊觉得很奇怪，不时地追问，但唐伯虎却只是摇头。接着，他提出了要马上回家的要求。王鏊怎么也留不住，只能叫人送他走。回到家以后，他就病倒了，而且一天比一天加重。这年的农历十二月初二（1523年），这个才华横溢而又不容于世的天才艺术家就带着满腔悲愤离开了人间！在临终前，他叫沈氏夫人拿来笔墨纸砚，支撑着身子写下了四句绝笔诗：

　　　　生在阳间有散场，死归地府也何妨。
　　　　阳间地府俱相似，只当飘流在异乡。

　　这是多么凄凉的结局啊！读着这首绝笔诗，想起他走过的坎坷曲折的道路和颠沛飘零的一生，我们不能不深深为之鸣不平。

　　唐伯虎死了以后，王宠、祝枝山、文征明等生前好友凑了一笔钱

## 第七章
### 一生坎坷——落魄文人唐伯虎

为他安排了后事，把他葬在横塘王家村的祖坟上。祝枝山写了一篇1000余字的墓志铭，由王宠手书，刻在石上，并且拓了几十份分发给生前好友。

  明思宗十七年（1644年）的三月十五日，汲古阁主人毛晋和雷起剑等几个读书人到唐伯虎的坟墓前凭吊这位大家熟悉的艺术家。这时距唐伯虎去世已经121年了，坟墓埋没在荒草荆棘丛中，牛羊践踏，狐兔营窟，一片凄凉景象。这几个读书人在坟墓前肃立长久，缅怀唐伯虎毕生的事迹，不禁深深叹息。这时，正好有一个农民从田野里走来，他们便和农民攀谈了起来。他们问：为什么坟墓荒凉成这个样子？农民说，已经有好几十年没有人祭扫了。他们又问，唐伯虎家中还有些什么人。农民说，听说唐家已经绝嗣，只剩下了一个守寡的侄孙媳妇。听到唐氏家族凋零到这种地步，这几个读书人唏嘘不已，流下了同情的眼泪。

# 第八章

# 毁誉参半
## ——风流词人李渔

李渔（1611年~1680年），明末清初文学家、戏曲家。在明代中过秀才，入清后无意仕进，从事著述和指导戏剧演出。后居于南京，把居所命名为"芥子园"，并开设书铺，编刻图籍，广交达官贵人、文坛名流。著有《凰求凤》、《玉搔头》等戏剧，《肉蒲团》、《觉世名言十二楼》、《无声戏》、《连城璧》等小说，及《闲情偶寄》等书。

## 五经童子，乡试落第

李渔原籍在金华府兰溪县。他的祖先，唐朝时由福建长汀迁移到浙江寿昌，南宋时才迁到邻县兰溪，定居在夏李（下李）村。这个家族，许多人在外经商。李渔的父亲如松、伯父如椿，都在雉皋（今江苏如皋）做药材生意，如椿还是一位"冠带医生"。

相传，李渔家世贫寒，住在夏李伊山头的一间破旧祠堂里。父亲李如松长年在江苏如皋做药材生意，难得回来，母亲在村里做"烧镬娘（女帮工）"。明万历三十八年（1610年），李渔母亲怀胎到了11个月上，肚子痛了三天三夜，还是没有分娩。到了农历八月初七这一天，有个白发长老路过此地，他看了看产妇，又绕着房子转了一圈说，产妇肚里的胎儿是"星宿降地"，现在住的这间小祠堂屋宇阴暗，按风水相学上说，地盘太轻，是载不住"星宿"的。经长老建议，大家把产妇抬到夏李村的总祠堂里，才得以顺产。长老说，这孩子不是凡胎，是"仙之侣，天之徒"，于是就取名仙侣，字谪凡，号天徒，李渔是中年以后改的名字。

李渔少年时代是在雉皋度过的。那是苏北平原上的一座古老的县城，商业、文化都比较发达。这里有贩卖中药的兰溪人，当地叫他们"兰溪帮"。如椿在这里行医，熟识的人很多。他有6个儿子，但却最喜欢侄子仙侣，因为这孩子聪明好学。李渔后来回忆说，他自己"乳发未燥"时，就能辨别四声，常随伯父去游"大人之门"了。据《龙门李氏宗谱》记载，他家祖宗九代，没有一个做官的人，父辈觉得门楣无光，低人一等，所以把光宗耀祖的希望寄托在这个聪明好学的仙侣身上。而少年李渔也的确使长辈们喜爱，他的记忆力和理解力都很

强，不论学习什么，很快就能掌握；又自立奇志，从不懈怠。他家种有一株梧桐树，这树有个特点，每年增一节，可以纪年。李渔每年在树上刻一首诗，警戒自己不要虚度年华。15岁那年刻的一首是：

　　小时种梧桐，桐本细如艾。
　　针尖刻小诗，字瘦皮不坏。
　　刹那三五年，桐大字亦大。
　　桐字已如许，人长亦奚怪。
　　好将感叹词，刻向前诗外。
　　新字日相催，旧字不相待。
　　顾此新旧痕，而为悠忽戒。

少年时代的勤学，打下了坚实的知识基础，李渔到十七八岁时，已遍读群书，能够下笔千言了。

雉皋境内有个小镇叫李堡，那里有座"老鹳楼"。传说曾有鹳鸟乘海潮来楼上，虽在炎热的夏天也不离去，人们视为奇迹，楼也因此得名。《如皋县志》说："明季诗人李笠翁尝侨寓此。"可能少年李渔曾在这里发奋攻读，只可惜当时的详情已不得而知了。

李渔少年时代生活是相当称心的。他的诗集中，有一首《丁卯元日试笔》：

　　岁朝毕竟异寻常，天惜晴明日爱光。
　　春气甫临开冻水，寒梅旋吐及时香。
　　尊前有酒年方好，眉上无愁昼始长。
　　最喜北堂人照旧，簪花老鬓未添霜。

这时李渔17岁，父母健在，百事不用操心，樽前有酒眉梢无愁，真是无忧无虑的好日子。

可是，人生道路不总是顺畅的。在他19岁那年，父亲不幸病逝了。有一件事值得说一说。那是父亲死后，按照当地习俗要"避煞"，即由阴阳先生算定，死者之魂某日要回来，叫做"回煞"，这一天家人必须全部回避。李渔认为这不合情理，写了一篇《回煞辨》予以驳斥。他说："孝子因为父亲逝世不能再见，非常悲伤，现在既然能回来，

176

欢迎还来不及，避他干啥？"从这件事，可以看到青年李渔对他父亲的感情，以及他不为习俗所囿的思想。

父亲逝世后，家庭经济状况开始下落。这时，李渔已经结婚，并有了一个女儿，名叫淑昭。妻子姓徐，兰溪生圹地方人，是个农家女，李渔在其作品中亲切地叫她"山妻"，第二年5月间，兰溪疫病流行，李渔和妻女都受传染，他自己的病情特别重，卧床不起。此时正值杨梅上市，李渔最爱吃这种水果，一次能吃一斗多，病中急着要家人购买。家人问医生，医生说："杨梅性极热，和他的病症恰相反，别说多吃，就是一二颗也可能丧命。"家人不敢买，只说市上还没有卖的。一天，李渔听到门外有叫卖声，家人瞒不住，便把医生的话告诉他。李渔激动地说："碌碌无为的庸医，他知道什么？快给我买来！"家人无奈，只好依着他。李渔一口气吃下许多，顿觉满胸郁结全开，五脏皆和，四体尽适，病竟痊愈了。

父亲死后，母亲以一个妇道人家，守着一点产业，艰难支撑，让已有妻女的儿子继续安心读书。6年后，李渔终于以优异成绩，在童生试科考中脱颖而出，成为秀才。这年，他25岁，对那些世代书香的家族子弟说来，不算少年得志。但是，这在那个祖祖辈辈没有功名的家族，却是破天荒的大喜事。母亲、妻子，那高兴劲自不必说，李渔自己也把它看作踏上人生征途的首捷。40年后，想到当年奖掖他的许豸，还万分感激，特地设位哭祭。许豸是福建侯官人，李渔尊称他"侯官夫子"。他永远不会忘记这个最早赏识他的恩师。

1637年（明崇祯十年），李渔进入金华府学，成为"府痒生"。金华是浙东名城，军事重镇，又是学术文化中心，人才荟萃之地，和李渔故乡兰溪毗邻。在府学里，李渔攻读"举业"，准备参加高一级的科举考试——乡试。

这年，李渔27岁。当时，农民起义的烈火遍地燃烧，新兴的满洲劲劲虎视眈眈，伺机入关。崇祯皇帝刚愎自用，任用小人，误杀忠良，弄得内外交困，每况愈下，历时200多年的明王朝，已经摇摇欲坠，大厦将倾了。全国各地，不少忠君爱国之士，面对危局，激昂慷慨。

他们结成党社，呼吁奔走，试图刷新政治，扭转乾坤。李渔也是这样的一位青年士子。他在府学里，和同学谈说时务，结社咏诗，抒发济世之志。为了救国济世，他潜心研究历代史书，从中吸取经验教训；为了适应动乱的环境，学文之外，他还注意练武，常和同学们一道骑马击剑；为了增长见识，培养豪情，又遍游境内名山和江浙各地；吹埙奏篪，填词观剧，更足以抒愤懑，砺节操。

这时李渔写了许多诗，大都已经散佚了，存留下来的很少。其中有两首反映他当年的精神风貌。

一首是《赠侠少年》：

> 生来骨骼称头颅，未出须眉已丈夫。
> 九死时拼三尺剑，千金来自一身卢。
> 歌声不屑弹长铗，世事惟堪击唾壶。
> 结客四方知己遍，相逢先问有仇无。

说他不属于像战国时孟尝君的门客冯驩那样为求个人的优裕生活而弹长铗，而要效仿东晋时大将军王敦的驰骋沙场，击壶高歌，光佐中兴。侠义豪情，跃然纸上。

一首是《吴钩行》：

> 把酒看吴钩，吴钩先陆离。
> 不平事满眼，欲试宜先谁？

世事混乱不堪，他手执锋利的宝剑——吴钩，决心铲除不平。可是，满眼都是不平事，怎么下手啊？

崇祯十二年（1639年），明王朝举行乡试。李渔赴省城杭州应试，途经萧山县虎爪山，遇上强盗，拿出重金的人可以免死。李渔身无钱财，以为要遭殃了，后来不知怎的，竟得幸免了。他受了一场虚惊，倒是不幸中的大幸，而真正不幸的事却是曾名噪一时的"五经童子"，这次竟名落孙山了。事后，李渔写了一首诗，寄给同时落第的朋友：

> 才亦犹人命不遭，词场还我旧诗豪。
> 携琴野外投知己，走马街前让俊髦。

## 第八章
## 毁誉参半——风流词人李渔

酒少更宜赊痛饮，愤多姑缓读《离骚》。

姓名千古刘蕡在，比拟登科似觉高。

那些中举的"俊髦"，骑着高头大马，得意地在街上游行；落第的李渔则只能借酒泄愤。是李渔的才学不及别人吗？当然不是！科举考试到了明末，百弊丛生，怎能不使具有真才实学的失意者愤然不平！唐代有个刘蕡，在文宗太和二年，被举为"贤良方正"，进京接受皇帝策试。那时朝中宦官当道，没有人敢得罪他们。刘蕡无所畏惧，对策时向皇帝尽情揭露宦官的罪行。考官叹服他的才华和胆识，但又畏惧当时专权的宦官，不敢录取他。被举的22人都授了官，刘蕡却落选了，舆论愤愤不平。同时应试的李郃说："刘蕡下第，我辈登科。能无厚颜！"他要求把自己的官位让给刘蕡，朝廷不同意。然而，刘蕡的声名，却从此千古流传。李渔以刘蕡自命，亦可见其抱负之不平凡了。

考场的不公，给李渔的印象非常深刻，30多年后，他为江南贡院至公堂写了这样一副对联：

三载辛勤来此地，人怀必售之心，非秉至公，则举者喜矣，错者不能无怨，怨蓄谤兴，

一生期许坐斯堂，务擅空群之识，惟持极慎，则得者快矣，失者亦可无惭，惭消誉起。

这副对联，把主考人的公正与否，及其将产生的积极或消极的影响，说得很明白，很深刻。它出自早年乡试落第的才子之手，更使人增加一层感慨。

秋去冬来，转眼又是新年，这年，李渔30岁了。孔夫子说："三十而立。"李渔现在连个举人还不是哩！他怎能不感慨万分？大年初一早晨，他写了一首《凤凰台上忆吹箫》词。说只隔一夜，自己已经不是二十几岁的年轻人了。妻子在神前祷告，祝他早上青云，听见他在持杯叹息，也皱起了眉头。他劝妻子，封侯的事，就暂且别提了，让我们"共醉斜"吧！

他敬爱的老母，如今已是白发苍苍，60多岁的人了。丈夫离开她

已经10多年，在这期间，她含辛茹苦，一心指望儿子取得功名，光宗耀祖，谁知看到的竟是名落孙山！她鼓励儿子继续争取，然而，没有等到李渔再次应试，便含泪离开了人间。李渔失去慈母，悲痛万分。想到自己使她失望，更是羞愧交集，甚至在梦中也受着责备。有题为《夜梦先慈责予荒废举业，醒书自惩》诗一首说：

久失过庭教，重为泣杖人。

已孤身后子，未死意中亲。

恍惚虽成梦，荒疏却是真。

天教临独寐，砺我不才身。

1641年，李渔还在落第失意之时，金华府同知瞿萱儒送给他一只小老虎。他把这稀奇物关在特制的笼里，运回家中。一路上，群众围观，45里路，竟走了三昼夜。到家之后，看稀奇的更是络绎不绝，百里之外都有人来，从不出门的远乡妇女也来了。这盛况，给了李渔很大启发，他写了《活虎行》长诗，在序中说：

噫！一虎之微，只以但见其死，未见其生，遂致倾动一国，宝若凤麟。使人而虎者，炳蔚其文，震作其声，而又不为人所习见之事，则一鸣惊人，使天下贵贱老幼，以及妇人女子，咸以得见为幸，其得志称快，又当何如！借物志感，作《活虎行》以自励。

崇祯十五年（1642年），又届乡试。李渔乘船沿兰江而下，再赴杭州应试。这时，局势更加动乱。3年前，只是路上遇到强盗，毕竟到了杭州。这次才到中途，前方传来警报，道路不通了。李渔只好转舵回家，后作《应试中途闻警归》诗纪事：

正尔思家切，归期天作成。

诗书逢丧乱，耕钓俟升平。

帆破风无力，船空浪有声。

中流徒击楫，何计可澄清？

此时，李渔家中只有妻子徐氏和女儿淑昭，兵荒马乱，远离家乡，原就放心不下，希望能够早日回家，这倒也好。但却断绝了他求取功名之路，只得居家坐待升平。眼见国事日危，他徒有晋人祖逖中流击楫、澄清中原之志；一介书生，又有何计能挽狂澜于既倒？国难当头，功名无望，李渔心灰意冷了。在《清明日扫先慈墓》诗中，他说：

　　　　三迁有教亲何愧，一命无荣子不才。
　　　　人泪桃花都是血，纸钱心事共成灰。

这次乡试，是明王朝举行的最后一次。李渔一生，实际上只参加过一次乡试，有的人说李渔屡试不中，那是不正确的。

## 明清之际，战乱生活

明崇祯十七年、清顺治元年（1644年）国事发生重大变故。3月，李自成率领农民起义军攻入北京，崇祯帝朱由检在煤山自杀。5月，清军占领北京。7月，明宗室福王朱由崧在南京即位，年号弘光。当时和清军的战争主要还在北方进行，但也影响到江南。金华先有许都之变，接着便遭受各镇溃兵的骚扰。府城大乱，李渔在城中的住所也被烧毁。乱后，李渔只能"骨中寻故友，灰里认居停"了。在动乱的日子里，金华府同知许檄彩曾请他做幕僚，他以为这是一次入仕和建功立业的机会，当然十分感激，与诗答谢道：

　　　　时艰借箸无良策，署冷添人损俸钱。
　　　　马上助君唯一臂，仅堪旁执祖生鞭。

祖生就是祖逖。诗中用祖逖挥鞭的典故来比喻府君，正说明李渔志在恢复中原。这当然是不现实的。事实说明，他不仅没有以一臂之力"马上助君"澄清环宇，而且常常不得不逃到乡下或深山去避乱。其实，那时的乡镇并不比城市安宁多少，官军和农民起义军纵横交错，商贾歇业，民众大都逃进深山，不要说找不到旅店，就连找人家买碗饭吃都困难，有时李渔连饿几天，晚上还必须赶路。战乱给人民造成

的灾难，给李渔留下了深刻的印象。他说，在他少时读杜甫记述唐代安史之乱的诗篇，感到十分悲凄，以为其中或有诗人修饰之词，实际生活不一定有那么痛苦。如今亲眼见到的情景，又使他觉得杜诗还嫌简略，应该加以补充了。

李渔有不少诗篇，记战乱中的所见所感。《甲申纪乱》反映1644年金华乡间的现实，诗中说：

贼多请益兵，兵多适增厉。
兵去贼复来，贼来兵不至。
兵括贼所遗，贼享兵之利。
如其吝不与，肝脑悉涂地。
纷纷弃家逃，只期少所累。
……
入山恐不深，愈深愈多祟。
内有绿林豪，外有黄巾辈。
表里俱受攻，伤腹更伤骨。
又虑官兵入，壶浆多所费。
贼心犹易厌，兵志更难遂。

显然，诗中所说的"黄巾"是指大股农民起义军。"绿林"，是指三五成群、劫夺为生的强人。"贼"是对二者的通称。诗中说："兵括贼所遗，贼享兵之利"，还仅说兵和"贼"同样掠夺残害人民；至于"贼心犹易厌，兵志更难遂"，便直谓兵比"贼"更贪婪残暴。不难看出，他的笔锋主要指向剿"贼"的官兵。诗中还说："可怜山中人，刻刻友魑魅"；"既为乱世民，好蜉即同类"，说明他对这些不幸的"山中人"赋予了多深厚的同情啊！

第二年，他又有《避兵行》说：

八幅裙拖改作囊，朝朝暮暮裹粮粮。
只待一声鼙鼓近，全家尽陟山之岗。
新时戎马不如故，搜山熟识桃源路。
始信秦时法网宽，尚有先民容足处。

## 第八章 毁誉参半——风流词人李渔

> 我欲梯云避上天,晴空漠漠迷烽烟。
> 上帝迩来亦好杀,不然见此胡茫然?
> 我思穴处避入地,陵谷变迁难定计。
> 海作桑田瞬息间,袁闳上室先崩替。
> 下地上天路俱绝,舍生取义心才决。
> 不如坐待千年劫,自凭三尺英雄铁。
> 先刃山妻后刃妾,衔须伏剑名犹烈。

战乱给人民造成的痛苦,比秦朝的虐政还厉害,朝不保夕,命如草芥,上天无路,入地无门,逼得他准备全家自杀。

战乱中,许多公私藏书被烧毁了,李渔非常气愤,写了《吊书四首》,其三云:

> 将军偶宿校书台,怒取缥缃入灶煨。
> 国事尽由章句误,功名不自揣摩来。
> 三杯暖就千编绝,一饭炊成万卷灰。
> 犹幸管城能殉汝,生同几案死同堆。

其四云:

> 心肝尽贮锦囊中,博得咸阳片刻红。
> 终夜敲推成梦呓,半生吟弄付飘风。
> 文多骂俗遭天谴,诗岂长城遇火攻?
> 切记从今休落笔,兴来咄咄只书空。

历代文人心血的结晶,祖国几千年的文化遗产,竟成了"将军"们烧饭煮酒的燃料。他们仇视图书,认为就是这些东西误了国家大事,真是愚蠢可笑。李渔愤怒地责问:"难道诗文便是长城么?为何你们要进行'火攻'?"他想起当年秦始皇在咸阳焚书坑儒,又写下这样的诗句:"始信焚坑非两事,世间书尽自无儒。"这岂止是诗,这是诗人投向那些绝灭文化的暴君和"将军"们的匕首。

李渔铜像

几年的战乱生活,使李渔更接近了人民,经受了磨炼,增长了见识,写下了不朽的诗篇。这段经历,对他后半生都有着深刻影响。

天下才子最风流
——说说历史上那些才子们

## 剃发狂奴，识字农人

清顺治三年（1646年）8月，清军攻占金华，李渔回到兰溪故乡。这时，南京的弘光小朝廷，在大敌当前的紧要关头，仍然忙于内部党争，把国家危亡放在脑后，已被清军轻而易举地击败了，贪酒好色的福王朱由崧成了俘虏。在浙、闽、两广等地，抗清力量以明宗室鲁、唐、桂等王为号召，企图恢复。然而，这个具有270多年历史的大明王朝，已经走到了它的尽头。几个流亡的小朝廷，朝不保夕，依然王侯沉湎酒色，将相争权夺利，军队纪律败坏。可怜少数志士，一片忠心，奋身救国，无奈大势已去，谁也无法挽回了。

李渔早已希望乱后出现升平世界，而今清政府果然扫平了农民起义军，消灭了南明小朝廷，镇压了吴三桂等藩王之乱，终于获得了天下太平。但这新来的满族征服者，却不是他原所盼望的。今天我们见到的李渔诗文，是在清代出版的，不可能收进明显的反清内容。但在一些篇章中，仍能寻出一点感情的痕迹。

顺治二年（1645年）6月，清廷颁布剃发令。令中说：

自今布告之后，京城内外限旬日，直隶、各省地方，自布告所到之日亦限旬日，尽使剃发，遵依者为我国之民，迟疑者同逆命之寇，必治重罪。

清军所到之处，"留头不留发，留发不留头"，李渔对这一伤害民族自尊心的暴行虽强烈不满，但为了保住头颅，还是剃了，只是内心久久不能平静。我们看他当年写的《丙戌除夕》诗：

髡尽狂奴发，来耕墓上田。
屋留兵燹后，身活战场边。

## 第八章 毁誉参半——风流词人李渔

> 几处烽烟熄？谁家骨肉全？
> 借人聊慰已，且过太平年。

第二年写的《丁亥守岁》诗，又说：

> 著述年来少，应惭没世称。
> 岂无身后句，难向目前誉。
> 骨立先成鹤，头髡已类僧。
> 每逢除夕酒，感慨易为增。

年复一年，李渔都提起剃发的事。清廷把剃发与否，作为被征服者顺逆的标志，李渔也把剃发与否当做是否已为异族奴隶的象征。他既剃发，便已处为奴的屈辱地位，故称自己是"狂奴"。他既然有这样的心情和态度，当然不能想象他会应清政府征召为官建功立业了。

顺治十八年（1661年），发生庄廷龙明史案。庄廷龙，浙江湖州人，患眼病，成了盲人。他想学习左丘明失明以后发愤写史的精神，向邻居买来明故相国朱国桢未完成的《史概》，招集宾朋加工整理，又增加了天启、崇祯两朝事，编成《明书辑略》。书成，庄廷龙便去世了。他父亲庄允城同情他的不幸，替他刊行。此书如实记事，不书清年号，而于南明隆武、永历即位正朔，却大书特书，顺治十七年冬刊成，购者颇多。有人以为不妥，便向学道报告，于是开始了对此事的审查。后经庄允城上下行贿，改易了书中的忌讳处，重新印行，并把改刊本送呈各衙门，事情似乎可以平息了。谁知后来又出了个吴之荣，此人原是归安县令，因事罢了官。他借此事向庄允城及另一富户朱佑明要挟索贿，都未如愿，便向将军松魁告发。松魁令巡抚、督学办理，庄允城再次纳献重贿而获免。吴之荣一不做二不休，买了初刊本，并刻上"朱史氏"一条，陷害朱佑民，直接告到四顾命大臣（顺治死时，遗命辅佐幼主康熙的索尼、苏克萨哈、遏必隆、鳌拜等四大臣）处，于是一场文字狱便发生了。

此案于康熙二年（1663年）5月了结。处死者70多人，妻女都发配边远地区为奴。庄廷龙早死，庄允城死在狱中，均戮尸。被诬的朱佑明被处死。处斩者中，包括参阅者、刻字匠、印刷匠、书商、藏书

人等。有关的官员，如知府谭希闵、推官李焕、训导王兆祯也受了绞刑。陆圻、查继佐、范骧三人也在参阅者之内，本应处斩，经审查，他们并未见到此书，且于事前检举，虽免于死，但也坐了好长一段时间的牢房。

陆圻（丽京），钱塘（杭州）人，是李渔的好友。清军到来时，他匿居海滨，削发为僧，局势平定后，回原籍行医养亲。这次受明史案株连，释放后叹道："余自分定死，幸而得保首领，家族俱全，奈何不以余生学道邪？"于是弃家出游，不知去向。

陆圻的遭遇，使李渔生出无限感慨。他写过《闻老友陆丽京弃家逃禅寄赠二首》，其二云：

西湖诸旧友，惟尔最称贤。
谁料无双士，今归第一禅！
名儒登上座，吾道入西天。
宝筏他年共，如登李郭船。

其后，又作《梦中赠人，止成五句，醒显成之，其人陆姓》一诗云：

陆子真堪友，逢人吐肺肠。
力衰豪兴趣，身贱贵文章。
酒德真堪颂，名心老未忘。
为生三代后，借此慎行藏。

他高度评价陆圻的为人，引为同调；将新兴的满族统治者所建立的清王朝喻为三代以后不行仁政的衰世，对那些恬不知耻，丧名辱节，屈身投靠异族统治者以求一官半职的名儒则给予无情地冷嘲。这情感，和那两首除夕守岁诗是一脉相承的。

要知李渔在换代之际的思想感情及其人品节操，还可看他对明朝殉节者的态度。他有《婺城行·吊胡中衍中翰》：

婺城攻陷西南角，三日人头如雨落。
轻则鸿毛重泰山，志士谁能不沟壑？
胡君妻子泣如洗，我独破涕为之喜。
既喜君能殉国危，复喜君能死知己。

## 第八章
### 毁誉参半——风流词人李渔

另有一首挽季海涛的诗，此人是长山（金华县）学官，丙戌（顺治三年）之难中尽节身亡。诗云：

　　服官无冷热，大节总宜坚。

　　师道真堪表，臣心不愧毡。

高度评价以身殉国的明朝官员。表明这位并未得志的"府庠生"对故国情思是深沉的。

李渔认为，士子在换代之后，不能以身殉国，也当退隐不仕。所以，入清以后，他自己当然不会去参加科举考试了。直到康熙十四年（1675年），也就是进入了史家们所讴歌的康熙盛世，李渔已是65岁的老人，他送两个儿子去应童生试，还深怀愧意。写诗说：

　　未能免俗辍耕锄，身隐重都教子读。

　　山水有灵应笑我，老来颜面厚于初。

在小说《乞儿行好事》中，李渔讲了一位做了乞丐的忠臣义士。此人在清兵来时，投水自尽，留下一首靖难诗：

　　三百余年养士朝，一闻国难尽皆逃。

　　纲常留在阜田院，乞丐羞存命一条。

文中说：明朝末年的叫花子，都是些有气节、有操守的人。他们是高人达士，手持糙碗，硬着袖衣，宁为长久乞儿，不图须臾富贵。直到清朝定鼎，大兵南下的时节，文武百官，尽皆逃窜，独有叫花子里面，死难的最多。他以行乞的隐士与那些卖身求荣的文武百官作对比，是用心良苦的。

"髡尽狂奴发，来耕墓上田。"入清以后的三四年中，李渔在故乡做"识字农"。他自信能够写出传世的作品，但在当时，却难以落笔，便寄情于庭园的构筑。他家住兰溪伊山，此山高30余丈，广不足百亩。在这不大的范围内，李渔精心构筑自己的家园——伊山别业。经他独具匠心的设计和安排，建成了燕又堂、停舸、宛转桥、宛在亭、踏响廊、打果轩、迂径、蟾影口、来泉灶诸景。其实如所谓"来泉灶"者，只不过是用竹筒把山泉引至灶旁而已，不过李渔能别具匠心使平常事物富有诗意，苦中作乐罢了。

实际情况是，李渔在此山间却也自得其乐。他常和同社诗友吟咏唱和，写下了《伊山别业成寄同社五首》、《伊园十便》、《伊园杂咏》、《伊园十二宜》等诗篇，亦颇见其闲情逸致。甚至在他晚年回忆这段生活时还说："计余一生，得享列仙之福，只有这三年。"

这当然只是他的自我解嘲，李渔素以"一鸣惊人"，"得志称快"而"自励"，在他山居之时，年近40，正当壮年，岂能长甘寂寞于伊山之簏，久寄闲情于别业之中？"天生我才必有用"，盛世歌樹见平。他卓越的才能即将脱颖而出了。而今大清王朝，欣欣向荣，他当年志楫挥鞭，为澄清中原而驰骋沙场的志愿已成泡影，虽非情愿，也不得不改弦易辙，到翰墨场中去驰骋纵横，展示才华了。

## 湖上笠翁，传奇词奴

大约在1650（顺治七年）前后，李渔卖去自己悉心营造、终日游乐其间的伊山别业，举家移居杭州。对于这个心爱的别业的出卖，他曾写过一篇《卖山券》，发了一通妙论。他说，金钱可以买去木石，却买不去旧主留下的文名。严陵、龙岗、兰亭、赤壁，因严子陵、诸葛亮、王羲之、苏东坡而闻名于世，你把这些地方买去，也只是替他们守业而已，谁会说这些胜地是你的呢？我李渔曾写了许多伊山别业诗，已收在诗集里，流传远近。日后有人游伊山，说这就是李渔之山，你这新主人不生气吗？我收了你的钱，人家还说这山是我的，在我来说，真有点狡猾了，然而，这有什么办法呢？其实也不难，只要你赶快登高作赋，绕匝寻诗，写出胜过我的诗文，不胫而走，不翼而飞，誉满人间，大家就会改口说：伊山不再是李渔的，被合适的人买去了。李渔的这篇《卖山券》，充满了才人的自豪和对富而愚者的鄙视。

# 第八章
## 毁誉参半——风流词人李渔

"上有天堂，下有苏杭。"往日李渔陪母亲游西湖，他母亲曾在舟中指着岸上居民，感叹地说："这些人住在湖边，前世怎么修来的！"现在，老母早已离开人间，而李渔一家却真的来了。杭州是个繁华的都市，经过换代之际的几年动乱，现在又旧态重展，歌舞升平了。这里住着李渔的许多同学和文友，对于他的到来，个个欣喜若狂，常常在一起聚会，饮酒观剧，泛湖吟诗，有时还远至富阳等地邀游。经过多年的战乱和无奈的闲适，李渔开始新的生活了。此时的心情，可以从他的《辛卯元日》诗中看到：

又从今日始，追逐少年场。

过岁诸逋缓，行春百事忘。

易衣游舞榭，借马系垂杨。

肯为贫如洗，翻然失去狂。

李渔在杭州置了一所住宅，欠了一些债，但没有因此减少他的游兴。这样浓厚的游兴，并非偶然。到杭州以后，他亲眼看到这座复苏的都市里，从豪绅士大夫到一般市民，对戏剧、小说有着浓厚的兴趣，他完全可以在这方面大显身手，干一番惊人的事业。于是他开始了"卖赋糊口"的专业创作生活，迈出了走向成功的第一步。

李渔的创作活动并非从杭州开始。他在少年时代就写诗作文，后来在金华还印过一本《齠龄集》，可惜战乱中毁于兵火了。30多年的读书、习作、游历以及对战乱生活的体察，使李渔有了坚实的创作基础。几年间，《怜香伴》、《风筝误》、《意中缘》、《玉搔头》等传奇以及《无声戏》、《十二楼》等小说相继问世。作品以它独特的风格，很快受到广大观众和读者的热烈欢迎，"湖上笠翁"成了家喻户晓的词场新人。这些作品以惊人的速度向各地流传，在缺少现代交通工具的当时，数日之内，三千里外的地方也能见到笠翁新作。牟利的书商，私自争相翻刻，使李渔忙于交涉，兴叹不已。因为金陵（当时叫江宁，即南京。）翻版者多，李渔索性在顺治十四年（1657年）前后把家搬去，以便就地交涉。不料人到金陵，又获悉苏州书商企图翻刻他的新作，李渔赶到苏州，留在杭州的女婿又来信说，杭州书商翻版的新书已刻好，不久即将出售。

李渔作品为什么这样畅销？这是值得研究的问题。

我们知道，李渔在他所处的时代和所受的教育制约下，使他不能不以"教化"为己任，而绝不会企求当个专业作家。如今他从事传奇（戏曲）和小说创作，还是抱着这个宗旨。有人说他的作品"寓道德于诙谐，藏经术于滑稽"，这是不错的。值得注意的是，李渔既然寓教育于娱乐之中，就使得他的施教较少道学气，容易为广大群众所接受。

李渔称自己的作品是"新耳目之书"。他一意求新，不依傍他人，也不重复自己。他努力发现"前人未见之事"，"摹写未尽之情，描写不全之态"，促人以思索，给人以悬念，所以能吸引人。

李渔的作品很通俗。他自称"巴人下里"，"戏文做与读书人与不读书人同看，又与不读书之妇人小儿同看"。他从日常见闻中取材，经过艺术提炼，遂成"罕听罕见"之事物。在语言上，力求"一气如话"，就像在和妻孥仆役面谈。因此，它能做到雅俗共赏，拥有广大的观众和读者。

李渔说他在作品中致力于表现"人情物理"。他所谓的"人情物理"，当然含有浓厚的封建色彩，但确也含有真实地表现生活的合理主张，即反映活生生的社会现实，特别是芸芸众生的生活，他们的欲望和需求、喜怒哀乐等等，也就是现代术语所说的人民性。他说："传奇无冷热，只怕不合人情。如其离合悲欢，皆为人情所必至，能使人哭，能使人笑，能使人怒发冲冠，能使人惊魂欲绝，即使鼓板不动，场上寂然，而观者叫绝之声，反能震天动地。"因此，他的作品既"出寻常视听之外，又在人情物理之中"，真实可信，动人心弦。

"唯我填词不卖愁，一夫不笑是我忧。"给人以快乐，既是李渔戏曲创作的重要手段，也是他创作的目的之一。他的作品"重机趣"，富有幽默感。他说："机者，传奇之精神；趣者，传奇之风致。少此二物，则如泥人土马，有生形而无生气。"他的作品妙趣横生，逗人发笑，即使是悲剧，也"寓哭于笑"。世人谁不爱笑，而甘心成日价哭哭啼啼？所以李渔的观众、读者就多了。

## 第八章 毁誉参半——风流词人李渔

李渔的传奇和小说,大都写了男女之情。他通过这些故事,歌颂忠贞的爱情,劝人为善,劝人戒淫。

《玉搔头》中有这样两段话:

从来富贵之人,只晓得好色宣淫,何曾知道男女相交,全在一个情字。民间女子,随了富贵之人,未必出于情愿,终日承恩献笑,不过是慑于威严,迫于势利,那有一点真情?这点真情,倒要输于民间夫妇。那民间女子,遇着个贫贱书生,或是怜才,或是鉴貌,与他一笑留情,即以终身相许,势利不能夺,生死不能移,这才叫做真情实意!

三军可以夺帅,匹夫不可夺志。做妇人家的,若拼不得一死,就是个卖菜佣相遇,他也只得依从。若肯把性命结识他,莫说寻常的势力,就有圣旨在前,军力在后,他其奈我何?万郎!万郎!你毕竟是做官的人,把势位看得太重,未免轻觑奴家也。

说话的女子情操何等高尚!性格何等刚烈!这类话,一般百姓谁不爱听?

在《凰求凤》中,李渔通过剧中人,说了这样的话:

奸邪之事,快一己之淫心,败两家之名节。为妇人者,一经玷污,终身不能湔洗,为男子者,长抱羞惭,没齿无由伸泄。这是说不出的仇恨。

做了别样歹事,那些轮回报应,虽然不爽,还有迟早不同。独有奸淫之报,一定要现在本身,决不肯现到来世。淫人妻女,就将妻女还人,却像晨时借债,晚上还钱。

这类话,比起道学先生的戒淫说教,态度同样坚决。所不同的,是李渔能用生动的故事,质朴的口语打动人心,使人乐于接受。

李渔写爱情故事,还不限于爱情本身,笔触所至,涉及广泛的社会内容。例如,他把情场中常见的淫、妒、诈,和社会生活其他方面的淫、诈联系起来,一并给予反映,称为人生之三大患,唤醒人们注意疗治。

李渔的传奇和小说深受观众读者欢迎,还因为它们具有广泛的社

会道德和思想意识的内容，反映了人们注目的社会问题，如父子、朋友、主仆之间的道义问题，赌博问题，许多人相信算命、相面问题等等。这里，仅就算命、相面举例谈谈。

瞽目难开，心思也欠乖，全凭瞎撞，骗尽世间财。

这是作者在《凰求凤》中对瞎子算命的揭露和鞭挞。《连城璧·老星家戏改八字》，说的是算命，劝的是"修身"，它在结尾时说：

"说话的！若照你这等说来，世上人的八字，都可以信意改得的了。古圣贤'死生由命，富贵在天'的话，难道反是虚文不成？看官要晓得，蒋成的命，原是不好的。只为他在衙门中，做了许多好事，感动天心，所以神差鬼使，教那华阳山人，替他改了八字，凑着这段机缘。这就是《孟子》上'修身所以立命'的道理。究竟这个八字，不是人改，还是天改的。又有一说，若不是蒋成自己做好事，怎能够感动天心？就说这个八字，不是天改，竟是人改的也可。"

对于相面，李渔举了几个相貌相似的古人。他说：

当初仲尼貌似阳虎，蔡邕貌似虎贲。仲尼是个至圣，阳虎是个至奸；蔡邕是个富贵的文人，虎贲是个下贱的武士。你说那里差到那里！

还有《连城璧·遭风遇盗致奇赢》的结语：

我这一回小说，就是一本相书，看官看完了，大家都把镜子照一照，生得上相的不消说了，万一尊容欠好，须要千方百计弄出些阴骘纹来，富贵自然不求而至了。

迷信命相，是当时民众中常见而又不易消除的落后愚昧现象。这种迷信，根深蒂固，甚至常成为统治阶级愚弄人民的工具。李渔借孟子的话进行驳斥，使道学先生欲跳不能。他更用生动的故事，证明命相并非天定，也不能决定祸福。你想富贵吗？那就修善行，积阴骘吧！他讲得那么婉转，使你听起来很舒服，不致引起反感。

李渔作品特别具有吸引力的，当然还是那些揭露抨击封建统治阶级和社会阴暗面的话语。它们许多并非作品的主要情节，但思想意义却在主题之上。它们偶尔出现，却能深深打动观众和读者，因为说出了他们想说而不好说的话，传达了他们的心声。这些话，有的就出于

## 第八章

### 毁誉参半——风流词人李渔

作品中统治者之口,为特定情节所许可,即使现实中的统治者对之咬牙切齿,也不便兴师问罪。这是在言论不自由的情况下,反映人民心声的妙法,是赢得观众和读者喜爱的重要原因。

李渔揭露和抨击的对象,上自皇帝,下至乡宦、地主,涉及政治、司法、科考、军事等许多方面。作品中有私出嫖妓、和臣下争风吃醋的皇帝,有卖官鬻爵的吏部尚书,有作恶多端的乡村地主。要知作者观察的细致、揭露的深刻和手段的高明,请看下面几例:

不是撑船手,休来弄竹篙。衙门里钱这等好趁?要进衙门,先要吃一付洗心汤,把良心洗去。还要烧一分告天纸,把天理告辞,然后吃得这碗饭。

这话是由理刑厅的一个皂隶,对新来的同行说的。只管敲诈勒索,不问天理良心,这衙门是什么东西!让熟悉内情的人说出这等话,揭露力就更强了。

古语道:官久自富。蒋成在刑厅手里,不曾做一件坏法的事,不曾得一文昧心的钱,不上三年,也做了数千金家事。

不坏法、不拿昧心钱的蒋成尚且暴发如此,其他便可想而知了。

你道夹棍是件甚么东西,可以受两次的?熬得头一次不招,也就是个铁汉子了。临到第二番,莫说笞杖徒流的活罪宁可认了,不来换这个苦吃,就是砍头刖足、凌迟碎剐的极刑,也只得权且认了,扛过一时。这叫做在生一日,胜死千年。

夹棍是刑厅里的一种刑罚,是索贿虐民的一种武器,多少人在它的威逼下屈打成招呵!

上引三段话,分别出自李渔作品中的特定场合,凑在一起,就把那贪赃枉法、伤天害理的司法衙门揭露无遗了。

《蜃中楼》里,有段身为宰相的李义府的独白:

下官左仆射兼摄吏部尚书李义府是也。威权震主,势焰熏人。笑里藏刀,毒性有如蜂虿,柔能害物,别名呼作猫儿。正是牛马一听人呼,富贵终还我享。下官由吏部尚书入相,已经数载。我想宰相倒是个虚名,不如吏部反有些实际。我如今用个名实相救之法,虽为仆射,

仍掌诠衡，那海内的钱财，不怕不尽归于我。今岁乃大比之年，是我教朝廷破格，将二甲前十名除受御史。这分明是个半送半卖之法，怎奈这些新进小子，不达世务，一些礼物也不来馈送。今日该点他们出巡，难道又不来料理（指送贿）不成？

得知新御史并未进贿时，他怒道：

这等可恶，难道御史白送了你，差使又白送你不成！我若不点，外面的人要说我勒索。如今将头上一名，把个没帐的差打发他出去，其余只说没有缺出，待下次点，刁顿刁顿他便了。

又对那"头上一名"叫柳毅的唱道：

去时初夏，归来须及三秋。那河边水价，网畔渔租，处处堪归袖。直把地皮卷到海边头，满载归来对半抽。

三段独白，把这个大贪官的心灵手段，全盘端了出来。

《风筝误》里，征蛮的水营总兵叫"钱有用"，陆营总兵叫"武不消"，左营副将叫"闻风怕"，右营副将叫"俞敌跑"。作者把它连成四句谚语：

只知钱有用，都言武不消，今日闻风怕，明朝俞（遇）敌跑。

《蜃中楼》里，有"虾元帅"、"蟹将军"。虾元帅说：

列位岂不知道，我外面是个空壳，里面没有一根骨头，若不鞠躬尽礼，怎么挣得这口气来。

蟹将军说：

列位不要见笑。出征的时节，缩进头去，报功的时节，伸出头来，是我们做将官的常事，不足为奇。

宰相笑里藏刀，贪赃枉法；元帅空披人皮，没有一根骨头；将军不过是些缩头龟蟹，这是什么样的世道？这《蜃中楼》本是演爱情故事的，它的容量是多么丰富，反映的社会问题又是多么尖锐啊！

再看揭露乡村黑暗的一例。《慎鸾交》中写一个苏州乡下的土财主，见本地新到母女二人，女儿有点美色，陡起歹心，竟遣家人伪装"魔寇"，抢走她们的全部积蓄，逼那母亲前来借债度日。写契时，把借契换成女儿卖身契，就算女儿卖给他了。借出的白银100两，当场

## 第八章 毁誉参半——风流词人李渔

就硬扣去"中人钱"30两、家人"使费"20两。家人说:

自古道:"看山食山,看水吃水。"一个财主门下,至少也有二三十个家人,你这二十两银子,秤出来分不上一两一个,这是公道不去的了,还有什么讲得?这公道生涯,只当把心田耕种。你不见宦族豪奴,还无端嚼诈孤穷?

由此及彼,从土财主引到宦族,一句话胜过一大篇。在封建社会里,这种鱼肉乡里的恶霸豪奴,何止万千。人民痛恨他们,李渔在作品中给他们无情的鞭挞,怎能不引起观众、读者强烈共鸣?

然而,在当时,李渔却因他的传奇而受到一些恶少、道学家以至官府的忌恨、刁难和打击。

李渔在作品中有意塑造了一些"花面"人物,他们作恶多端,下场可悲。现实生活中的恶少,见此等人物酷似自己,顿生兔死狐悲之感,每每借故滋事。李渔为此特地发表一篇《曲部誓词》。他说:

余生平所著传奇,皆属寓言,其事绝无所指。恐观者不谅,谬谓寓讥刺其中,故作此词以自誓。

不肖砚田糊口,原非发愤而著书……不过借三寸枯管,为圣天子粉饰太平;揭一片婆心,效老道人木铎里巷。既有悲欢离合,难辞谑浪诙谐,加生旦以美名。

既非市恩于有托,抹净丑以花面,亦属调笑于无心。凡以点缀剧场,使不岑寂而已……焉知不以无基之楼阁,认为有样之葫芦。是用沥血鸣神,剖心告世:稍有一毫所指,甘为三世之瘖。

其实,李渔正是发愤而著书,并用文艺影响世道人心。他不得不写这样的誓词,正说明这样的作家,在当时的社会上活动并不容易。而这篇外柔内刚的杰作,却又能显示李渔的战斗艺术和风格。

《奈何天》里有个丑角扮演的财主,疤面、糟鼻、驼背、跷足、形象十分可憎。李渔给他取名阙素封,字里侯,混名阙不全。这事被忌恨他的"正人君子"抓住把柄。他们说:"孔子尊称素王,家住阙里,并曾在这儿讲学,你李渔竟敢在戏里含沙射影,胡说素封阙里不全,这不分明是攻击圣人吗?"他们告到官府,李渔被迫打了一场官司。幸

好不在大兴文字狱的当口，兼之他人缘甚广，所以才躲过杀身之祸。

李渔自称"词奴"，他以最大的热情从事传奇和短篇小说创作，十几年间，写了几十部传奇，数十篇小说。流传至今的，主要有《十种曲》，还有《连城璧》（又名《无声戏》）、《十二楼》，共收短篇小说30篇。康熙六年（1667年），郭传芳在《慎鸾交序》中说："笠翁为前后八种之不足，再为内外八种以矫之……十年来，京师人士大噪前后八种。余购而读之，心神飞越，恨不即觌其人。"李渔独树一帜的传奇作品，由于深受人民喜爱，被秦腔、晋剧、川剧、京剧、越剧、婺剧等各种剧种移植，成为久演不衰的传统节目。

李渔的传奇还穿越国界，远至世界各地，成为世界人民共同享有的精神财富。德川时代的日本人，谈到中国戏曲，没有不首先举出笠翁的。在清代，《慎鸾交》、《风筝误》、《奈何天》等，就被译成拉丁文传至欧洲。李渔的传奇，现在已为许多国家的研究者注意，并给以很高的评价。一位名叫 Eric Henry 的当代美国作家，在他所著《中国娱乐》一书结束时说：

正像阿里斯托芬、乔叟和莫里哀是我们的，李渔也是我们的。

这是他研究李渔传奇以后得出的结论。在世界文化发展史上，李渔可以和这三位文化巨人比肩，这是我们中华民族的骄傲。

# 乔王二姬，家班女戏

李渔不但撰写传奇供人阅读和上演，自己还曾有过一部由家姬组成的"女乐"，即所谓"家班女戏"。他自任教习和导演，上演自己创作和改编的剧本。这为李渔的戏曲创作和理论总结，提供了实践经验，对清代戏曲舞台的繁荣，也作出了不小的贡献。

## 第八章
### 毁誉参半——风流词人李渔

明清时代，看戏是最普遍的娱乐活动。从皇宫贵宅，到市井乡里，都有演剧活动。官绅士大夫更把看戏作为日常主要的消遣方式，应酬宾客不可缺少的内容。他们中的许多人自己聘请教习，买来歌女，演戏自娱，并招待宾客。这样的门户，当时叫做"有戏的人家"。还有一类，主人自己精于戏曲艺术，买来歌女，自己教习和导演，有时也聘请别人协助。他们被称为"玩戏的人家"。屠隆、潘之恒、顾大典、阮大铖、祁豸佳、张岱、朱云崃、吴越石、冒辟疆，都是著名的玩戏人家，李渔也属这一类。这些戏班，是家庭举办的，不同于社会上的职业戏班，所以称它"家班"。这类家班，大都全用女演员，也有男女并用的。全用女演员的当时叫做"女乐"，后来有人叫做"家班女戏"。这类家班，演员多少不等，多的有至几十人的，少的只有三两人，一般是七八人至十二人。演员以生旦为主。李渔的那部女乐也只有大约七八人。有人说他的剧团有几十人，那是把他的全家，连子婿、奴仆都算进去了。由于家班规模一般不大，大都只演片段的折子戏。李渔的家班，演的是昆剧折子戏。从明代天启年间起，昆剧蓬勃发展，到李渔的时候，已是新作迭出，竞演成风了。

李渔早就希望自己有个家班，上演自己的新作，使它"迥异时腔"，并把旧日的传奇，删除腐习，注入新鲜内容，使它"别开生面"。然而，组织家班谈何容易！首先，拿不出那么多钱买歌女，别的就不用提了。多年来，李渔有两大欲望。一是望早生儿子，一是想办个家班。到50岁，长子将舒出世，此后3年间又添3个儿子，他的前一个愿望满足了。可是，家班的事却仍然没有影子。直到康熙五年（1666年），在从事专业创作十六七年以后，才时来运转，这时李渔已经56岁了。

这年，李渔进京游历。陕西巡抚贾汉复、甘肃巡抚刘斗邀请他去陕甘。途经山西平阳（今临汾），他想买个女孩和随行的一个家姬做伴。介绍人告诉他，有户姓乔的，想把自己13岁的女孩出卖，请他去相看。李渔因身边钱不多，不便前去。正踌躇间，太守程质夫前来拜访，得知此事，便慷慨地答应把这女孩买来送给李渔。当介绍人把那

女孩带来时，李渔见她短发垂肩，身材纤柔，神情自然，虽非绝色，亦颇令人怜爱，就留了下来。此后，称为乔姬。

当夜，几个朋友招待李渔看戏，演的是李渔新作《凰求凤》。乔姬不能与会，在帘后偷看。李渔以为，这地方处在北方，很少有音乐活动，演戏的事，富室大家也不常有，这穷人的女娃知道戏是什么？不要说曲词，就是宾白也不会听懂的，何况所演的是南方昆曲。第二天，他问乔姬：昨夜看戏，高兴吗？乔说：高兴！李渔说：看得懂，才会快乐。你懂吗？乔说：懂！她把戏中情节丝毫不遗地重述了一遍，说时眉飞色舞，津津有味。李渔有点惊奇了，再问：词义你能明白，那曲中之味，也能咀嚼吗？乔说：音乐和容貌不可偏废。容貌过目就逝去了，那音乐的余响，至今好像还在耳中回荡，不知为什么？李渔听罢，更觉惊奇。但对此不通文字的北地贫女能解音乐，还是将信将疑。

乔姬自那天看戏之后，歌兴大发。每到无人的地方，就自自然然地唱起来，见到人来便住了口，怕人笑话。不久，越发爱唱，情不自禁，人前也难扪舌了。一天，她对李渔说：唱戏也不难，但恨没有人教。如果有一人指导，那场上的歌声算得什么！李渔笑着回答说：难呵！学习词曲之前，先要正音，你方音不改，怎能学曲呢？昆曲用的是苏州官话，乔姬是山西人，语音相差很大，李渔怕她正音有困难。可是她信心十足，对李渔说：这不难。请限期半个月，尽改前音，如果做不到，愿计字受罚。李渔很高兴。随行的婢仆都是南方人，乔姬拜他们为师，跟他们学，如期实现了诺言，说起话来，简直像是一个苏州女子了。

离开平阳之后，李渔一行到了西安。说也凑巧，有个金阊老优

李渔文化园

（苏州老戏人），已70多岁，原是明末肃王府的供奉人，失主以后无家可归，流落在这里，李渔便雇她来教乔姬唱曲。教的第一个曲子是〔一江风〕。老师先唱给她听。乔姬仔细听后，对李渔说：奇怪，听此曲如见故人，好像曾经听过的。李渔随口应答：你又没有听过多少曲子，哪来故人好遇？乔姬想了好久，恍然大悟，说：对了，对了。前次看《凰求凤》，吕哉生初访许姬，边行边唱的，就是这只曲子！李渔被她对音乐的惊人记忆力，惊得"目瞪口吃，称奇不已"。

乔姬学唱，领悟极快，师授三遍，便能自歌。老师说他授曲30年，教过很多学徒，她们学几十遍能微知大意的，就算是聪明人了。像乔姬这样快的人，真没见过！那随来的旧姬，也和乔姬同学，乔姬一遍就能领会的，旧姬虽百遍还免不了痛惩切责。乔姬学了几十天，老师便夸她青出于蓝，当拜她做老师了。客人知道乔姬唱得好，便请李渔让她表演。乔姬隔着屏风清唱，客人听得食肉忘味。

一天，乔姬对李渔说：乐必埙篪互奏，鸟必鸾凤齐鸣，才能悦耳。现在一人唱曲，没有洞箫相和，不是太岑寂了吗？李渔知道她的意思是希望有个相称的配手，而现在那个旧姬是不合适的。

在西安住了几个月，李渔一行又启程去甘肃兰州。那里的友人知李渔"有登徒之好"，早买了几个少女在等待他。其中有个姓王的贫家女，也才13岁，和乔姬一样，也有演戏的天赋，李渔便让乔姬教她学戏。王姬的长相，在女伴中虽不出众，一旦易妆换服，却与美少年无异，令人改观。于是乔姬演正旦，偶尔演生；王姬经常演生，这样主要角色就齐全了。家中的几个姬妾，也有爱演戏的，担任配角。从此，李渔有了自己的家班女戏，进入了戏剧活动的新阶段。

李渔这部女乐，专演自编新剧和经他改编的旧剧名著，如《琵琶记·剪发》等。李渔略加指点，乔、王二姬便心领神会。"朝脱稿，暮登场"，效率很高。她们的舞态歌容超群脱俗，且能体悟文心，创造性地表演剧本内容，不像一般戏班那样，往往把李渔的传奇演歪了。因此，这部女乐人虽不多，由于有李渔这样既是作家又是教习和导演的人精心指导，有乔、王二姬这样高超技艺的演员，在社会上是

颇有名气的。

这时，李渔一家早由杭州迁到江宁，他的居处芥子园里设有歌台，台前有楹联一副："休萦俗事催霜鬓，且制新歌付雪儿。"每逢年节生辰喜日，赏花玩月之时，或宾朋兴会之际，必在家中演剧为乐。有时还请不太俗陋的邻人前来观看。1672年新春，吴冠五、周亮工、方楼冈、方邵村、何省斋聚会在芥子园看戏，大家对李渔有乔、王二姬这样的演员，都非常羡慕。他们同声赞叹：李郎贫士，这样的异人怎么得来的啊！

李渔带着这部女乐，到过山西、陕西、甘肃、江苏、安徽、浙江、福建、湖北、河北等地，每到一处，以戏会友，普遍受到热烈欢迎。1671年在姑苏（苏州），李渔在寓所百花巷和著名戏剧家尤侗以及余澹心、宋澹仙等文友聚会。端午前，李渔女乐演出《明珠记·煎茶》改写本。夜间上演，曲未终而东方已白。李渔有诗纪之：

更衣正待演无双（剧中人），报道新曦映绿窗。佳兴未阑憎夜短，教人饮恨扑残釭。

端午后，再次集会，余澹心带来幼童3人，演出新歌。他的小儿子才7岁，已能解辨歌声，以手按板，无不合拍。李渔也有诗为纪。这种文友之间的互相观摩，共同切磋，开怀畅饮，尽情咏歌，比起一些达官贵人的凑兴热闹，要自由得多，畅快得多。李渔每逢此时最为得意，总是诗兴大发，出手成章，而且浪漫极了。这两次聚首观剧，各人写了不少酬和诗。李渔有两首是这样的：

无穷乐境出壶天，不是群仙也类仙。

胜事欲传须珥笔，歌声留得几千年。

不倾百斗莫言归，覆却银瓶复典衣。

醉后一声齐鼓掌，千林宿鸟尽惊飞。

1671年，《聊斋志异》作者蒲松龄在江苏宝应县知县孙蕙处当幕客。孙家有喜庆，要演戏，差蒲专程相邀。李渔带着女乐去了，蒲很高兴，特地手书李作《南乡子·寄书》词，给他留念。词曰：

幅少情长，一行逗起泪千行。写到情酣笺不够，捱鲅。短命薛涛生束就。

这是两位文化名人的一件轶事。当时蒲松龄 31 岁，李渔已 61 岁了。

李渔没有讲过他自己如何指导诸姬演戏。但从他的《闲情偶寄》有关戏剧内容看，许多就是他组织女乐、教姬演戏的经验总结。那些都是很具体，很细致，又是很有独创性的经验。就拿正音一事来说吧。当时大家都买苏州女孩去学戏，因为苏州方言和昆腔相近。而李渔不一样，他那女乐中的主角，一是山西人，一是甘肃人，照样演得很好。李渔为此自豪，曾有诗曰：

  试问周郎曲若何？燕姬赵女复秦娥。
  为听字里方音别，才晓人间辙迹多。

他说，能演戏的尤物，不一定都生在苏州，如果一定要在那小范围里采，那人才就少了。而且，乡音一转就能唱昆曲的，在苏州也是极少的。又说，离苏州几十里地的无锡人，语音相近，照常理学昆腔应该比较容易了，但实际相反，她（他）们学昆腔比远地方的人更难。这是因为语音相差越大，越知警惕，正音也较容易；语音相差不大，容易鱼目混珠，浅尝辄止，正音反而显得更难。甘肃、山西人的乡音最劲，舌本最强，如果找出它的规律，在关键的一韵中，取出吃紧的一二字，用全副精神去纠正，这一二字纠正了，一韵中相同的字就不正而自转了。李渔认为，四方语音，凡是 16 岁上下的人无不可改。但正音不可贪多，聪敏者一日不过十几个字，一般人还应少些。每正一音，必须在日常说话中全都变异，这样才能收效。

1672 年，新春以后，李渔带着女乐，自江宁溯江而上，经九江，抵武汉，开始了楚汉之行。在那里，李渔受到川湖总督蔡毓荣、湖北巡抚董国兴等各级官员的热情款待，遇见了许多故友，结识了一批名士。在武汉，与友人畅游黄鹤楼、晴川阁等名胜，吟诗作对，与当地的副总兵王鸣石等一同校射、游猎。三镇之外，还遨游了荆州、荆门、桃源等地。此时，他亲自编辑的《一家言》诗文集，正处于最后定稿

阶段；传奇、小说数十种，早已名震海内；一部女乐，歌舞随身，如今已历第7个年头了。在李渔的生活史上，正是极为得意之时。然而，彩云易散。前年冬天，18岁的乔姬，生下一个女孩，由于未曾得到休养便奔波旅途，病了。她生性强硬，病后讳疾，仍出门从事戏剧活动，使病情加重。许多名流赠款让李渔祈神消灾，但却没有请到高明的医生治病，不久便客死汉阳。乔姬之死，使李渔的家班女戏失去了台柱。李渔把乔姬的灵柩运回江宁，不久又北游京师。此时，随身只有王姬和黄姬。乔姬之死，损失够重，谁知祸不单行，第二年，王姬也病死了。生旦两主角俱亡，那个家班女戏也就瓦解了。此后，李渔再没有能够恢复演剧活动。

　　李渔连失二姬，陷入极度痛苦之中。他老泪纵横，顾影凄凉。这不仅因为她们是不可或缺的名演员，在生活上也是这位年过六旬的老人形影不离的伴侣。李渔有妻有妾，还另有好几个买来的姬。但在旅途中侍候他的饥饱寒暖，不使一刻失调的，还数乔、王二人用力最多。他们在艺术生活中结下了深厚的情谊。李渔和二姬，常常同坐，"月下吹箫忘夜短"，"寒暑未停丝竹"。李渔有她们在，"愁处能令发笑"，"穷时似觉财添"。这样的人儿，接踵永别，李渔怎能不心碎呢？乔姬亡后，李渔有半年不忍听歌，作《断肠诗》20首悼亡。王姬继亡，李渔又作《后断肠诗》10首，还写了《乔复生王再来二姬合传》，文情真切，一时传为佳话。乔、王原本无名，日常唤做"晋姊"、"兰姊"，死后李渔为她们取名"复生"、"再来"，热切希望她们再能回到他的身边。梦魂缠绵，无时无已。据李渔说，乔、王二姬对他也是十分依恋的。乔姬临终前三日，焚香告天，"谓得侍才人，死无可憾，但惜未能偕老，愿以来生补之"；王姬则是"已知死别终难别，纤手如冰且共携；一息尚留情委曲，片声空咽语凄其"。似乎也十分依恋。

　　然而，今天看来，这两位颇有艺术才能的贫家女，实在有时代和阶级给她们的不幸。她们两人，都是13岁被出卖，离开故乡亲人。虽然李渔把她们视若珍宝，然而在李家，她们是买来的姬，地位远在妻妾之下。演戏学艺不敢擅自偷懒，身患疾病也须强自忍耐，仍当随行演唱。乔、王都因久病未得及时的认真医治，19岁便夭折了。王姬曾看到李渔怒逐一个"善鲵"的同类，便以为将一遣百遣，十分恐惧，被宠爱的王姬尚且如此，李渔在家中的威势可想而知了。那时，家庭戏班中的女演员，一般都是从贫家买来的十二三岁的小孩。她们兼有优和婢的身份，既供主人声色之乐，又供主人日常使唤。成年后，家班主人"自纳"或赠给别人为妾为姬，有不少声色欠佳或不如主人意的，便被遣走，以致流落无依。这班女伶都有各自的辛酸血泪，但她们对当时和以后的戏剧繁荣，却作出了很大的贡献。她们的功绩是不能磨灭的。

## 芥子书铺，人间大隐

大约在顺治十四年（1657年）或略后，李渔把家搬到江宁，先住金陵。家门外面有两株柳树，门内有两株桃树。桃熟时，常有人来偷，李渔爱开玩笑，题了一副对联：

二柳当门，家计逊陶潜之半；

双桃钥户，人谋虑方朔之三。

用陶渊明、东方朔以自况。

此后，李渔开始营建新居芥子园。芥子园在孝侯台旁边。孝侯指晋人局处，《晋书》本传称他少时"不细行，纵情肆欲"，后来才"励志好学，有文思"，终致"履德清方，才量高出；历守四郡，安人立政；入司百僚，贞节不挠；在戎致身，见危授命。"李渔是以有这样的先贤为邻引为骄傲的。

芥子园"地止一丘"，所以李渔取名"芥子"。但经他精心设计，巧为安排，倒也别有洞天，有"云谷"、"月榭"、"歌台"、"一房山"、

"浮白轩"、"耒山阁"诸景。李渔还在各处配上对联，如书室联：

雨观瀑布晴观月

朝听鸣禽夜听歌

月榭联：

有月即登台，无论春秋冬夏；

是风皆入座，不分南北东西。

文友们佩服李渔，说此园有"芥子纳须弥之义"。"须弥"，梵语，佛家传说之宝山，意为妙高或妙光，乃"四宝所成，出过众山"，"以四色宝光明各异照世"。此园虽小而可纳须弥于其中，无美不备矣！

芥子园的出名，还由于这里有李渔开创的书店，店名就叫"芥子园"。

早在康熙二年（1663年），李渔在《癸卯元日》诗中说过"门开书库绝穿窬"，可见那时为了防止别人私自翻刻他的书，李渔就在家门口开书铺了。不过这书铺是否就在芥子园，还不能确定。

李渔不仅是多能的作家，还是一位有成就的出版家。他写了许多书，还编了许多书，又热心为友人作序，帮他们出书。这许多书，大部分是由芥子园印行的。这里还经售李渔自己精心设计的各种笺帖，以及其他文化用品。芥子园所印书画，工精价廉，声誉很好。李渔迁回杭州，芥子园屡换主人，但一直保持李渔优良的经营作风，成为清代著名的百年老店之一。新主人对李渔很尊重。他的《笠翁一家言全集》16卷，包括文集、诗集、别集、偶集，就是后来的芥子园主人于1730年（雍正八年）刊行的，现在列为善本书。

作为出版家，李渔也富有理想和创造性。和创作一样，他编书旨在传播文化，利国利民。出书面向大众，服务态度热情而严谨。他眼光敏锐，善于发现有价值的书稿和估计读者需要。当选题确定之后，就不辞劳苦，四方奔走，精心编辑。许多原不为人注意的资料，经他发现、整理或作序推荐，成为畅销的好书。例如，在搜求《资治新书》第二集材料时，从纪子湘处得到他在杭州推官任内，平反大狱的几十件手稿，李渔高兴地说："此活人书也，不可不令孤行于世。"便给他

## 第八章
### 毁誉参半——风流词人李渔

出单行本，取名《求生录》，并为此书写了序言。又如编《尺牍初征》，凡可取者，以稿件收到先后为序排列，不论作者地位高低；并另制"分类便查纲目"，使读者查阅方便。从这一二事例中，即可见李渔编辑作风的不一般。

李渔编过好几种大部头书，除上述的《资治新书》和《尺牍初征》外，还有《四六初征》、《列朝文选》、《明诗类苑》，等等。

《资治新书》据说共有3集，笔者见到的光绪二十年上海图书集成印书局本，只有初集和二集。初集14卷，是明人案牍，分文移、文告、条议、判语，共4部。卷首有李渔撰写的《祥刑末议》和《慎狱刍言》，包括论刑具、论监狱、论人命、论盗案、论奸情、论一切词讼等各项议论。二集是清人吏牍，较初集更加完备。当时，咸宁县丞郭传芳读了首卷就拍案叫绝，说："笠翁当今良吏也！"后来贺长麟编《皇朝经世文编》，把《资治新书》作为选本之一，并误以为李渔是位有丰富经验的知县。

《资治新书》表明李渔有吏才，然而，他一生未曾有过一官半职。郭传芳为此慨叹说："惜乎有蕴无展，而徒使建帜于风雅之畛。"前面说过，揭露封建衙门的黑暗，是李渔传奇、小说的重要内容之一。在所谓盛世的康熙年间，李渔花好几年工夫，编这部《资治新书》，为做官做吏的提供许多正面的事例，其间寄托着多少忧世爱民之情呵！

李渔自己不作画，但颇精于画学，是位国画鉴赏家。自云曾著《画董狐》一书，乃为晋、唐以至于明代的画家作传者，读过此书的人誉之为"画海"。

芥子园印行的书画，影响最广泛和久远的，恐怕要数《芥子园画传》（又称《芥子园画谱》）了。《芥子园画传》是文人沈心友请画家王概、王蓍、王臬、诸升编绘而成中国清代绘画技法图谱。其中第一集山水图谱于康熙十八年（1679年）以木版彩色套印成书，并以沈心友的岳父李渔的别墅"芥子园"为书命名。李渔逝世30多年，芥子园换了三次主人，而《芥子园画传》一直畅销，许多人盼有第二集问世。这时王安节和沈心友都是发白齿落的人了。他们认为，书以人传，继续编印

《画传》，是对李渔最好的纪念。沈因伯拿出他们翁婿旧藏花卉诸稿，并请杭州名画家诸曦庵编画竹兰谱，王蕴庵编画梅菊及草虫花鸟谱，一并交给王氏三兄弟，请他们斟酌增删。王安节笃念数十年友情，慨然应允。兄弟三人几经寒暑，终于完成了二集的编辑任务。此集体例和初集全同。为了纪念李渔，不忘他的首倡之功，书名仍用《芥子园画传》。后来书商把此集一分为二，成为第二、三集。第三集中的沈因伯所撰例言说，第四集将出"写真秘传"。但他生前却未能如愿。嘉庆二十三年（1818年），书商见读者需要第四集，便把丹阳传真画家丁鹤洲的《写真秘诀》，杂凑其他材料，刊行应市。于是《芥子园画传》有了四集，而且有不同的版本，质量都不如第一集原版，但还不失为初学者的入门书。二三百年来，它一直是国画习作者临摹的范本，学中国画的人，没有不知道这本书的。新中国成立以后也一再重印。

李渔一生，出入"大人之门"。对于这种生活，他自己是怎么看的？63岁游京师时，他的寓所门上有副自撰对联：

绣衮丛中衣褐士

少年场上杖藜人

横批是"贱者居"。这就是他当时生活和思想的写照。是得意，还是悲哀？似乎两种成分都有。他还写过一首诗，向羡慕他的朋友们叹苦：

十日有三闻叹息，一生多半在车船。

同人不恤饥驱苦，误作游仙乐事传。

最能传达李渔心声的，当然还是他65岁时写的那首《多丽·过子陵钓台》词：

过严陵，钓台咫尺难登，为舟师，计程遥发，不容先辈留行。仰高山，形容自愧；俯流水，面目堪憎。同执纶竿，共披蓑笠，君名何重我何轻！不自量，将身高比，才识敬先生。相去远，君辞厚禄，我钓虚名。再批评。一生友道，高卑已隔千层。君全交，未攀衮冕，我累友，不恕簪缨。终日抽风，只愁载月，司天谁奏客为星？羡尔足加帝腹，太史受虚惊。知他日，再过此地，有目羞瞠。

## 第八章 毁誉参半——风流词人李渔

子陵钓台在浙江桐庐县南七里溪上，东汉隐士严光（子陵）曾在这里钓鱼，由此得名。严光和光武帝刘秀早年同学，刘秀当上皇帝以后，把严光找来叙旧，并请他出任谏议大夫。他坚辞这高官厚禄，去过隐居生活。李渔对他十分敬佩，对比之下，自己深感惭愧。

说起隐居，李渔常生这种念头。陆丽京出家时，他在诗中就曾表示要"宝筏他年共"，想步丽京的后尘。然而，李渔后来并没有这样做，而是忙碌于尘世之中。显然，这在心理上常常会引起矛盾。看到种种难以解决的不平事，遇到种种难以忍受的烦恼，便生避世之念。但是，他热爱自己的事业，逐声色于词场，喜欢家庭生活，很难割舍其妻妾。因此，李渔没有退隐深山，而是用他那"退一步"法，处身于市井之中。

李渔有种信念，叫做"谋有道之生，即是人间大隐"。他说："避市井者，非避市井，避其劳劳攘攘之情，锱铢必较之陋习也。"按照这种说法，隐与非隐，不在所处地点，而在生活有"道"还是无"道"。东方朔身在宫廷，自称隐者。李渔在尘世中"谋有道之生"，当然也是个"人间大隐。"

这位"人间大隐"所奉的"道"，便是齐贫富，等贵贱。他认为，贫富贵贱是要互相转化的，只有处恒才能应变。他说：

荆棘世所贱，覆垣有贵时。
牡丹王诸花，结实逊凡枝。
物无论好丑，于世各有资。
贱为贵人薄，愚受智者嗤。
处恒则皆然，遇变非所知。
恒变若转毂，存此以验之。

李渔写过一首《颂钱神》，诗云：

天下神无算，惟君擅异灵。
力能倾上帝，气可吸沧溟。
……
历久才相识，诚哉第一流。
几文疏骨肉，屡贯易恩仇。

得此千祥集，离君万事休。

他时天地缺，还仗汝来修。

生活在那钱可倾上帝、修天缺、疏骨肉、易恩仇的社会里，人的力量多么渺小；要做到"富贵不能淫，贫贱不能移"，又是多么难得啊！

这位"人间大隐"，还有一身傲骨。他以才艺自负，耻于摧眉折腰。他说过："妻容我傲，骚酒放春闲。"又说："因贫才能乐，为傲始能闲。"还说过："伤哉日以贫，致此皆由傲。"可见他以傲为荣，因此受穷，也能自得其乐。然而，他毕竟敌不过钱神爷，又不得不出入朱门，靠"打抽丰"来维持他那妻妾成群的一大家子生活。

看来是上述那封《上都门故人述旧状书》起了作用，康熙十七年（1678年），层园修成，李渔大会宾朋。人们在这里见到主人自撰的一副对联：

繁冗驱人，旧业尽抛尘市里，

湖山招我，全家移入画图中。

此园缘山而筑，坐卧之间都可饱赏湖山美景，可以安度晚年了。他已经陆续放弃了他的家班和书局，但并没有放下手中那支笔。这年李渔68岁，此后两年间，曾为朱修龄《香草亭传奇》作序，为自己的词集写序，为《芥子园画传》写序撰文，还写了许多应酬文字。

几十年间，李渔的贡献不为不多矣。然而，他并不满足。他常恨自己太穷，没有能够长期维持一个实验戏班，又因饥寒驱迫，奔走四方，没有充裕的时间把《南西厢》、《北琵琶》全本进行改编。

康熙十九年（1680年）农历正月十三日，这位奋斗一生、立志创新的七十老人，因病与世长辞了。安葬在杭州方家峪九曜山。钱塘县令梁允植为他题碣曰："湖上笠翁之墓"。100多年后，嘉庆十二年（1807年），仁和县赵坦见此墓已圮，命守冢人沈得昭修筑，并恢复墓碣。为此，还写了一篇《书李笠翁墓券后》，文中说："笠翁豪放士，非坦所敢慕。特以其才有过人者，一克保，庶可无憾。"又是100多年过去了，现在游西湖的人，不少人知道这儿有个苏小小墓，至于李渔墓在哪里，谁又能说得出？

# 第九章

## 世故中庸
## ——文坛泰斗纪昀

纪昀（1724年~1805年），字晓岚，著名学者。他朝夕筹划，校勘鉴别，进退百家，钩沉摘隐，与陆锡熊一起完成了《四库全书》总目的总纂，成为我国学术考证、典籍评论及版本考核、文献钩稽的集大成之作。纪昀是著名藏书家，藏书之处称"阅微草堂"，著有《阅微草堂笔记》等。纪晓岚历清雍正、乾隆、嘉庆三朝，因其"敏而好学可为文，授之以政无不达"（嘉庆帝御赐碑文），故卒后谥号文达，乡里世称文达公。

# 第九章
## 世故中庸——文坛泰斗纪昀

## 浮沉宦海同鸥鸟，生死书丛似蠹鱼

纪晓岚出生在一个世代书香门第，他4岁开始启蒙读书，11岁随父入京，21岁中秀才，24岁应顺天府乡试，为解元。接着母亲去世，在家服丧，闭门读书。纪晓岚天资颖悟，才华过人，幼年即有过目成诵之誉，但其学识之渊博，主要还是力学不倦的结果。他30岁以前，致力于考证之学，"所坐之处，典籍环绕如獭祭。三十以后，以文章与天下相驰骤，抽黄对白，恒彻夜构思。"

纪晓岚31岁考中进士，为二甲第四名，入翰林院为庶吉士，授任编修，办理院事。外放福建学政一年，丁父忧。服阕，即迁侍读、侍讲，晋升为右庶子，掌太子府事。乾隆三十三年（1768年），授贵州都匀知府，未及赴任，即以四品衔留任，擢为侍读学士。同年，因坐卢见曾盐务案，谪乌鲁木齐佐助军务。召还，授编修，旋复侍读学士官职，受命为《四库全书》总纂官。

在主编《四库全书》期间，纪晓岚由侍读学士升为内阁学士，并一度受任兵部侍郎，改任不改缺，仍兼阁事，甚得皇上宠遇。接着升为左都御史。《四库全书》修成当年，迁礼部尚书，充经筵讲官。乾隆帝格外开恩，特赐其紫禁城内骑马。嘉庆八年（1803年），纪晓岚八十大寿，皇帝派员祝贺，并赐上方珍物。不久，拜协办大学士，加太子少保衔，兼国子监事。他60岁以后，5次出掌都察院，3次出任礼部尚书。

纪晓岚一生，有两件事情做得最多，一是主持科举，二是领导编修。他曾两次为乡试考官，6次为文武会试考官，故门下士甚众，在士林影响颇大。他主持编修，次数更多，先后做过武英殿纂修官、三通馆纂修官、功臣馆总纂官、国史馆总纂官、方略馆总校官、四库全书馆总纂官、胜国功臣殉节录总纂官、职官表总裁官、八旗通志馆总裁官、实录馆副总裁官、会典馆副总裁官等。人称一时之大手笔，实非过誉之辞。纪晓岚晚年，曾自作挽联云："浮沉宦海同鸥鸟，生死书丛似蠹鱼"，堪称其毕生之真实写照。

纪晓岚死后，朝廷特派官员，到崔尔庄南五里的北村临穴致祭，嘉庆皇帝还亲自为他作了碑文，极尽一时之哀荣。

## 铁齿铜牙纪晓岚，取悦乾隆斗和□

一年盛夏，纪晓岚和几位同僚一起，在书馆里校阅书稿。

纪晓岚是个近视眼，因为身体肥胖，经不起炎热酷暑，于是就脱掉了上衣，赤着上身，把辫子也盘到了头顶上。

不巧，这时，乾隆皇帝慢慢走进馆来，当纪晓岚发觉时，已经来不及穿衣服了，于是他赶紧把脖子一缩，钻到了书桌底下。其实，乾隆早就看见纪晓岚的动作了，但他装作不知，就在馆里故意与其他官员闲聊，迟迟没有离去的意思。纪晓岚在桌子下面大汗淋漓，实在是熬不住了，就探出头来问道："老头子走了没？"他的话音刚落，抬头一看，乾隆皇帝就坐在他面前。许多人觉得好笑，但乾隆不觉得好笑。

乾隆大怒道："纪晓岚，你好无礼。为何叫朕老头子？如果你解释得当，朕就放过你。"所有官员都为纪晓岚捏了把汗。

纪晓岚真不愧是铁齿铜牙，他从容地回答道："皇上万寿无疆，难道不叫'老'吗？您至高无上，难道不叫'头'吗？天地是皇上的父母，难道不是'子'吗？连起来不就是'老头子'吗？"

乾隆听了，立即转怒为喜，不但没有责怪他，反而还奖赏了他。

# 第九章
## 世故中庸——文坛泰斗纪昀

抽烟是纪晓岚平生三大嗜好之一，且吸烟成癖，烟瘾奇大，所用的旱烟袋是定做的，容量很大，有人说一次能装三四两烟丝，这虽有夸张之嫌，但在京中是独一无二的，在全国也属罕见。因此就有了"纪大烟袋"的绰号。

纪晓岚烟瘾大，旱烟袋常攥手中，口里不停喷云吐雾，倍感舒心惬意。但也有忍痛割爱的时候，那就是吃饭、睡觉和见皇上这三个时段。有一天，乾隆皇帝驾临圆明园巡视《四库全书》的编纂情况。

纪晓岚正一边吸烟一边手不停挥地忙碌，硕大的一锅烟刚吸到一半，忽听"万岁爷驾到"的喊声，匆忙间把没磕去烟火的烟袋随手插入自己靴筒里，跪地给万岁爷请安。起身后觉得脚踝上火辣辣地疼，但皇上正说着话，又不好打断，他只好咬牙忍着，疼得他腿直打颤。乾隆看他满脸焦灼难耐的样子，吃惊地问："纪爱卿，怎么了？""臣靴子里失火啦。"话都成颤音了。

乾隆急忙挥手，"快点出去！"纪晓岚急跑至殿外，顾不得有失体面，坐在石阶上一下子扒掉了鞋袜，靴筒里即刻冒出一股黑烟，脚上皮肉已烧焦一大块。乾隆皇上出来看时，烟袋锅还插在靴筒里冒着烟，人们一时被逗得笑弯了腰。此后一段时间里，纪晓岚成了地道的"铁拐纪"了。

纪晓岚在当朝才高人缘好，在家养伤期间同僚们多去探望，看他手握大烟袋依然如故，劝他说："既然深受其害何不戒掉。""诸君只见我身受其累，却不知道我深得其利啊！每天捉管之时，吸上几口便思如泉涌，挥洒自如。缺少它便文思枯竭，寂寞难耐唉！"纪晓岚大言吸烟之利，颇有一番宏论。"我之吸咽实出有癖，不若那些趋附时尚之士为的是显示高雅。"

自康熙至乾隆，是整个清朝的鼎盛时期，史称康乾盛世。乾隆在位60年，不仅治国有方，而且琴棋书画样样精通。可以说乾隆一生既日理万机，又风流倜傥。纪晓岚能在清朝众多才子里面脱颖而出，绝非偶然，只有在那样的年代，有了那样的皇帝，才能造就出纪晓岚这样的人物。

乾隆一生多次去江南巡游，乾隆下江南的真正意义除实地考察一些民情外，更主要的便是游山玩水。因此，在扈从官员中，少不了纪晓岚、刘墉、袁枚等文人雅士们开心凑趣，开心解闷，而每次下江南都能给后世留下一些可资谈笑的风流佳话。

说话这年，乾隆皇帝在宫里住得烦闷，又想出去走走，决定再次下江南，随行人员中依旧有纪晓岚、袁枚、和珅等人。出得紫禁城，抛却宫中的繁杂事务，立刻觉得神清气爽，格外舒畅。不多时间即到了通州。乾隆打起轿帘一看，通州道路宽敞，行人来来往往，车水马龙，一片热闹景象，立刻来了兴致，召纪晓岚至轿前说："纪爱卿，通州乃京门首驿，一派繁华，你可知江苏也有一通州，也是交通要道，这真是南通州、北通州，南北通州通南北。"

纪晓岚一听，知道乾隆无意中出了一个上联，要自己对下联。刚出京，可千万不能扫了皇帝的雅兴。可这个上联说得巧，下联很难对。纪晓岚往路左右一瞅，看到有好多当铺，便有了主意，说："万岁，你瞧这路东西两侧，东当铺、西当铺，东西当铺当东西。"

乾隆一听，说："纪爱卿果然名不虚传，此联对得即景生辞，自然天成。"随后君臣一行弃马登舟，沿着京杭运河兴致勃勃地继续南行。

来到沧州地界，远远看到运河东岸有一寺院，飞檐斗拱，亭台楼阁，气派宏大。乾隆说："纪爱卿，到了你老家沧州了，这是什么寺院如此恢弘？"

纪晓岚马上回答："启禀万岁！此乃沧州名刹水月寺。"

乾隆说："水月寺，好啊！纪爱卿，我有一联，你何不对来？"

纪晓岚说："请皇上赐联！"

乾隆吟道："水月寺鱼游兔走。"这个上联看似平常无奇，实则构思巧妙，水中有鱼，月中有兔，月映水中，兔伴鱼动。又是本地风光，现成之景。

纪晓岚听后，略加思索，便说："山海关虎跃龙飞。"山海关对水月寺，虎跃龙飞对鱼游兔走，而且山中有虎，海中有龙，山海关本身

# 第九章
## 世故中庸——文坛泰斗纪昀

又依山傍海，上下呼应，自然贴切，乾隆听后拍手称妙。

君臣一行过了长江，大自然也换了个天地，一改江北辽阔粗犷的面貌，处处山清水秀，景色诱人，乾隆不住称好。

这时江南大才子袁枚上前说："万岁，我们南方是多山多水多才子。"乾隆称是。

纪晓岚上前说："袁大人，你们南方虽是多山多水多才子，但我们北方有一天一地一圣人。"

乾隆听后说："纪爱卿真是厉害，连开玩笑也不让过。"说完三人哈哈大笑，继续前行。

到了杭州，已是黄昏时分，君臣一行下榻行宫。

第二天一早，畅游西湖。西湖的早晨别有一番景致：四周袅袅的炊烟，湖面上一层薄雾，水中的红鲤成群结队地游来游去。远处有一艄公头戴斗笠，身披蓑衣，划着小船，唱着渔歌，自得其乐。见此情景，乾隆兴致大增，问道："众位爱卿，谁能就眼前景象用10个'一'字做一首诗？"话音落后，沉默了很长时间，无人答话。

乾隆说："论文才，有'南袁北纪'之说，袁爱卿先说说看。"只见袁枚搜肠刮肚，一脸的木讷，说："万岁，微臣愚钝，一时想不起来！"

乾隆说："那纪爱卿呢？"

其实纪晓岚早就想好了，只是一路上出尽了风头，这次不愿占先罢了。听到皇上钦点，才轻轻吟道："一篙一橹一渔舟，一个艄公一钓钩；一拍一呼还一笑，一人独占一江秋。"吟罢，大家一数不多不少，正好10个"一"字，乾隆赞叹道："论才华还是纪爱卿胜大家一筹啊！"

到了湖心，但见红莲映日，绿叶接天。船儿轻轻划过，一只青蛙从水中跳到一张荷叶上。

这时一直闷闷不乐的和珅诡秘一笑，心想纪晓岚一路上算是风光够了，这次我也要在皇上面前露一手，捉弄捉弄他。于是指着刚刚跳起的青蛙对纪晓岚说："出水蛤蟆穿绿袄。"纪晓岚时任侍郎，着绿色

官服，和珅此句是把纪晓岚比作蛤蟆加以戏弄。

纪晓岚听后，立刻面带微笑地说："和大人，落汤螃蟹罩红袍啊！"和珅当时为尚书，着红色官服。纪晓岚回敬的这一句不仅对仗工整，而且把和珅比作横行霸道的螃蟹，暗含讥讽。众人听后都忍俊不禁，大笑不止，弄得和珅面红耳赤。

君臣等人一唱众和，妙语连珠，气氛高涨，时不时地传出一阵笑声。不觉已到傍晚，艳红的晚霞照在湖上，波光粼粼，树影倒立，给美丽的西湖增加了一层诱人的光环。

突然，一只白鹤长啸一声飘然飞过。乾隆本来兴犹未尽，见此情景，脸上更是流光溢彩，起身道："纪爱卿，朕要你以此鹤为题，做诗一首助兴。"

纪晓岚哪敢怠慢，上前吟道："万里长空一鹤飞，朱砂为顶玉为衣。"

刚吟到这儿，乾隆灵机一动，指着远去的黑点说："纪爱卿，你说错了，那鹤明明是黑色的。"

纪晓岚微微一笑，接着吟道："只因觅食归来晚，误入羲之洗砚池。"

乾隆和众大臣一听，都为纪晓岚的灵活机智赞叹不已。

后来，乾隆游钱塘江边的六和塔时，又出一联："宝塔六七层，四面东西南北。"纪晓岚以"宪书十二月，一年春夏秋冬"对之，再次博得了乾隆的欢心。

纪晓岚常在皇帝面前揭和珅的短儿，弄得和珅好不尴尬。乾隆也是有意偏袒和珅，总想找个机会捉弄纪晓岚。一天，乾隆在批阅奏章时，忽然发现一件参劾纪晓岚的奏折。奏折上说，纪晓岚宽于治民之说是有意收买人心，博取虚名，不如和珅严刑峻法，敛财富以利国家，堪称治世能臣。乾隆看罢，眼前一亮，心想，待我逗一逗纪晓岚，看他如何分解？

次日早朝，议罢政事散朝时乾隆把纪晓岚与和珅这对儿逗口冤家留下。他先对纪晓岚说："纪爱卿，你天天说和珅如何奸诈，如何贪

## 第九章
### 世故中庸——文坛泰斗纪昀

婪，群臣如何愤恨，敢怒而不敢言，还说天下皆曰可杀，可是你看看这个奏折，有人称和珅是治世之能臣，而你纪晓岚只不过是好图虚名罢了。"

纪晓岚接过奏折，用眼一溜就放在龙书案上，和珅连忙抓到手里，一边看，一边得意洋洋。"纪晓岚，你还有什么话说？"乾隆故意敲山震虎。

和珅在一旁奸笑："皇上，其实臣也没有奏折上说的那么好，只不过为皇上尽职尽责，尽心尽力而已。至于纪晓岚嘛，嘻嘻，虽然不是什么好东西，可也不至于罪大恶极，我看皇上就开恩留下他这条小命，料他一条小泥鳅也翻不了大船，把他削职为民也就算了。"

纪晓岚微微一笑："启禀皇上，臣有话要说。"

"说吧！"乾隆把脸一黑。

"臣虽下愚，亦知世间万物，纷繁复杂。凡事不可一概而论。有人奏称和大人为能臣，并诋毁臣下，不足为怪。譬如春雨如油，农夫喜其润泽，而行旅之人则恶其道路泥泞；月光皎洁，佳人悦其舒朗，而盗贼则恶其光亮。上天尚且不能尽如人意，何况臣乎？至于和大人之能，臣亦明了其中道理。大粪臭污，其质倒可肥田；乌龟丑陋，皮肉却能延寿。"

和珅听了，自然气得咬牙跺脚，指着纪晓岚的鼻子："你，你，你——"乾隆哈哈大笑，心中暗想：这个纪晓岚，言语虽然尖刻，释辩倒也得体，举例妥帖，终是机智敏捷。于是赶紧圆场："两位爱卿，不要闹了，你俩都是朕的股肱之臣，朕需要你，也需要他，一个也不能少，望你们能携起手来，共保大清江山。"

事实上，纪晓岚与和珅的关系就像是忘年交。年轻的和珅处世外向泼辣，年老的、处世逐渐内敛圆滑的纪晓岚会时时善意地提醒和珅。两人既有政见不同带来的争吵，也有默契的配合。在工作中，更多的是和珅对纪晓岚的关照，在人际关系上，更多的是纪晓岚对和珅的帮助。

## 四库全书总纂官，阅微草堂笔记书

中国古典文化典籍的分类，始于西汉刘向的《七略》。到了西晋荀勖，创立了四部分类法，即经、史、子、集四大门类。隋唐以后的皇家图书馆及秘书省、翰林院等重要典藏图书之所，都是按照经、史、子、集分四库贮藏图书的，名为"四库书"。清乾隆开"四库全书馆"，俟成编时，名为《四库全书》。

乾隆三十八年（1773年）二月，《四库全书》正式开始编修，以纪晓岚、陆锡熊、孙士毅为总纂官，陆费墀为总校官，下设纂修官、分校官及监造官等400余人。名人学士，如戴震（汉学大师），邵晋涵（史学大师）及姚鼐、朱筠等参与进来。同时，征募了抄写人员近4000人，鸿才硕学荟萃一堂，艺林翰海，盛况空前，历时10载。至1782年，编纂初成；1793年，全部完成。耗资巨大，是"康乾盛世"在文化史上的具体体现。

乾隆三十八年（1773后）三月，《四库全书》馆设立不久，总裁们考虑到这部书囊括古今，数量必将繁多，便提出分色装潢经、史、子、集书衣的建议。书成后它们各依春、夏、秋、冬四季，分四色装潢，即经部绿色，史部红色，子部月白色，集部灰黑色，以便检阅。

因《四库全书总目》卷帙繁多，翻阅不易，乾隆帝谕令编一部只记载书名、卷数、年代、作者姓名，便于学者"由书目而寻提要，由提要而得全书"的目录性图书。乾隆三十九年（1774年），总纂官纪昀、陆锡熊等人遵照乾隆帝的谕令，将收入《四库全书》的书籍，依照经史子集四部分类，逐一登载。有需要特别加以说明的问题，则略记数语。此书于乾隆四十六年告竣，共20卷。它实际上是《四库全书

## 第九章 世故中庸——文坛泰斗纪昀

总目》的简编本。

一方面，由于《四库全书》由乾隆敕编，为了维护清王朝统治的需要，名为"稽古右文"，实则"寓禁于征"，大量搜罗、查禁、删改、销毁书籍。根据流传至今的几种禁毁书目和有关档案记载，全毁书2400多种，抽毁书400多种，铲毁、烧毁书版七八万块。同时大兴"文字狱"，《四库全书》开馆后10年内竟发生了48起"文字狱"。连宋应星的科技著作《天工开物》也因为有碍于愚民而禁毁。

另一方面，因为有了《四库全书》的编纂，清乾隆以前的很多重要典籍才得以比较完整地存世。《四库全书》誊缮7部，分藏于紫禁城内的文渊阁、盛京（今沈阳）宫内的文溯阁、北京圆明园的文源阁，河北承德避暑山庄的文津阁，此为北四阁，又称为内廷四阁，仅供皇室阅览。另3部藏于扬州的文汇阁、镇江的文宗阁、杭州的文澜阁，即浙江三阁，又称南三阁，南三阁允许文人入阁阅览。中国近代，由于战乱不断，7部《四库全书》中完整保存下来的仅存3部。文汇阁、文宗阁藏本毁于太平天国运动时期，文源阁藏本被英法联军焚毁；文澜阁所藏亦多散失，后经补抄基本得全，然已非原书。1948年，国民党政府撤离大陆，前往台湾，将故宫博物院的一些珍贵藏品运往台湾时，将《四库全书》中最为珍贵的藏本文渊阁《四库全书》运到台湾，文渊阁《四库全书》现存藏于台北故宫博物院内。

纪晓岚50以后，领修秘籍，复折而讲考证（《姑妄听之》自序），加上治学刻苦，博闻强记，所以，贯彻儒籍，旁通百家。他的学术，"主要在辨汉宋儒学之是非，析诗文流派之正伪"（纪维九《纪晓岚》），主持风会，为世所宗，实处于当时文坛领袖地位。

纪晓岚为文，风格主张质朴简淡，自然妙远；内容上主张不夹杂私怨，不乖于风教。看得出，他很重视文学作品的艺术效果。除开阶级局限外，他在文风、文德上的主张，今天仍有借鉴价值。

纪晓岚以才名世，号称"河间才子"。但一生精力，悉付《四库全书》。又兼人已言之，己不欲言，所以，他去世后，只有笔记小说《阅微草堂笔记》和一部《纪文达公遗集》传世。

《阅微草堂笔记》共5种，24卷，其中包括《滦阳消夏录》6卷，《如是我闻》4卷，《槐西杂志》4卷，《姑妄听之》4卷，《滦阳续录》6卷，自乾隆五十四年（1789年）至嘉庆三年（1798年）陆续写成。嘉庆五年（1800年），由他的门人盛时彦合刊印行。

　　《阅微草堂笔记》内容丰富，医卜星相，三教九流，无不涉及，知识性很强，语言质朴淡雅，风格亦庄亦谐，读来饶有兴味。内容上不仅有宣扬因果报应等深刻的一面，而且有不少篇章，尖锐地揭露了当时的社会矛盾，揭穿了道学家的虚伪面目，对人民的悲惨遭遇寄予同情，对人民的勤劳智慧予以赞美，对当时社会上习以为常的许多不情之论，大胆地发表了自己的看法和主张，所以，可以说是一部有很高思想价值和学术价值的书籍。当时每脱一稿，即在社会上广为传抄，同曹雪芹的《红楼梦》、蒲松龄的《聊斋志异》并行海内，经久不衰，至今仍拥有广大读者。

纪晓岚故居

　　鲁迅先生对纪晓岚笔记小说的艺术风格，给予很高的评价，称其"隽思妙语，时足解颐，间杂考辨，亦有灼见。叙述复雍容淡雅，天趣盎然，故后来无人能夺其席"（《中国小说史略》）。

　　《纪文达公遗集》，是纪晓岚的一部诗文总集，包括诗、文各16卷，为人作的墓志铭、碑文、祭文、序跋、书后等，都在其中。此外还包括供子孙科举之需的馆课诗《我法集》，总之多系应酬之作。

　　另外，20岁以前，纪晓岚在京治考证之学，遍读史籍，举其扼要，尚著有《史通削繁》多卷，为学者熟悉和掌握中国史典提供了方便。

　　总之，纪晓岚一生才华和学术成就十分突出，多姿多彩。纪晓岚不仅在清代被公认为文坛泰斗、学界领袖、一代文学宗师，就是在中国和世界文化史上也是一位少见的文化巨人。

# 第九章
## 世故中庸——文坛泰斗纪昀

## 一妻六妾大学士，风流才子多情郎

据史书记载，纪晓岚先后有一位夫人和六房妾，不过，这在当时对于一个官至礼部尚书的大学士来说是很正常的，没有反而不正常。

纪晓岚很讲感情，1740年，17岁的纪晓岚就跟邻县20岁的马氏成婚了。他们一生相敬如宾，白头偕老。马夫人直到纪晓岚72岁那年才去世。马夫人在《阅微草堂笔记》中出现过两次。第一次是以"嫡庶"之"嫡"的身份出现的。《槐西杂志》第二卷88条是为纪的一个侍姬立传的，说马夫人很喜欢那侍姬："故马夫人终爱之如娇女。"第二次是以婆母身份出现的，在《槐西杂志》卷三第214条："马夫人称其（二儿媳）工、容、言、德皆全备。"纪惜墨如金，两次提到马夫人，一共就用了20多个字。笔法之中，读不出夫妻之间应有的情感色彩，倒是有些客气，有些许远距离的尊重。这是合乎情理的。

郭彩符是纪的侍姬之一。《槐西杂志》卷二第141条专门讲的就是这个女人，300余字，不少了。纪简单讲了这女人的来历和命运的不佳。重点讲了两件事。一是纪受贬在新疆时，"姬已病瘵"，到关帝庙问了一支签，知道还能等到纪晓岚回来，但病却好不了，果然纪回来不久，郭氏就去世了。二是在郭氏死后，家里整理她的遗物，纪睹物伤情，作了两首怀念郭氏的诗："风花还点旧罗衣，惆怅酴醾片片飞。恰记香山居士语，春随樊素一时归。"（郭氏亡在送春之日）"百折湘裙台画栏，临风还忆步珊珊，明知神谶曾先定，终惜芙蓉不耐寒。"

沈氏，字明玕，自幼神思朗彻，这位立志"不为田家妇、宁当贵家媵"的姑苏女子，如愿做了纪晓岚的一个小妾。她的芳名明美如玉，

在纪晓岚的妻妾中，大概也是顶有才气的。

一个暑日，她用一种很薄的类似于纱布的夏布糊窗，阳光透过横竖相间的窗棂，自然让每个棂格里都很亮堂，她偶得一句："夏布糊窗，个个孔明诸格亮。"句中，巧妙地镶嵌三国人物诸葛亮字孔明，切"葛"与"格"又为谐音，明白如话，自然有趣，可谓妙手偶得，精巧之致，难怪文坛不倒翁纪晓岚为之却步。

可惜，30岁的她竟过早地受到阎君的召见，给纪晓岚留下了"可是香魂月下归"的伤感。

沈明玕，纪着墨最多，用了两篇七八百字。《槐西杂志》第二卷第88条几乎是在给沈氏作传，除介绍了她的来历、自愿当富家之媵妾，"女子当以四十以前死，人犹悼惜。青裙白发，作孤雏腐鼠，吾不愿也"的心愿，还录了她一首小诗："三十年来梦一场，遗容手付女收藏。他时话我生平事，认取姑苏沈五娘。"而且说沈氏临终前生魂跑到纪晓岚"侍值圆明园"的住处去探望了他。沈氏死后，纪在她的遗像上题了两首诗，其中一首为："几分相似几分非，可是香魂月下归。春梦无痕时一瞥，最关情处在依稀。"《滦阳续录》卷一第28条专门录了沈氏死前不久，"以常言成韵语"写的一首《花影》诗："绛桃映月数枝斜，影落窗纱透帐纱。三处婆娑花一样，只怜两处是空花。"说沈氏诗中"两处空花，遂成诗谶"（一花为沈氏不久亡，一花为沈氏婢女亦不久亡）。

# 第十章

## 禅心尘念
## ——一代情僧苏曼殊

苏曼殊（1884年~1918年），能诗擅画，多才多艺，通晓日文、英文、梵文等多种文字。他是南社的重要成员，他的诗风"清艳明秀"，别具一格。他翻译过《拜伦诗选》和法国著名作家雨果的名著《悲惨世界》，在当时译坛上引起了轰动。他的小说有《断鸿零雁记》、《绛纱记》、《焚剑记》、《碎簪记》、《非梦记》6种，另有《天涯红泪记》仅写成两章，未完。后人将其著作编成《曼殊全集》（共5卷）。

## 离奇身世，苦涩童年

1884年9月28日，苏曼殊生于日本横滨云绪町一丁目五二番地。在苏氏家族中，他属"怀"字辈。曼殊是他1903年皈依佛教、出家为僧后的名号。除此而外，他一生名号颇多，不下三、四十个。

苏曼殊的祖父苏瑞文（1817年~1897年），是中国早期从事进出口业而起家的带有封建色彩的资产阶级商人。虽然奔波异域以商务谋生，受到欧风美雨的熏陶，但是，封建的心理定势却始终左右着他的人生观，中国传统的光宗耀祖、封妻荫子的思想牢牢地盘踞在他心灵深处。在经商发财致富后，苏瑞文用金钱捐有官职，被授予"国学生诰授奉直大夫，候选州同衔加二级"之类有名无实的虚职，并且荫及曼殊的祖母林棠，也"从五品，封宜人"。

苏曼殊的父亲苏杰生（1846年~1904年），继承父业，1862年，17岁时，赴日本横滨经商，初营苏杭疋头，后转营茶叶，不辞劳苦，穿梭来往中日之间。1882年，他生意做大，家底殷实后，又担任外商茶行买办。苏杰生也未能免俗，效法其父，捐有"县丞"、"朝议大夫"之类职衔。苏杰生在一些人记忆中被认为"乐善好施"、"为人慷慨"，是一个腰缠万贯，知名度甚高的商人。

苏曼殊的生母河合若，是日本人。因其姐河合仙嫁给苏杰生而从乡间来横滨苏宅助理家务。苏杰生胸前有一红痣，按迷信的说法，这种先天的印记是生"贵子"的征兆。苏杰生与河合若私通，使其怀孕并生下了苏曼殊。寻欢作乐的苏杰生怕被人发觉，另赁屋于日本街给河合若居住。过了近3个月，河合若便丢下亲生子返回乡下，自此与苏杰生断绝了关系。苏杰生生怕私通之事败露损害自己的形象，所以

襁褓之中的苏曼殊转由河合若的姐姐河合仙抚养。这件事做得十分隐秘，以至于后人对苏曼殊身世众说纷纭。当时旅日中国商人的私生活都较混乱。冯自由曾说："吾国侨日工商无论挈妇居日与否，大都好与日妇同居，粤语谓之'包日本婆'，其初月给数元为报酬，久之感情日洽，形同配偶，生子后尤为密切，更无权力条件可言，亦无所谓嫁娶，特横滨唐人街之一种习惯而已。"

苏杰生除日本人河合仙之外，尚有黄氏、大陈氏、小陈氏做妻妾。他与河合若私通之时，正是大陈氏东渡日本嫁他为妾之日，这件事瞒过了大陈氏，以致大陈氏始终认为苏曼殊是河合仙之子。连苏曼殊本人也一直不明真情，始终认为河合仙是生母，成年后，对她表示无限眷恋之情。

苏曼殊出生的时代，封建社会虽然步入苟延残喘的尾声，但是，几千年形成的强大文化磁场和心理定势，私生子不光彩的名分，生母弃他返乡，养母又与苏杰生分居，这一切，注定了他一生的悲剧命运。他那幼小的心灵得不到生母慈爱的雨露，唯有养母待他十分慈蔼，精心照料，得以幸存。从1岁到5岁，他差不多是在缺少父爱的畸形家庭中生活。6岁时，父亲将他带回苏宅，与嫡母黄氏、大陈氏共同生活。是什么原因使苏杰生改变初衷将寄养于外的苏曼殊带回苏宅呢？曼殊五妹苏惠珊于1969年11月12日复曼殊研究者罗孝明信中说，黄氏、大陈氏"俱见连年生女，未得男孩，深为感叹。先生见状，趁此机缘揭晓已有亲生子藏于外室，家人闻之大喜，即着带子归家。当时只要儿子回家，其母被摒于外。"原来苏杰生惧怕妻妾争风吃醋而隐秘不宣之事，在"不孝有三，无后为大"的封建教义面前，变得堂而皇之了。

1889年，6岁的苏曼殊与嫡母黄氏离开横滨回到了根之所在——广东广州府香山县恭常都戎属司白沥港良都四图五甲（今属广东省珠海市前山区南溪乡沥溪村），开始了他生活中新的一页。

沥溪村距澳门只有三四公里，离孙中山故居约20公里。村前水塘碧波涟漪，修竹环立，蒲葵成荫，古朴的龙眼树遮天蔽日，枝叶繁盛，

## 第十章
### 禅心尘念——一代情僧苏曼殊

巨大的树冠给南国炎热天气带来阵阵凉意。放眼远眺，苍翠起伏的丘陵和大片的田野令人豁然开朗。苏曼殊的童年故居是村中一条小巷——苏家巷。一幢普通的岭南旧式农房，灰墙青瓦，坐南朝北，合扇木门中央垂挂着一把笨拙的古旧铜锁。进大门过走廊，是一方小天井，接着便是正堂，故居仅仅约40平方米。

据说，白沥港亦称白鹤港，因每当夕阳西下，白鹤云集而得名，童谣中有"流水淙淙白鹤港"之句，可见是个小桥流水、幽美静穆的乡村。白沥港有百余户人家，主要是简、苏、容三姓。苏家巷是一条十分狭窄的巷子，仅2米宽，有些地方如果二人在巷中相遇需侧身而过。由于十分独特的地理位置，使这里的人比内地更早一些开通眼界，常走港、澳，以至日本、南洋诸地。苏曼殊的祖、父辈便是中国在海禁打开后最早以个人能力从事贩运起家的商人。

村民们不因奔走香港、澳门、日本、南洋而改变因循守旧的古朴民风，乡民们穿着岭南特有的薯莨纱黑纱裤和枫杨木的木屐，伶仃洋半咸半淡的潮水，拍击着矸岩、山麓，偶尔过往的渔帆在这里泊岸，渔民用三块石头支起鼎锅煮饭，或在沙滩上补网晒网，他们吟咏着深沉的咸水歌、徐缓的高棠歌，那旋律底下埋藏着渔民们世世代代的憧憬和企望，伴同着海潮的腥味和榕树的清香在空中飘逸，也伴随着老辈人充满诗意的"珠海与渔女"的美丽神话。

苏曼殊的童年身体羸弱，"在襁褓时，身体甚弱，因病而几死者屡"。家人的歧视和折磨使他在童年便过早地饱尝了人间的辛酸。7岁那年，开始了人生最初的启蒙教育，入本村简氏大宗祠私塾从业师苏若泉读书，与他同窗的有四叔朝勋、大兄煦亭、三堂兄维翰、长妹惠龄诸人。据说，初入蒙时，"性孤特，与人罕言语，然闻人谈论与其意见不合者，辄放声滔滔汩汩，必令人无可置喙乃已。以身体衰弱之故，虽在塾读书，一年而大半为病魔所困，不能有所长进。"同族中许多人又因他是"异族"而"群摈斥之"。在这个人口众多的大家族中，常因小事迁怒于苏曼殊。一父数母，各人爱其子女，而曼殊远离养母，无依无靠，遭人冷眼，甚至被视作陌路，加重了他心灵的创伤。尤其

是大陈氏，为人凶泼，手段刻毒，虐待曼殊更是家常便饭。有一次，曼殊患有疾病，大陈氏不但不给调养治疗，反将其弃置柴房，"以待毙"。非人的待遇，便是苏曼殊后来所言"身世难言之恫"的缘由。

寄人篱下，受人苛待的少年苏曼殊，在压抑人性、泯灭天真的气氛中，像一棵见不到太阳的弱苗，自生自灭。但是，当他投身于大自然的怀抱中时，绚烂的南国风光给予他天真性灵以格外的恩赐。他远远避开阴暗的故居，一头扎进大自然之中，忘怀身世带来的耻辱，纵情嬉戏，间或恶作剧一番。他与三堂兄苏维翰是总角之交的朋友，有一次，私塾休假，他俩与其他同伴一起钓虾。长兄苏熙亭性格纯良，近于木讷。曼殊与三兄乘机戏弄他，要他睡在小河中以身代堤，并说："大哥睡在河中不用筑堤，钓到虾大家平分。"大哥依允，被曼殊戏弄一番。这件事，成为他苦涩童年中难得的一次美好回忆。直至年长，他还与人描绘这次戏弄大自己9岁长兄的小恶作剧。

童年的苏曼殊智力平平，多病、抑郁，族人的白眼使他过早饱受了人世间的辛酸。但是，一种天赋——绘画的才能，也过早地显示在少年曼殊身上。《潮音·跋》记载："四岁，伏地绘师（狮）子频伸状，栩栩欲活。"河合仙《曼殊画谱·序》说："性癖爱画。"甚至在四五岁时，"所绘各物，无一不肖。"在他6岁随黄氏归返故乡之船中，曾向人索取纸笔，绘一大汽船，使旁观者十分好奇。苏惠珊曾说他："素爱文学，书法极端正整齐，所读之书，犹是如新，一圈一点，无不注意⋯⋯而其画刊卷卷笔生。"这种无师自通的天赋——绘画的才能，得益于大自然的恩赐和聪慧的灵性。童年显示出的天才和童年饱受的不幸一样，影响着他一生的事业和思想。

苏曼殊9岁那年，苏杰生因生意不景气，营业失败，携大小陈氏由横滨返回广东故乡。这件事惊动了整个苏氏家族，它影响了家族的财源，不可能不影响年幼的苏曼殊的物质生活。按理，河合仙应随苏杰生一同返回广东，可是，由于大陈氏的挑唆使她与中国丈夫关系彻底破裂，独自一人留在日本。这对苏曼殊来说，可谓是致命的一击，他只能在梦中去重温那儿时的母爱之情了。

# 第十章
## 禅心尘念——一代情僧苏曼殊

## 师生情谊，朦胧恋情

1895年，苏杰生欲重整旗鼓，赴上海经商。第二年，13岁的苏曼殊随姑丈、姑母赴上海，与父亲及大陈氏共同生活。这是首次离别故乡，也是与故乡的永诀。从此，他浪迹天涯，四海为家，再也没有返回给他无限痛苦与欢乐的家乡。

在上海住了3年，主要是跟从西班牙人罗弼庄湘博士学习英文。为了让儿子成人后出洋经商，子承父业，苏杰生在儿子中文根基尚未扎实之际，便叫他学习英文。这为造就一位学贯中西、精通东西文化的文学家奠定了基础。

苏曼殊自己十分珍视这段学习时间，被他视为记忆宝库中永远发光的一粒钻石，在成名作《断鸿零雁记》中，他曾以这段经历作小说题材。与庄湘的师生情谊，也一直铭记在心，成为他一生人际关系的美好回忆。苏曼殊与庄湘的第五个女儿保持着纯真的感情，曾托她携英译《燕子笺》去马德里，"谋刊行于欧土"。《断鸿零雁记》曾有这样一段描写：

"女公子（雪鸿）曳蔚蓝文裙以出，颇有愁容。至余前，殷殷握余手，亲持紫罗兰及含羞草一束、英文书籍数种见贻。余拜谢受之。"

这正是一种少男少女朦胧恋情的流露，对照他《题〈拜伦集〉》诗，更可看出曼殊对庄湘之女的无限深情：

"西班牙雪鸿女诗人过予病榻，亲持玉照一幅，《拜伦遗集》一卷，曼陀罗花共含羞草一束见贻，且殷殷勖以归计。嗟夫，予早岁披剃，学道无成，思维身世，有难言之恫，爰扶病书二十八字于拜伦卷首。此意惟雪鸿大家能知之耳。

秋风海上已黄昏，独向遗篇吊拜伦。

词客飘蓬君与我，可能异域为招魂。

据一些研究者称，苏曼殊与雪鸿两小无猜，情意甚浓，雪鸿曾属意于曼殊，庄湘也欲以女儿许配给他，这是有道理的。

## 东渡日本，热心革命

1898年，苏曼殊迎来了人生旅途中一个新的转折点。当江南百草萌生，春天来临之时，他随表兄林紫垣东渡日本，回到了他的出生地横滨。全新的生活展现在他面前。

在横滨，他进入了横滨大同学校，继续学业，经济上由表兄供给。大同学校是维新派和革命派第一次携手合作的产物。当时，维新运动正处于中兴阶段，在知识分子中的影响也远远超过革命派。校长徐勤"专以救国勉励学生，每演讲时事时，恒慷慨激昂，闻者莫不感动"，苏曼殊深受"国耻未雪，民生多艰，每饭不忘，勖哉小子"的校训熏陶。大同学校中西合璧，既教授中、英、日文和传播西方民主科学，又须对孔子像行三跪九叩礼，可想而知，尊孔复古的风尚与康有为的托古改制思想有血缘关系，就连校名"大同"也是康有为亲定的。广泛的涉猎使苏曼殊的学业有了长足的进步，中、英文基础也日益扎实起来，并结识了许多朋友，其中冯自由、郑贯诸人后来都成为近现代史上著名人士。

1902年，19岁的苏曼殊在横滨大同学校毕业前夕，与张文渭、苏维翰两人到东京，他们先投考高等师范学校，因手续繁冗，只有苏维翰考取。张文渭曾于1929年复柳亚子信中谈及此事："该校乃属官立，须得公使馆保证。而公使馆又要横滨中华会馆董事担保，诸多留难，手续繁琐。弟等当时年少气盛，何能俯首求人？"苏曼殊和张文渭皆名落孙山，其实是独立不羁的性格使然。不久，他俩又转考入早稻田大学高等预科中国留学生部。

在早稻田大学高等预科中国留学生部求学的日子里，苏曼殊在经济上依靠林紫垣的微薄供给，过着十分清苦的生活。但是，物质生活的拮据，并未影响他刻苦地攻读。他寄居在价格最低廉的旅馆，以白饭为食，却安之若素。捉襟见肘的生活与学业的长进形成强烈的反差。冯自由在《苏曼殊之真面目》一文中形象地记叙了当日他艰苦的学习生涯："每夜为省火油费，竟不燃灯。同寓者诘之，则应曰：'余之课本，日间已熟读，燃灯奚为？'"

这时候，苏曼殊踏上了他一生倾向民主革命的起点——参加"青年会"。对他短暂的一生来说，这是至关重要的关键一步，是"与革命团体发生关系之开始"。

青年会"为日本留学界中革命团体之最早者"，是从"励志会"演变而来的。

苏曼殊故居

成立于1900年春天的励志会，是留日学生最早的团体，"其宗旨在交换知识联络感情两事，会中有激烈稳健两派，沈云翔、戢元丞、程家柽、杨荫杭、雷奋等属前一派，后一派如章宗祥、曹汝霖、吴振麟、王暌芳等，凡遇政府派员到日本考察，章等辄为之翻译引导，因是渐与官场接近，而以稳健自命。"

励志会的宗旨仅仅停留在联络感情、策励志节这一点上，没有什么明确的奋斗目标和明显的政治色彩。但是，由于该会是留学生中最早的团体，负责人又都热心政治，常常在一起交流政见，往往见解又

都非常激进，主张改革中国政治。少数人还提出"排满"的口号。他们译介了卢梭《民约论》、孟德斯鸠《万国精理》、穆勒《自由原论》等欧美政治名著，创办留日学生第一个杂志《译书汇编》，其译作典雅古朴，风行学界。其中部分激进者先后归国参与自立军起义，像吴禄贞等人后来成为为中华民国捐躯的先烈。苏曼殊的挚友陈独秀亦在稍后参加励志会，但他对会中温和的稳健派十分不满，章士钊曾著文回忆励志会"初时论颇激昂，渐次变质，陈乾生（即陈独秀）、张溥等后参加而先脱会，即可见会之本质不妙。"现实使部分人看到了稳健派在中国土地上的出路是毫无希望的，这便促成了两派的分化和青年会的诞生。

还有一件事也是促成青年会成立的因素。1902年4月，章太炎联合秦力山、马君武、冯自由等人发起的"支那亡国二百四十二年纪念会"，原定26日即明崇祯帝自尽之日在东京举行。这次集会企图通过纪念明朝灭亡来动员反清力量，借助"历史的亡灵"来为当今的现实服务。但是，纪念会在清日当局干涉下未能如期举行，后章太炎等人在横滨参加了由孙中山任主席的补行纪念会。但是，苏曼殊并没有参加这一留日学界的义举，据冯自由的解释是苏当时尚未萌发革命思想，"故支那亡国纪念会之发起，余未敢约其署名"。

除了励志会的腐败，章宗祥之流与清官僚勾结这些因素之外，青年会的直接催生婆是"成城入学"事件。当年留日学生在学科选择中，军事是众心所向的热门。清廷官方为兴办新军已派人赴日学习军事，革命者为掌握军事技能和谋取军权也欲学军事。驻日公使蔡钧为防止革命排满，严禁各省自费生学陆军，而成城学校正是享有声誉的军事预备学校。1902年夏，江苏等省自费生钮瑗等人申请入成城学校，蔡钧拒绝保送，激起公愤。后来，吴稚晖等26人赴清驻日使馆请愿，静坐示威。蔡钧勾结日警，拘留吴稚晖等人。后东京警视厅以"妨害治安"罪名将他们遣送回国。吴等写了"词言之间，还忘不了忠君爱国"的绝命书，却得不到蔡钧的谅解。8月12日，秦毓鎏等人认为蔡钧之举是丧权辱国的行为，上书使馆抗议，竟被日警拘留。这一事件也成了青年会诞生的直接原因。

这年冬天，叶澜、董鸿伟、汪荣宝、张继诸人发起成立青年会，明确提出"以民族主义为宗旨，以破坏主义为目的"的口号，表现了明显的政治色彩和反清目的，人称为"日本留学界革命团体最早者"。发起人还有：周宏业、谢晓石、张兆桐、蒋方震、王加絮、钮镜、苏曼殊、冯自由、陈独秀等人，其中大多为早稻田大学的学生，政治经历浅，虽然只凭着一腔爱国热忱，却为资产阶级革命队伍的壮大增添了活力。

该团体名称的确定是"颇费斟酌"的，开始，有人仿效意大利独立之前"少年意大利"之名，定名为"少年中国会"，后再三推敲，觉得"少年中国"太刺目，容易引起当局注意，不利于开展活动，所以才隐约其词，定名"青年会"，寓"少年中国"之意。一开始，章宗祥从中作梗，有人以明哲保身为由，退出青年会，可见留日学生界中两派斗争之激烈。

青年会的中坚分子大多是苏曼殊的挚友，其中陈独秀、张继、秦毓鎏和冯自由与他保持了终身的良好关系，给予他多方面的影响，尤其是陈独秀，曾给予苏曼殊最深的影响，曼殊的政治观和文艺观都与陈独秀有密切联系。

在积极参加青年会活动的同时，由于结识廖仲恺、何香凝、朱执信诸人，苏曼殊也参与了"兴中会"活动。冯自由在《革命逸史》的《兴中会之革命同志》一文中称他为"革命同志"。在革命党人中，因他那不同于人的身世，"同人以郑延平目之"，因为明清之际收复台湾的名将郑成功（明永历元年七月封为延平公，十五年晋封为延平郡王，故又称郑延平。）与曼殊有相似的出身，其母为日本人。苏曼殊本人对他十分崇敬，在《断鸿零雁记》中借静子之口介绍郑成功："朱公（指朱舜水——作者）以亡国遗民，耻食二朝之粟，遂流寓长崎，以其他与平户郑成功诞生处近也……容日当导三郎一往奠之，以慰亡国忠魂。"他曾作《过平户延平诞生处》：

行人遥指郑公石，沙白松青夕照边；

极目神州余子尽，袈裟和泪落碑前。

表示一种长歌当哭、痛悼先贤，为民族献身的决心。苏曼殊在人生转折关头选择了一条顺乎潮流的人生道路。

1903年，留日学生不仅人数急剧增加，政治素质也大幅度地提高，宣传各种新思想的刊物像雨后春笋般破土而出。它们毫无掩饰地鼓吹民族主义、民权学说，用激烈而近乎狂热的语言表达中国青年知识分子的反传统心声。其理论虽然是舶来品，并夹杂传统的教义，但爱国热情感染了许多饱受封建专制压迫的中国同胞，以及同情和支持中国变革的日本人士。《湖北学生界》、《浙江潮》、《江苏》等等激进刊物在他们的努力下问世了。这些刊物以反帝救亡为出发点，以《天演论》中"物竞天择，适者生存"的原则作为自立自强的理论指导，借助日本这块异邦土地，从事反清斗争。同时，对日本某些权贵歧视我国的不公正的粗暴态度，感到痛心疾首。当爱国心和民族自尊感受到凌辱后，他们义无反顾地起来抗争。

## 半僧半俗，文人名士

1912年3月上旬，苏曼殊返回祖国，来到了上海。可是，辛亥革命以后急转直下的严峻形势，使他壮士横刀的雄心和美人挟瑟的雅兴落入了冰层之中。

1912年1月1日，中华民国宣告成立。孙中山在南京宣誓就任临时大总统。他在《临时大总统就职宣言》和《告全国同胞书》中庄严宣布："尽扫专制之流毒，确定共和，以达革命之宗旨。"与此同时，北洋将领冯国璋、段祺瑞等48人联名通电，叫嚣"誓死拥护君主立宪，反对共和政体"，与南方革命政府大唱对台戏。1月2日，孙中山

# 第十章
## 禅心尘念——一代情僧苏曼殊

任命各部总长、次长，临时政府正式成立。在熙熙攘攘分享革命成果的闹剧中，苏曼殊的许多友人跻身于南京临时政府和各省政府，高官厚禄，峨冠博带，以革命功臣自居。同盟会成员也由于思想基础不同，内部分化呈现白热化程度。早在苏曼殊尚未抵达上海时，苏曼殊的挚友陶成章被人暗杀于上海广慈医院。当苏曼殊在爪哇的光复会友人先于他抵沪时，有人扬言如遇魏兰、王文庆等必杀之以根绝陶成章的影响。此时章太炎也脱离了同盟会，另组中华民国联合会，与孙中山分庭抗礼，成为革命队伍中的离心力量。苏曼殊开始察觉到，内部的分化似乎无可挽回，关键是自己应做出正确的选择。

1月15日，出于资产阶级的软弱和自身的善良，孙中山致电议和代表，宣告如清帝退位，宣布共和，则将正式辞去临时大总统职位，"以功以能，首推袁氏"。他的谦让和幼稚，是导致以后袁世凯称帝的重要原因。资产阶级革命派在胜利之时已为自己埋下祸根，革命派与清政府，革命派与袁世凯，革命派内部，各种矛盾盘根错节，灾难的火星隐伏待燃。中外反动派的力量过于强大，内外夹攻，拒不承认南京临时政府，对它实行封锁和扼杀。而资产阶级革命派又没有胆量敢触动帝国主义和地主买办阶级的利益。对袁世凯抱有幻想，对他翻云覆雨的反革命手腕未能看清，加上立宪派和旧官僚多方拆台，兴风作浪，甚至混入新政权中谋取大权，使革命派日趋蜕化和解体。辛亥革命只不彻底地割除了一条辫子，便急着与旧官僚握手言和、称兄道弟。章太炎与张謇、黎元洪、程德全等旧制度的代表人混在一起，拥袁捧黎。历史给中国资产阶级一副过于沉重的担子，使他们注定不能担当起治理国家的重任。

苏曼殊回国后，面对现实，心灰意懒，喜悦之情也随之消失。狂热的激情顿时落入冷窟之中。辛亥革命失败了，推翻了两千多年历史的封建帝制，挂羊头卖狗肉地喊了一阵民主、平等之后，蛰伏的帝制支持者仍在时时窥视着王位，贪婪地企图取而代之。

当时纷扰的政局，如果苏曼殊欲求得一官半职或谋取钱财是十分容易的。事实上"诸公者皆乘时得位，争欲致玄瑛"，而他"冥鸿物

外，足未尝一履其门。"并回答邀他入仕者说："何遂要山僧坐绿呢大轿子，与红须碧眼人为伍耶！明末有童谣曰：'职方贱如狗，都督满街走'。不图今日沪上所见，亦复如是。"他尤其对章太炎亲近袁的行径表示不满。出于"吾爱吾师，更爱真理"的信念，在《燕子龛随笔》中说："及余归至上海，居士（作者注：指章太炎）方持节临边，意殊自得矣。"此指章氏在袁世凯窃取政权后，留任总统府顾问，并任东北筹边使之职。苏曼殊对他的逢迎行为，表示了义愤和针砭。又在1912年3月《答萧公书》中说："此次过沪，与太炎未尝相遇。此公兴致不浅，知不慧进言之缘未至，故未造访，闻已北上矣。"当时江宁电报局有一则电讯说，章氏主都北京，有功于袁，拟畀教育总长或最高顾问之称，命他"速晋京陛见"。一时上海传说纷纭。其实章氏仍在沪，尚未北上。苏曼殊闻听他投袁，不但直言不讳指责，还一怒之下，拒不造访，表现了章氏曾称他"独行之士，不从流俗"，"厉高节，抗浮云"的高尚人格。同时，对为辛亥革命而殉身的挚友赵声表示深切的悼念之情，也在《答萧公书》中，在指责章氏后，又写道："今托穆弟奉去《饮马荒城图》一幅，敬乞足下为焚化于赵公伯先墓前。盖同客选举秣陵时许赵公者，亦昔人挂剑之意，此画而后，不忍下笔矣。"两相比较，他的崇高气节是何等感人！

　　苏曼殊一到上海，未与政界要人周旋，却应叶楚伧、柳亚子的邀请，参与著名的《太平洋报》编务工作。当时上海的新闻界如雨后春笋，涌现出百余家刊物。其中与《太平洋报》媲美者有《民呼报》、《民吁报》、《民立报》、《天铎报》、《大共和报》、《民声日报》、《时报》，主持人如于右任、宋教仁、吕志伊、章士钊、李怀霜、汪旭初、黄侃、包天笑都是苏曼殊的好友。这是一个人文荟萃之时，苏曼殊开始他一生中著作的鼎盛阶段。包天笑曾回忆道："辛亥革命以后，有一个最热闹的，却是《太平洋报》，其间大半为南社人物。这个阵容中，社长是姚雨平，他是广东人，虽然他不是南社社员，而编辑部里如柳亚子、叶楚伧、苏曼殊、李怀霜、余天遂、林一厂、胡朴安等，全是南社中人，还有陈陶遗是顾问、朱少屏是干事。可惜好景不长，这个报亦仅如昙花一现而已。"

仅在《太平洋报》社中，就云集了中国近现代的一代风流精英人物。他们似乎以一种特别的欣喜之情，迎接苏曼殊的来到。苏曼殊将自己精心撰写的旧作《断鸿零雁记》交该报再次发表。这篇小说在辛亥革命前曾始刊于南洋爪哇的《汉文新报》上发表，未造成什么影响，经《太平洋报》再次刊载，使苏曼殊声誉大增，跻身于著名作家之列，奠定了他在中国近代文学史上的地位。据说，后来成为弘一法师的李叔同是苏曼殊文学上的知音，曾为《断鸿零雁记》做润饰，使作品更趋完美。这批文人聚首一堂，目睹革命后局势的混乱与险恶，在愁苦之时，便逛妓院、吃花酒，借以发泄怨愤，消磨长夜，"每天都有饭局，不是吃花酒，便是吃西菜，吃中菜，西菜在岭南楼和粤华楼吃，中菜在杏花楼吃，发起人总是曼殊"。他既不愿与污浊社会同流，又难以觅得人生的坦途，恶劣的颓唐心情可见一斑。苏曼殊在心绪不畅之时常常有惊人之举，反映他纯厚性格和浪漫的行动，也是人生一种调节剂。顾悼秋曾记苏曼殊为叶楚伧绘《汾堤吊梦图》的趣事：

"先是楚伧与上人善，上人画殊自矜贵，倘不得与，虽至友靳不与。楚伧索之屡矣，终无以获。民元春，尝同客海上。上人故嗜酒，楚伧特启一楼，置酒肴，置画具，展宣纸于几，诱之饮。既而楚伧忽反扃而出，立门外曰：'子欲出，不偿画债，其毋想。'于是上人罄其酒，挥毫作图，极凄婉之致。"

这则轶事，将其生活勾勒得惟妙惟肖。

苏曼殊结交的女性中有一位花雪南，姓许，是新加坡华侨之女，鉴湖女侠秋瑾十分赏识她，此时与苏曼殊关系火热。苏曾作《何处》一诗赠予：

何处停侬油壁车，西陵终古即天涯。
拗莲捣麝欢情断，转绿回黄妄意赊。
玳瑁窗虚延冷月，芭蕉叶卷抱秋花。
伤心独向妆台照，瘦尽朱颜只自嗟。

诗确实情深意长，技巧也趋炉火纯青。有晚唐的清新之味，又受

韦庄和温庭筠的艳诗影响，带有脂粉气。据郑桐荪《与柳无忌论曼殊生活函》说，是作者"自悲身世"，并在和韵自注中说，曼殊常有再做和尚之意。但是，从另一角度看，这是一种辛亥革命失败之后知识界的普遍心态，寄寓着忧国之思和伤时之情。在这种心绪的主宰下，苏曼殊欲翻译小仲马的《茶花女》，出于对林琴南翻译的不满，也为了慰藉自己寂寞的心，可惜，此愿未能兑现。

这时，苏曼殊在《太平洋报》上发表了3篇杂文：《南洋话》、《冯春航谈》和《华洋义赈会观》。

1912年2月，荷兰殖民地爪哇泗水市的华侨集会，欢庆声援南京临时政府成立，遭到了荷兰当局的血腥镇压，死伤数十人，被捕千余人。荷兰殖民主义者的暴行，激起了中国人民的极大愤慨。出于爱国热忱和民族自尊心，在《南洋话》中苏曼殊追忆了"唐宋以后，我先人以一往无前之概，航海而南，餐风露雨，辟有蛮荒"的开拓精神，例举明代"万历时，华人往来通商""俱用无通钱"的历史，由于华人的努力奋斗，辛勤劳动，使爪哇一岛华侨人数达30万之众，"蔚为大国"。但是，荷兰殖民主义分子"蚕食南洋"，"以怨报德"，利用华人"不识不知"，"以淫威戮我华胄，辱我国旗"，他提出"非废却一切苛则弗休"，"遣舰游弋，护卫商民，分派学人，强迫教育"的主张。

《冯春航谈》是一篇剧评。冯春航是清末民初的戏剧演员，南社诗人。他在走投无路之时入夏月珊主持的丹桂戏院学艺，后成为名伶，有"冯党"之称。《冯春航谈》是苏曼殊观看了他主演的《血泪碑》之后而写的。当日《血泪碑》被誉为"正则《离骚》，长沙惜誓，美人香草，寄托遥深，在悲剧中首屈一指"的名剧。苏曼殊不是一味捧场，而是在指出冯春航精湛戏艺后，笔锋一转："人谓衲天生情种，实则别有伤心之处耳。"可能是此剧引起他的共鸣，触动了心灵的伤疤，但终未言明。

《华洋义赈会观》是一篇观感文字，精炼隽永，闪烁着思想的火花。华洋义赈会是一种中外合办的慈善事业机构。苏曼殊从佛学"普

## 第十章
### 禅心尘念——一代情僧苏曼殊

渡众生"的角度来说，是赞许义赈之举的。可是他对效"高乳细腰"为"文明"的女同胞深表不满，规劝她们抛弃西俗，注重道德完善，甚至以中国传统的"嫁德不嫁容"来约束妇女。这里除了表明作者一种陈腐的文化心理积淀外，还有另一层意思：对迅速殖民化的上海存有忧心。这种忧心中潜伏着对时局的悲伤心情，《以胭脂为某君绘扇》中，充溢着这种忧患意识：

为君昔作伤心画，妙迹何劳劫火焚？

今日图成浑不似，胭脂和泪落纷纷。

在《太平洋报》主政时，他曾偕同李一民、张卓身去杭州，并同老友张继赴秋社造访陈去病。旧友相见，分外高兴，陈去病曾追忆此事：

"弟与忏慧（即徐自华）同客秋社，天明尚早，忽叩门声甚厉，急命仆拔关视之，则曼殊偕溥泉来也，于是相与游览者凡四日。有晴、有雨、有雪，溥泉每引以为至乐，谓其曲尽西湖之美也。时渠方自南洋归，闻人语，其初离海岛时，有囊金百，尽以市糖果，有见之者，莫不惊讶，谓到中国不半月程，将如何咀嚼得尽也。讵意才要抵沪，而一百元之糖果，竟尔吃得精光，一时诧为奇事。"

这真是苏曼殊的浪漫生活写照，反映了他奇特的生活情趣。

苏曼殊和张继在忏慧女士陪同下凭吊了秋瑾之墓，实现了多年的夙愿。徐自华是秋瑾肝胆相照的义妹，为秋墓营建竭尽心血。苏曼殊去世后，她也与陈去病全力帮忙料理后事，可谓生死之交。

返沪后又由马小进陪同去郊区访刘三，绘《黄叶楼图》相赠。嗣后东渡日本小住几月即返回上海，应友人聘请，赴安徽高等学堂任教。来去匆匆，飘游无踪，可谓"行云流水一孤僧"。

苏曼殊去安庆安徽高等学堂可能与陈独秀有关系。1912年6月，陈独秀担任柏文蔚都督府顾问，兼任安徽高等学堂教务长。以他政治家的热情，参与制定、规划安徽各项施政计划，以巩固辛亥革命成果。他实际上成为安徽都督府决策人和智囊。苏曼殊在1912年至1913年与友人通信中，多次提及陈独秀，可以看出，这一时期他俩关系炽热

如旧。他去皖任教，既为解决生计问题，更是受陈独秀魅力的感召，他一生中始终如一的好友最重要者非陈莫属了。这与陈独秀当时进步的政见分不开。

在安庆的日子里，苏曼殊对政治有厌倦之感，他与郑桐荪、沈一梅、易白沙等人交往，穿梭于安庆、上海、杭州之间。他在信中说："抵皖百无聊赖，无书可读，无花可观，日与桐兄剧谈斗室之中，或至小蓬莱吃烧麦三四只，然总不如小花园之八宝饭。"郑桐荪也说他"每天上蓬莱乱谈古今，觉得生平快乐，莫过于此。"对苏曼殊来说，这是借酒浇愁的苦涩快乐而已。他以吃花酒来消磨人生，忘掉现实的痛苦。于右任在《独树斋笔记》中说他此时"于歌台曲院，无所不至，视群妓之尤如桐花馆、好好、张娟娟等，每呼之侑酒。"还与妓女如三少、五姑、湘四、秦筝、阿崔、丽娟多人往来。这些妓女与革命党魁陈英士、叶楚伧和文人包天笑、柳亚子也有交往。这反映了中国旧民主主义革命者（包括佼佼者）是如何双栖于资产阶级和封建主义双重枝头上，受其熏陶而积习难改。

在此期间，他与郑桐荪、沈燕谋合编了《汉英辞典》、《英汉辞典》，撰写了《燕子龛随笔》、《燕影剧谈》、《讨袁宣言》。

《燕子龛随笔》是一组兼及百家知识，涉猎面较广的札记体杂文。有作者的文学观，文人轶事的记录，辛亥先烈的业绩，佛学术语的诠释，异邦风俗人情的描述，古今诗作的点评，幼年生活的回忆和文史典故的注释探幽。

这些札记体短章，以贯穿作者一生的民族主义和爱国主义为宗旨，饱浸着忧患意识，并对社会上许多现象进行抨击。作者文字功底日臻圆熟，发微探幽，掘其意蕴，文风悲壮中稍带诙谐，与其信札可媲美。

《燕影剧谈》是作者继《冯春航谈》之后又一剧评。所论范围由一人扩展至整个上海戏剧界。晚清戏曲是与小说、翻译并驾齐驱的文学形式之一。据阿英《晚清戏曲小说目》的不完全统计，戏曲剧目从1896年到1911年有161种之多。尤其是辛亥革命之后短短的一年间，"新剧"繁荣，剧社猛增。由于黑暗现实的刺激和商业化倾向抬头,其反映民主革命要求的思想性与艺术性大为减弱。苏曼殊在文中指出新剧"节奏支离,茫无神采"的"不昌"局面,其中"多浮躁少年羼人",造成"无甚可观"的窘境。作为话剧的前身,一问世便带有先天的弱点。苏曼殊在指明其"不昌"时,可能带有对这种中西混血艺术的偏见,没有看见新剧在中国戏剧史上突出的地位,而是一味挑剔其弱处。他将今日新剧的没落视为昨日新剧弱点的必然趋向,忽视了它对社会的影响,不能不谓之一种偏颇的艺术观。他分析一味拾洋人牙慧为国情不容之病根时说:"一以国人未尝涉猎域外文学风化,二无善知识。"连译界泰斗林纾也因不谙原文译其梗概而未能全面传原作之神。所以,作者寄厚望于建立沙氏学会,"专攻其业",方能振兴。他进一步提出:"沪上闻改良新剧之声久矣,然其所谓社会教育者,果安在耶?迹彼心情,毋亦以布景胡装,兼浅学诸生抄自东籍诸新名词,为改良耳;于导世诱民之本旨何与焉?世衰道微,余实为叹。"他提出"导世诱民"的艺术教化作用,看到艺术潜移默化的功能,实为精彩之论。

《讨袁宣言》是他晚期创作中难得的一篇掷地有声、气壮山河之作。这篇檄文是袁世凯窃取大总统宝座之后,逆历史潮流,违背人心民意,干出一系列倒行逆施丑行之后,激起全国人民公愤的历史背景下一气呵成的。袁氏在篡位之后,与五国银行签订借款2500万英镑的合同,史称"善后大借款"。1913年3月唆使凶手枪击宋教仁于上海车站。事发当时,苏曼殊正与陈英士诸人吃花酒,对宋的殉难,作为朋友和志同道合者,他是异常悲痛的。在宋教仁的鲜血教训下,苏曼殊彻底看穿了袁世凯的真面目。7月12日,李烈钧在江西宣布独立,举旗反袁,揭开了中国近代史上著名的"二次革命"斗争的序幕。几乎是与孙中山在上海发表讨袁通电和宣言同时,苏曼殊写下《讨袁宣言》,作者以拜伦为楷模,号召中国人(尤其是文人)投笔从戎,群起讨袁,推翻"擅屠操刀,杀人如草"的"独夫"袁世凯,虽"托身世外",但未能忘怀国忧,以天下为己任,与万众共赴国难。他以一个艺术家的良心和敏感,为旧民主主义革命呐喊。

"二次革命"很快就失败了。旧民主主义革命者打的主要旗号是"反袁"和维护约法，却提不出直接关系到人民切身利益的反帝反封建纲领和口号，仅仅着重军事斗争而忽略了群众的鼓动，散沙般的派系，各自为政，步调不一，行动上我行我素，贻误了战机，暴露出旧民主主义革命者的先天弱点。这些失误有其历史的原因，不是任何个人可以担负的责任。辛亥革命后，实业热风行中国资产阶级队伍中，使他们为追逐利益而轻信袁世凯"和平"与"秩序"的许诺，厌倦和惧怕动荡以丧失既得利益。因此而产生了革命党人的思想混乱，直接导致了行动不统一。"二次革命"的结局说明了中国专制君主思想的顽固，这个封建的毒瘤根植于社会深层之中和人们的心理上，不是一朝一夕可以清算干净的。以孙中山为首的抵抗派，在白色恐怖中无立足之地，资产阶级共和方案的支柱——责任内阁制彻底幻灭，维护民主共和的斗争进入了更为艰难的阶段。

孙中山、黄兴亡命日本，苏曼殊也随着国内局势的日趋恶化奔走日本。临行前，他作《东行别仲兄》与挚友陈独秀告别：

　　江城如画一倾杯，乍合仍离倍可哀。
　　此去孤舟明月夜，排云谁与望楼台。

此诗暗寓了一种早日归返祖国，再造共和的夙愿。此次赴日本，一直到1916年初方返国，这是他旅居异域最长的一段时间。

这一年，孙中山在日本从失败中振作精神，以饱满的斗志，从整肃党纲党纪着手，恢复同盟会时期的革命精神，再度举起民主革命义帜。他力排众议，筹建中华革命党。苏曼殊在日本常与孙中山交往，促膝谈心，在孙的激励下，加入中华革命党，并为孙中山草拟文件，充任临时秘书工作。

关于苏曼殊与孙中山的关系，前文已提到孙中山将苏曼殊与同盟会会员同等视之，发给会员活动津贴，苏还在何香凝东京寓所参加孙中山召集的会议，并加入义勇队。又据柳亚子《曼殊余集》所录，"孙中山先生在日本创立同盟会时，（苏）差不多无会不与，当时与朱执信有'同盟会两才子'之称……辛亥革命成功，孙先生任临时大总

## 第十章
## 禅心尘念——一代情僧苏曼殊

统，力邀曼殊上人"，而曼殊婉言谢绝。1914年至1915年旅居日本时期，是他与孙中山建立密切关系的时候。"民国三、四年，孙总理居日本、曼殊从焉。但曼殊不与总理同居，相隔甚远，且数日或二十余日不相见焉。一日，有人告总理曰：'曼殊居旅店甚苦，以无钱付值，旅店主人不为设宴矣。'总理使人观之，则见曼殊蒙被卧；旅店主人目频频踯躅窗外，若将伺隙而动也。返报总理。总理使人持五百金往"，他才解脱困境。苏曼殊逝世后，有人问及孙中山对苏曼殊和太虚的评价时，他说："太虚近伪，曼殊率真。内典工夫，固然曼殊为优；即出世与入世之法，太虚亦逊曼殊多多也。"他的总评价为"革命的和尚"。孙中山的评价是十分中肯的。

苏曼殊在日本主要参与中华革命党所办的《民国》杂志编务工作。该刊宗旨为："纯民党之代表言论机关，研究民国政治上革新之重大问题。"以反袁为目标，鼓吹"三次革命"，增强党员和民众反袁信心。苏曼殊这一时期多与中华革命党中坚如陈其美、居正、田桐、邵元冲、杨沧白、邓家彦等交往，结为挚友，是他与政界人士关系最密切时期，这些人后来都成为民国政府的要人。

这一时期，也是苏曼殊创作的丰收时期，先后发表小说《天涯红泪记》（未完）、《绛纱记》、《焚剑记》和为数颇多的诗，编译了中英诗合集《汉英三昧集》，并继续研究佛学，专攻三论宗。

1916年初，苏曼殊返回祖国，首先去山东访问日本《民国》杂志社的朋友居正。

这一年，独夫民贼袁世凯称帝后遭到广大人民和革命派的强烈反对。中华革命党多次在国内举行武装反袁，各地纷纷宣布独立，共伐民贼。年初，孙中山委任居正为东北军总司令，统筹直、鲁、晋三省军事。在青岛组织筹备处。这支武装力量是中华革命军四军中首先接受正式委任并稍具规模的一支队伍，深受孙中山重视。1916年2月，东北军开始行动，一周内勇克六城，得到孙中山赞赏。苏曼殊正是于此时，自日本赶赴前线慰问居正。之后，偕周南陔去名胜崂山一游。后赴离别了二年多的上海，寓居环龙路孙中山故宅。

此时，不能不提及他与陈独秀的关系。1915年，陈独秀从日本毅然回国，于9月15日在上海创刊具有划时代意义的《青年杂志》，公开举起"民主"、"科学"两面大旗。袁氏的帝制闹剧，使他在沉思和探索中彻底醒悟，翻开了他生命史上新的一页。他意识到，只有科学和民主才能批判封建思想，才能粉碎专制与愚昧的有形锁链和心理障碍。这标志着他对辛亥革命的痛苦实践的反省已经有了质的飞跃，获得了全新的内容，开始将自己锤炼为中国新文化运动的先驱人物。《青年杂志》是近代中国倡导"文学革命"的先驱，（1916年8月改名为《新青年》）在创刊号《敬告青年》中明确倡导科学与民主，反对封建专制和孔孟礼教，是中国思想史文学史上的里程碑。从此，陈独秀大名远播四海，成为一位转折时代的代表人物。

　　苏曼殊是陈独秀的终身知交，他与章太炎疏远之后，和陈独秀仍保持着密切的关系。1916年，他的小说《碎簪记》发表于《新青年》第二卷3~4期上。陈独秀在繁忙之中为之作序，借机阐述他的民主主义思想，对最"痛切"的"黑暗野蛮时代"，对"个人意志之自由"的压迫表示深恶痛绝。这从一个侧面说明苏曼殊是多么地靠近新文化运动，但是，在黑暗的社会中，苏曼殊悲观失望的情绪也随时浮出，另一位他晚期友人刘半农曾追忆在他逝世前的灰暗冷寞的心绪时说：

　　"记得二年前，我与他相见，同在上海一位朋友家里。那时候，室中点着盏暗暗的石油灯，我两人靠着窗口，各自坐了张低低的软椅，我与他谈论西洋诗歌，谈了多时，他并不开口，只是慢慢地吸雪茄烟。到末了，他忽然高声说：'半农！这个时候，你还讲什么诗？求什么学问？'"我们可以看出，他是多么深沉地关注着国事。"

　　1917年他最后一次东渡日本，探望养母河合仙，仅月余便因肠胃病复发返回上海。病魔缠身，常与柳亚子一起闲聊，并常出入戏院以作消遣，因而结识了名伶小如意和小杨月楼。那时他的肠胃疾病已经发展到难以治愈的地步，在痛苦中，他仍以国事为念，曾对柳亚子说："罡庙新辟商场极绚烂，顾求旧时担粥者不可得，盖大商垄断之术工，而细民生计尽矣。"

## 第十章
### 禅心尘念——一代情僧苏曼殊

秋天，他由程演生家迁居新民里十一号，与蒋介石、陈果夫同住。后入海宁医院。蒋介石曾托陈果夫送些钱给苏曼殊。可是，天真的苏曼殊至死也不知道，他的好友陶成章正是被蒋介石指使叛徒杀害的。

在苏曼殊人生最后的时刻，心中似乎惦念着两件事。程演生《曼殊轶事》载："既而余北行，曼殊犹托余带一函与仲甫暨蔡子民，欲得一部费用留学意大利习画事。"苏曼殊致丁景梁信："且急望天心使吾病早愈，早日归粤尽我天职，吾深悔前此之虚度也。"时陈独秀与蔡元培均在北京大学担负重要职务，苏曼殊出于对美术的执著爱好，欲托蔡元培筹一笔费用赴意大利深造。苏曼殊求学的欲望是何等炽热！

1918年2月，苏曼殊病情急转直下，转入广慈医院，"日卧呻吟，不能起立，日泻五六次。"此时此刻，他又想起远在日本的养母，心中有多少难言的凄苦！

5月2日，一代才人苏曼殊病逝于上海广慈医院，年仅35岁。在检点遗物时，发现了许多胭脂及香囊，还未及赠与恋人。

苏曼殊生前众多的好友为他筹办了隆重的丧事。

5月3日，上海《民国日报》以显目的篇幅刊登了《曼殊上人怛化记》和《曼殊上人圆寂讣告》，于当日移龛于广肇山庄。1924年，陈去病上书孙中山陈说筹葬苏曼殊事，孙中山于仓促戎马之中，不忘故旧，命陈去病葬苏曼殊遗骨于杭州西湖孤山之侧，建塔勒铭，以供后人瞻仰。

在苏曼珠圆寂不久，鲁迅发表了白话文开山之作《狂人日记》，"同光体"的霸主地位被取而代之。李大钊发表了《庶民的胜利》和《布尔什维克的胜利》。可惜，苏曼殊已经永远闭上了眼睛，没有眼福目睹这一文坛盛况了。

## 一切有情，都无挂碍

苏曼殊12岁那年，苏杰生去上海经商，留曼殊在家乡读私塾。养母河合仙氏从日本给他寄来的钱全被陈氏吞没。不久，曼殊大病一场，病中的曼殊被家人扔在柴房里气息奄奄而无人过问。后来，他又奇迹般地活了下来。这一经历给幼小的曼殊沉重的打击，以致他小小年纪竟然看破红尘，而去广州长寿寺由赞初和尚剃度出家，然后受具足戒，并嗣受禅宗曹洞宗衣钵。但他毕竟是个孩子，有一次他偷吃鸽肉被发现，只得出了庙门。

15岁那年，苏曼殊随表兄去日本横滨求学，当他去养母河合仙氏老家时，与日本姑娘菊子一见钟情，然而，他们的恋情却遭到苏家的强烈反对。苏曼殊的本家叔叔知道这事后，斥责苏曼殊败坏了苏家名声，并问罪于菊子父母，菊子父母盛怒之下，当众痛打了菊子，结果当天夜里菊子投海而死。失恋的痛苦，菊子的命运，令苏曼殊深感心灰意冷，万念俱灰。回到广州后，他便去蒲涧寺出了家。从此，开始了他风雨漂泊的一生。

苏曼殊是情僧。面对关河萧索的衰世惨象，苏曼殊痛不欲生。渡湘水时，他作赋吊屈原，对着滔滔江水长歌嚎啕。后来，他以自己与菊子的初恋为题材创作了情爱小说《断鸿零雁记》，感慨幽冥永隔的爱恋之苦，也引得不少痴情男女泪湿襟衫。苏曼殊因爱情不幸，也曾流连于青楼之中，但他却能洁身自好，与青楼女子保持适当的距离。他死后被葬于西泠桥，与江南名妓苏小小墓南北相对，令游人唏嘘不已。

苏曼殊是诗僧，他为后世留下了不少令人叹绝的诗作。1909年，他在东京的一场小型音乐会上认识了弹筝女百助。因相似的遭遇，两人一见如故。但此时的曼殊已了却尘缘，无以相投，便垂泪挥毫，写了一首诗："鸟舍凌波肌似雪，亲持红叶索题诗。还卿一钵无情泪，恨不相逢未剃时。"读来令人柔肠寸断。他在日本从事反清活动时，时常为故国河山破碎而感伤。他在《忆西湖》中这样写道："春雨楼头尺八箫，何时归看浙江潮？芒鞋破钵无人识，踏过樱花第几桥？"在反清活动处于困境之时，他曾想以死警醒国人，因而作诗："海天龙战血玄黄，披发长歌览大荒。易水萧萧人去也，一天明月白如霜。"虽然蹈海警世没能成真，但留下的诗篇却使人热血沸腾。

苏曼殊还是一位画僧。他的画格调不凡，意境深邃。他曾作《写忆翁诗意图》，配诗"花柳有愁春正苦，江山无主月自圆"，其亡国之痛溢于纸面。曼殊作画，不仅为抒写怀抱，还想以此为反清革命作出更多贡献。1907年章太炎等人在东京办《民报》遇上经费困难，曼殊主动提出卖画筹钱以解困。

苏曼殊还是一个爱国的革命僧人。他在东京加入过兴中会、光复会等革命组织。1903年，他在日本参加了反对沙俄侵占我国东北的"抗俄义勇队"，同年他在上海参加了由章士钊等人创办的《国民日报》的翻译之作，为声援章太炎、邹容，反对清廷查封《苏报》做了大量工作。他也醉心于宣传无政府主义的救国思想，赞同暗杀活动。他甚至还曾打算去刺杀保皇党首领康有为。后经人劝阻而终止。辛亥革命后，袁世凯窃取了胜利果实，并暗杀了宋教仁，从而引发了李烈钧等人发动的"二次革命"。苏曼殊又积极参加反袁斗争。

情僧、诗僧、画僧、革命僧，如此一位集才、情、胆识于一身的苏曼殊，竟然半僧半俗地孤独一生。

1918年，苏曼殊经过35年的红尘孤旅，留下8个字："一切有情，都无挂碍"，然后离开了人世，给后人留下了无尽的感慨。